철학에 이르는 길

철학에 이르는 길

강 영 계 지음

서광사

머 리 말

현실은 의식의 반영이다. 인간이 어떤 의식을 소유하며 어떠한 의식의 수준에 있는가에 따라서 그에 대응하는 현실이 펼쳐지기 마련이다. 우리들의 구체적인 정치·경제·문화·사회적인 현실은 어떤 모습을 띠고 있는가?

철학을 놓고 볼 때 의외로 상당히 많은 사람들이 ①철학은 현실과는 상관없는 공리공담만을 일삼거나 ②세상을 초월한 고매한 진리를 담은 것이어서 감히 접하기 어려운 학문이거나, 아니면 ③일상인의 지식이 바로 철학이므로 따로 철학이라는 말을 쓸 필요가 없거나 또는 ④어려운 개념을 나열함으로써 지식을 자랑하려는 공허한 학문이라고 생각하는 경향을 볼 수 있다.

나무가 잘 자라려면 우선 뿌리가 튼튼하여야 하는 것과 마찬가지로 기술과 종교와 예술이라는 꽃과 열매가 실하기 위해서는 학문의 뿌리가 튼튼하지 않으면 안 될 것이다. 그 가운데서도 특히 각각의 학문들이 성립할 수 있는 근거를 제시해주며, 한 걸음 더 나아가서 삶의 근거와 방향을 제시해주는 기초학으로서의 철학이라는 뿌리가 견실하지 않으면 안 된다.

심원한 의식의 전통은 문화의 맥락을 단절시키지 않는다. 기초학으로서의 철학을 표현하는 개념들이 지극히 이해하기 어려운 것들이어서 일반인들이 접하기 어려운 것은 사실이다. 이러한 사실은 우리들에게 의식의 전통이 현실적인 맥락으로 제대로 전개되어오지 못했음을 증명하여 준다. 철학에 대한 몇가지 다른 편견과 그릇된 생각들 역시 같은 점을 말하여 준다.

그러므로 필자는 이 책을 통하여 가능한 한 일상적인 말의 사용을 통하여 철학적인 개념 및 문제들에 조심스럽게 접근하려고 시도하였다. 물론 이 책은 전문적인 특수한 문제를 선택하여 밀도있게 다루는 것을 피하였으므로 다소 질서와 체계를 무시하고 산만한 주제들을 취급한 감이 없지 않다. 그러나 이 책의 목적은 일상적인 사고 방식을 철학적인 사고 방식으로 전환시키며 지양시키는 데 있다. 따라서 읽는 이들은 처음부터 끝까지 인내심을 가지고 하나하나의 주제를 자기 나름대로 사색하며 구성할 수도 있고, 편의에 따라서 관심있는 장을 따로 선택하여 읽을 수도 있다. 철학이란 수학이나 물리학처럼 일정한 물음과 답이 있는 것이 아니라 자신과 대상의 관계 안에서 스스로의 삶과 세계를 체계적·근원적으로 구성하는 것을 목적으로 삼는다. 그러므로 필자는 읽는 이들이 이 책을 통하여 일상적인 단어들의 차원으로부터 철학적인 개념의 세계로 한 발자국씩 접근하고, 나아가서는 고유한 삶과 세계의 근원을 구성하여 나갈 수 있기를 바란다. 이 책은 어떤 문제에 대한 답을 제시해 주기보다는 읽는 이들이 구성할 수 있는 하나의 재료이다.

각주에 밝혔지만 몇 장들은《왜 철학을 하는가》와《태초에 말씀이 계시니라》에 있는 장이나 절을 수정하고 보완한 것이다. 언제나 교정에 도움을 아끼지 않은 김 성만, 최 현승 조교에게 감사한다. 또한 배후에서 이 책이 나올 때까지 침묵 속에서 산파 역할을 해 준 서광사 김신혁 사장, 이광칠 부장 그리고 편집부 여러분의 노고에 깊은 고마움을 표시한다.

1984년 가을

강 영 계

차 례

제 1 장

철학에 대한 그릇된 생각들

우리들 인간이 매일매일을 살아가는 모습은 가지각색이어서 꼭 집어서 한마디로 사람들은 "이렇게" 살아간다고 이야기하기란 매우 힘들다. 그러나 일반적인 입장에서 볼 때 사람들은 적어도 "어떻게" 살아가고자 하는 생각을 각자 나름대로 지니고 있다. 대체로 사람들은 ① 불확실한 것을 물리치고 확실한 것을 찾으려 하며 ② 악한 행동을 피하여 선한 행위를 하고자 하며 ③ 변화무상한 것으로부터 불변하는 것을 추구하고 나아가서는 ④ 추한 것을 떠나서 아름다운 것을 찾으려 한다.

우리들은 사람들이 대체로 "어떻게" 살아갈까 하는 생각을 가지고 있는 것이 분명하다는 점을 돌이켜보았다. 사람들이 살아가는 모습을 보다 더 구체적으로 음미해보면 우리들은 "인간의 삶"이 두 가지 차원에서 전개되고 있음을 알 수 있다. 첫번째 차원은 자연적인 차원이고 두번째 차원은 인간적인 차원이다. 자연적 차원에서의 인간은 동물과 다를 것이 하나도 없다. 인간도 자연적 차원에서는 다른 동물과 마찬가지로 식욕과 성욕의 본능에 따라서 움직인다. 그럼에도 불구하고 인간은 자연적 차원에서만 살아가는 것이 아니다.

동시에 인간적인 차원에서 살아가고 있다. 인간적인 차원에서 사람들은 미워하기도 하고 사랑하기도 하며 싫어하기도 하고 좋아하기도 하고 진리를 추구하고 행복에 도달하려고 하기도 한다. 자연적인 차원은 본능의 세계라고 할 것 같으면 인간적인 차원은 의식(意識)의 세계라고 할 수 있다.* 인간을 가리켜서 "줄타기 광대"라고 하거나 또는 "짐승과 신 사이의 다리"라고 하는 것은 바로 인간이 자연적인 차원과 인간적인 차원의 두 면을 모두 소유하는 것을 잘 나타내준다고 볼 수 있다.

이렇게 볼 때 인간은 동시에 두 얼굴을 가지고 있는 것이 된다. 하나는 본능이라는 얼굴이요, 또 하나는 이성이라는 얼굴이다. 예컨대 어떤 청년이 매우 심한 폐결핵에 걸려 있을 경우, 이 청년은 본능적으로 성욕을 만족시키려는 충동에 사로잡히면서도 이성적으로는 억제해야만 한다고 생각하므로 본능과 의식의 두 얼굴 사이에서 고뇌하지 않으면 안 된다.

인간의 긴 역사 과정은 한마디로 본능과 이성의 투쟁 과정이라고도 말할 수 있다. 본능과 이성의 갈등을 겪으면서 사람들은 오래 전부터 문제를 해결하여 해결책을 얻으려고 노력하여 왔다. 어떤 사람들은 이성을 부인하고 본능의 세계로 돌아가려고 애썼으며, 또한 그렇게 하는 것이 참다운 인간의 삶을 영위하는 것이라고 주장하였다.** 이들 중 일부는 본능과 이성의 갈등을 피하여 본능의 세계에서 쾌락을 추구하려고 하였으며, 또 일부는 하늘의 달과 별, 들의 새와 꽃처럼 자연 그대로 살아가기를 염원하였다. 그렇지만 그들이 제아무리 그렇게 살아가기를 원한다고 하여도 인간이란 언제나 본

---

* 나는 여기에서 이성과 지성을 구분하려고 한다. 왜냐하면 사물을 구분하는 지성은 특정한 동물도 지닐 수 있기 때문이다. 그러나 자신을 반성하는 능력인 이성은 인간에게만 고유한 것이다.

** 이런 사람들의 유형을 우리들은 일상적인 차원의 쾌락주의자 또는 자연주의자라고 부를 수 있다.

능과 이성의 틈바구니에서 살아가는 숙명적인 존재이므로, 짐승이 나 새나 꽃처럼 산다는 것은 인간의 "희망 사항"에 지나지 않는다. 우리들은 오래 전부터 지금까지 무수히 많은 시인과 화가와 음악가가 꽃을 읊고, 산수(山水)를 그리고, 새를 노래한 것을 알고 있다. 그것은 인간이 본능과 이성의 복합체라는 사실을 너무나도 명백하게 증명하여 준다. 시인은 꽃이 아니며 꽃이 될 수 없기에 꽃을 읊은 것이요, 화가는 산수(山水)가 아니기에 자신의 심혈을 기울여 산수를 그린 것이며 음악가의 경우도 마찬가지이다.

그런가 하면 어떤 사람들은 육체를 떠나서 순수한 정신만을 추구하였으며 또한 순수한 정신을 소유하고자 하였다. 앞에서 내가 본능과 이성의 복합체를 인간이라고 불렀는데 이 표현을 바꾸어 말한다면 육체와 정신의 복합체가 인간이라고 할 수 있다. 육체적인 자연만을 추구하는 사람들이 있는가 하면* 이와는 정반대로 순수한 정신만을 추구하는 사람들도 있다. 우리들은 종교에 몰두하는 사람들 가운데서 정신만을 추구하는 사람들을 흔히 발견할 수 있다. 그들에게는 육체가 "정신의 감옥"이거나 아니면 인간을 악에 물들게 하는 원인이 된다. 그들에게는 인간이 태어났다가 죽는 것, 살아가는 동안 먹고 마시며 사랑하고 미워하는 것 등 모두가 고통스러운 일이다. 그들은 육체로 인해 이러한 고통스러운 일들이 일어난다고 믿기 때문에 육체를 벗어나서 순수한 정신만을 소유하고자 한다. 말하자면 그들에게는 육체란 바람직하지 못한 본능을 소유한 것이며 정신은 순수한 이성으로서의 영혼을 소유한 것이다. 그들의 극단적인 예로서 우리들은 희랍 시대에 화산의 불구덩이 속으로 몸을 던져 영원한 영혼을 찾고자 한 철인(哲人)을 들 수 있다. 이처럼 극단적이지는 않을지라도 식욕이라든가 성욕과 같은 육체적인 욕망을 감

* 우리는 원시인들 또는 극단적인 자연주의자들을 이 범주에 포함시킬 수 있다.

소시키거나 또는 없애버리기 위하여 단식을 하는 경우를 볼 수 있을 뿐만 아니라 더 심한 경우에는 육체에 온갖 학대를 가함으로써 정신의 순수함을 찾으려는 예도 볼 수 있다. 이 책이 전개됨에 따라서 점차로 문제의 성격이 드러나겠지만, 정신을 무시하고 육체적인 것을 추구하는 입장이든 또는 육체를 무시하고 정신적인 것을 추구하는 입장이든간에 이들 두 입장은 인간이 육체와 아울러 정신(육체와는 질적으로 다른)으로 결합되어 있다는 생각을 바탕으로 삼고 있다. 육체와 정신은 질적(質的)으로 다르다고 생각하기 때문에 그들은 어느 한 면만을 취하고자 한 것이다. 정신만을 추구하는 입장도 결국 육체를 떠날 수 없는 것이 인간임을 인정하지 않을 수 없다. 그러한 사실을 근본적으로 인정하고 있기 때문에 더욱더 순수한 정신 세계를 추구한 것인지도 모른다.

세번째로 이야기할 수 있는 부류의 사람들은 육체와 정신을 조화시키고자 하였다. 이들은 인간의 본능과 이성 두 가지를 다 인정하고 이들 양자의 갈등을 조화시키려고 노력하였다. 우리들은 일상적인 삶에서도 "건전한 정신은 건강한 육체에서"라든가 아니면 "정신이 맑아야 몸이 튼튼하다"는 말을 자주 듣는다. "인간은 짐승과 신 사이의 다리"라는 말도 실은 인간이 본능적이면서도 이성적인 존재라는 사실을 인정하는 표현이다.

인간은 확실히 중간존재(中間存在)이다. 태어나면서부터 죽는 순간까지 한순간도 쉬지 않고 즐겁게 웃기만 하는 사람이란 없다. 언제나 슬프기만 한 사람도 있을 수 없다. 마찬가지로 항상 진리만을 소유하고 있는 인간도 없으며 일생 동안 행복만을 소유한 인간도 없다.

중간존재란 무엇을 말하는가? 매일매일을 살아가는 인간은 다름 아닌 중간존재이다. 짐승처럼 먹고 마시고 잠자며, 자신이 먹고 마시고 잠자는 것을 의식하는 인간이 바로 중간존재이다. 그렇게 의식하면서 "반복하여" 다시 먹고 마시고 잠자며 지루함을 느끼는 인간이 바로 중간존재이다. 짐승과 신의 중간에 있으면서 자신이 짐승에 가까울 수도 있고 신에 가까울 수도 있다는 것을 알면서도 결코 자신은 짐승도 신도 될 수 없다는 것을 아는 인간은 중간존재이다. 짐승도 아니고 신도 아니면서 한번은 짐승이 되려고 또 한번은 신이 되려고 뒤뚱거리는 인간은 중간존재이다. 인간은 짐승과 신 사이에 그리고 본능과 의식 사이에, 말하자면 육체와 정신 사이에 흔들거리는, 흔들거리면서도 멈추려고 하는 시계추와도 같다.

어느 곳에 멈추려고 해도 멈출 수 없는 숙명을 타고 난 것, 그것은 중간존재인 인간이다. 멈추려고 해도 멈출 수 없기에 육체와 정신의 갈등과 모순 속에 인간은 고뇌한다. 고뇌하기에 인간은 육체와 정신을 조화시키려고 한다.

나는 지금까지 인간을 자연적인 차원과 인간적인 차원의 측면에서 바라보면서 3가지 일반적인 입장을 살펴보았다. 그처럼 살펴본 이유는 무엇인가? 간단히 말하자면, 인간이 의식하는 존재라는 사실을 말하기 위해서 그와 같은 고찰을 했다고 할 수 있다. 나는 지금·이곳의 나를 의식하며 그곳의 너를 의식하고 나아가서 우리들을 의식한다.

내가 나와 너와 우리들을 의식하는 것은 인간의 "사람됨"을 의식하는 것이며, 본능과 의식의 갈등과 아울러 조화를 의식하는 것이다. 나의 의식은 나 속에서 사회와 세계를 의식한다. 나의 의식은 내 속에 세계가 있다는 것을 그리고 또한 세계 속에 내가 있다는 것을 확인시켜 준다. 나의 의식은 내가 철학의 이름 밑에서 삶을 영위하고 있다는 것, 그리고 동시에 사정이 허락하는 한 "철학함"의 길을 끊임없이 걸어가려고 한다는 것을 확인시켜 준다.

앞에서 되풀이하여 말했거니와 인간은 본능과 이성의 복합체이다. 우리는 이러한 복합체를 인간이라고 부르지만 또다른 말로 무엇이라고 부를 수 있을까? 본능과 이성의 복합체는 의식이다. 인간은 의식인 한에서만 인간일 수 있다.* 의식으로서의 인간은 현실을 바탕으로 자신의 삶을 전개해나가고 있다. 그러나 자기 의식(自己意識)으로서의 우리들 인간은 본능과 이성의 갈등을 통찰할 뿐만 아니라 나아가서 현실을 음미하지 않을 수 없다. 왜냐하면 인간의 자기 의식은 자신이 서 있는 바탕인 현실에 대한 자기 반성(自己反省)이기 때문이다.

이제 나는 문제의 범위를 축소시켜서 우리들의 철학적 현실에 대한 물음을 제기하고자 한다. 우리들의 구체적인 과거를 돌이켜볼 때, 지나간 오랜 날들을 통하여 우리들에게도 나름대로의 심원하고 웅대한 사색(思索)의 발자취가 있었다는 것을 부정할 수는 없다. 그러나 대체로 ①우리는 사색보다는 하루하루의 삶에 몰두하지 않을 수 없었고 ②개인개인이 시민 의식(市民意識)을 가지기보다는 특수한 사회 지배층이 국가와 사회를 좌우하여 왔으며 ③유교나 불교와 같은 정신적 뿌리인 종교를 보더라도 내면적인 종교보다는 오히려 정치적인 차원에서 움직이는 종교를 소유하고 있었다는 것을 인정하게 된다. 이러한 배경을 지닌 오늘의 입장에서 어찌하여 우리들은 철학을 "철학답게" 파악하지 못하고 있으며 또한 구성하지 못하고 있는가 하는 물음을 제기하는 일은 어리석은 일인지도 모른다.

"철학함"이 제대로 스스로를 전개시키지 못할 때 인간의 의식 역시 자신의 현실성(現實性)을 획득하지 못한다.** 철학이 기초학(基礎學)의 역할을 다하지 못할 경우 우리들은 아직 현실 속에서 자기 반성의 과정에 도달하지 못하고 있는 것이다. 예컨대 한 인간의 성장 과정을 보더라도 소년기는 방황하는 시기라고 볼 수 있다. 어느 누구를 막론하고 소년기에는 아직 성숙한 "사람됨"을 지닐 수 없다.

---

* 인간을 의식으로 파악하는 점에서 나는 헤겔과 입장을 같이한다.

** 여기에서의 現實性은 完全性을 의미한다.

소년이 밖으로든 아니면 안으로든 자기 자신의 전체를 바라보며 구성하는 계기가 주어지지 않는다면 소년은 가정 문제, 학업 문제, 이성 문제 등으로 매일을 번민과 함께 보낼 것이다. 이와 마찬가지로 우리들의 현실 속에서 철학도 성숙할 수 있는 반성의 계기를 발견하지 못한다면 방황과 방랑을 되풀이할 것이다.

1. 미 신

현대의 전자 산업 시대에 들어와서 많은 사람들이 "합리적 사고"의 필요성을 강조하고 있다. 그러나 이 합리적 사고는 다분히 수학적이면서도 은연중에 경제적인 목적을 염두에 두고 있다. 그러므로 현대인이 요구하는 소위 합리적 사고는 비합리적 사고와 흔히 결합되어 있으며 또한 결합하려는 강한 경향을 가진다. 그와 같은 경향이 반영해주는 것은 현대인은 여전히 미신을 최선의 무기로 암암리에 인정하고 있다는 사실이다. 특히 고대·중세·근대·현대가 뒤범벅이 되어 있으며, 동양 문화와 서양 문화가 혼합되어 정리되지 않은 채로 자본주의와 기계 문명이 숨가쁘게 질주하는 지금·이곳에는 미신 내지는 미신적인 요소들이 강한 세력을 소유하고 있다.

역사를 살펴보면 일정한 과정이 역사에 있음을 알 수 있다. 인간의 역사뿐만 아니라 자연사(自然史)에도 특정한 과정이 있다. 그렇다면 돌연변이의 현상을 어떻게 설명할 수 있을 것인가? 실은 돌연변이란 말도 일정한 과정을 인정하며 그 과정이 빠르다는 것 이외의 다른 것을 뜻하지 않는다. 추측하건대 아득한 태고적의 인간들은 오늘날의 인간들처럼 발달되고 복잡한 지성 능력을 소유하지 않고 있었음이 분명하다. 그들은 해와 달과 바람 그리고 돌과 꽃 등 모든 자연 대상이 살아서 숨쉰다고 생각하였다. 그들은 본능을 충족시키려는 동기에서, 곧 배불리 먹고 편히 자려는 목적에서 특정한 대상들을 의존하였다. 신화에 등장하는 곰이나 호랑이 또는 알과 같은 개념들은 그와 같은 사실을 정확하게 반영하여 준다.* 한 알의 씨앗이 땅에 떨어졌을 때 씨앗 자체가 빈약하거나 토질 등의 조건이 알맞지 않을 때 돋아나는 싹은 가냘프기 짝이 없다. 인간의 초기 상태는 마치 이러한 씨앗에서 돋아나오는 싹과 다를 것이 없었으리라고 생각된다. 싹이 적절한 영양분과 햇빛에 의하여 자발적인 유기체의 활동으로 스스로 성장해나갈 때 가지와 잎이 생기를 얻으며 세월이 지남에 따라서 튼튼한 식물로 성장하여 드디어는 탐스러운 꽃을 피우며 씨앗을 맺는다. 이러한 과정을 인간에게 적용한다면 그것은 다름 아닌 역사이자 문화이다. 한 사물 또는 사태가 자신의 전체 과정을 거칠 때 인간의 의식은 전체성을 파악한다. 전체 과정을 거치지 않고 부분에만 머물 때 인간의 의식은 부분밖에 파악하지 못하며, 동시에 부분만을 파악하는 의식은 아직 자신과 대상의 구분 및 자기 자신에 관한 올바른 앎을 가지지 못한다. 우리는 코끼리와 장님의 이야기를 잘 알고 있다. 다리만 만지고 코끼리는 기둥과 같다든가, 몸통만 쓰다듬고 코끼리가 벽과 같다든가 하는 것은 결국 사물을 부분적으로 파악하는 상태에 불과하다. 이처럼 자기 자신을 파악하지 못하며 자신과 대상을 구분할 줄 모르는 의식은 미신(迷信)에 물들어 있다고 말할 수 있다.

얼핏보기에 미신은 인류의 역사 초기에 삶을 좌우한 것으로 보기 쉬우며 또한 오늘날에도 미개한 인종 사이에서 번창하는 것으로 여기기 쉽다. 그러나 보다 더 날카롭게 살펴볼 경우 상당한 문화 수준을 소유한 현대인도 다분히 미신을 신봉하고 있음을 알 수 있다. 미신의 형태는 나라마다 지방마다 다르지만 그 본질은 동일한 것이다. 미신의 뿌리는 샤마니즘에 있다. 해룡(海龍)을 섬기는 예를 보

---

* 고대인들의 샤마니즘을 주의해보면 이런 사실은 즉시 명백해진다.

자. 어부들은 많은 물고기를 잡아서 생존 본능을 충족시키려고 하나 뜻하지 않는 순간 바다의 재앙을 당하여 배와 인명의 손실을 당하는 체험을 가지고 있다. ① 바다에 대한 두려움 ② 생존 욕구를 충족시키려는 자기 방어 ③ 자신의 능력이나 가치에 대한 불확실성 등은 어부들로 하여금 의존 대상을 상징적으로 구성하게 한다. 그렇게 하여 그들이 섬기게 되는 대상이 바로 용왕신(龍王神)으로 나타난다.

우리들이 현실에서 접할 수 있는 미신은 ① 구체적인 양상에서 ② 내면적인 윤리관에서 ③ 종교적인 초월에서 살필 수 있다. 미신을 구체적인 양상에서 보면 그 형태가 지나치게 많아서 일일이 열거할 수 없을 것이다. 여기에서는 점·굿·성명 철학 등 우리 주변에 일반화된 현상만을 음미해보기로 하자. 미신이란 인간의 비합리적인 행동 방식의 한 가지로 불행을 피하는 것을 목적으로 삼는다. 미신은 비단 인간에게만 제한된 것이 아니다. 일부 심리학자들의 실험에 의하면 특정한 동물도 일종의 미신을 지닌다. 예컨대 비둘기가 우연히 날개를 퍼덕였을 때 자신이 좋아하는 모이가 앞에 떨어졌다고 하자. 다음부터 비둘기는 배고플 경우 날개를 퍼덕이는 미신을 지닌다고 한다. 또다른 예로 개가 귀를 긁적거리고 있을 때 돌이 날아와 개를 때렸다고 하자. 이 경우 개는 얼마간 좀처럼 귀를 긁적거리지 않는 미신을 가진다고 한다. 굿·점·성명 철학 등은 사회적인 미신이라고 할 것 같으면, 이와는 달리 각 개인들이 가지고 있는 각양각색의 미신도 있다. 옛날부터 전해 내려오는 미신 중에는 "아침에 까치가 울면 반가운 소식이 있다", "까마귀가 울면 재수가 없다", "꿈에 돼지를 보면 횡재수가 있다", "임산부가 뱀꿈을 꾸면 사내 아이를 낳는다" 등등 무수히 많은 미신들이 있다. 물론 이러한 미신들 중에는 상징적인 근거를 배후에 깔고 있는 것도 있으나 대부분은 허황된 것들이다. 예컨대 눈이 충혈되었을 경우에

실에 꿴 바늘을 바라보면 치료된다든가 발이 저릴 때 코잔등에 침을 바르면 낫는다고 하는 미신은 전혀 근거가 없다는 것을 우리는 알고 있다. 지금 예로 든 미신들은 어느 정도로 일반화된 미신이고 이 밖에 아무도 모르게 각 개인들이 가지고 있는 미신이 있다. 어떤 사람은 무슨 일을 착수할지의 여부를 결정하기 위해서는 반드시 동전을 던져서 앞이나 뒤가 뒤집어지는 것에 따라서 행동한다. 어떤 사람은 자신의 일을 시작하기 전에 하나부터 다섯까지 헤아린 다음에 시작한다. 또 어떤 사람은 길을 걸어갈 때 언제나 가능한 한 길의 가장자리를 걸어가려고 하는가 하면 어떤 사람은 반드시 사람들 사이를 뚫고 지나가려고 한다. 각 개인은 남의 눈에 띄든 그렇지 않든간에 저마다의 미신을 가지고 있다. 이러한 개인적인 미신은 습관 및 심리적인 갈등과 밀접한 관계를 가지고 있다. ① 개인적인 미신은 거의 한 개인에게 습관화되어 있어서 그 사람은 자신의 고유한 미신을 저버리기 어려우며 ② 그러한 미신은 행운을 가져다주리라는 무의식을 가지고 있어서 비록 현실이 그렇지 않을지라도 각 개인은 욕구와 현실의 갈등 속에서 우연적으로 갈등을 극복하기 위한 신념으로 자신의 미신을 은연중에 고집한다. 이상에서 살펴본 개인적인 미신을 바탕으로 사회적인 미신이 성립한다. 앞에서도 말했거니와 지금·이곳의 사회적인 미신의 형태로는 굿과 점 등이 있는데 굿이나 점 등은 그 종류를 헤아리자면 수없이 많으므로 여기에서는 간단히 일반적인 특징만을 살펴보기로 하겠다.

사람들은 막연하게나마 우주와 아울러 인간의 흥망성쇠를 좌우하는 절대자(또는 절대자들)를 믿으며 그것을 일컬어 신령님이라고 부른다. 보이지 않는 신령님의 힘을 빌어 인간의 앞날을 좌우할 수 있는 힘을 가진 인간을 사람들은 무당이니 점쟁이니 심한 경우에는 도인(道人)이니 하는 여러 가지 이름으로 부른다. 그리하여 사람들은 무당이나 점쟁이나 도인의 행동 방식을 철학이라고 일컫는다. 과거와 현재와 미래의 인연(因緣)을 손바닥에 놓고 보듯이 환하게 알아서 길흉화복(吉凶禍福)을 좌우할 수 있는 이들을 사람들은 원하며 또한 그러한 이들이 실제로 있다고 믿는다. 이렇게 볼 때 미신이란 결국 앎의 문제가 아니라 신념의 문제라는 것을 알 수 있다. 그러나 일반적으로 미신을 신봉하는 사람들은 미신 자체를 확실한 앎, 선과 악에 대한 가치, 아름다움과 추함 등의 기준을 결정해주는 것으로 믿고 있다. 그러므로 그들은 미신과 철학을 혼동할 뿐만 아니라 미신을 유일한 철학으로 믿는다. 그들은 내면에서 끊임없이 고뇌하며 반성하는 것이 아니라* 외부적인 대상이나 힘에 자신의 삶을 의탁하는 것이다. 이제 나는 미신의 일반적인 특징을 밝히기 위하여 나와 남들의 몇가지 구체적인 예들을 들어보기로 하겠다.**

첫번째 예 김군은 중학교 3학년이고 그의 형은 고등학교 3학년이었다. 김군과 그의 형은 모두 자기 반에서 우수한 성적을 유지하고 있었다. 고등 학교와 대학 입시가 두 달 가량 남아 있었다. 김군의 모친은 두 아들에게 온갖 희망을 걸고 있었으며, 아들들이 좋은 성적으로 고등 학교와 대학에 입학하기를 고대하면서 두 아들을 뒷바라지하여왔다. 어느 날 동네에 족집게처럼 점을 잘 친다는 관상쟁이 할머니가 왔다는 소문이 나돌았다. 김군의 모친은 두 아들을 데리고 마침 관상쟁이 할머니가 점치고 있는 집으로 갔다. 관상쟁이 할머니는 김군에게는 "조금만 더 노력하면 문제없겠다"라고 말했고 김군의 형에게는 "누워서 대학에 들어갈 테니 아무런 근심도 말아라"라고 말하였다. 두 달이 지나서 김군은 고등 학교에 들어갔고 그의 형은 대학 입시에 떨어져서 재수를 하지 않으면 안 되었다.

두번째 예 최교수는 풍수지리에 밝았으며 또 실제로 묘자리를 보아주려고 이곳저곳을 돌아다니기도 했다. 그는 대학 졸업 후 시골에 가서 중학교 교사를 하면서 그곳에서 역학(易學)에 정통한 은사를 만나서 많은 영향을 받았고 심지어는 신선의 도(道)에 관해서도 어느 정도 많은 인상을

* 여기에서의 반성은 단지 도덕적인 반성이 아니라 자기 자신에 대한 내면적 통찰을 뜻한다.

** 여기서 드는 예들은 어떤 특정한 사실들을 지시하는 것이 아니라 다분히 허구적인 요소와 사실의 혼합이다.

받았다. 사십 중반에 어느 대학의 교수가 된 그는 강의 시간에도 자신의 믿음을 간간히 털어놓곤 하였다. 그의 말은 다음과 같은 것이었다. "가만히 앉아서 마음을 통일하면 앉은 채로 허공에 둥둥 뜬다." "마음을 집중하면 십리길도 한걸음에 치달릴 수 있다." "벽을 바라보며 마음을 깨끗이 하면 온누리의 진리가 다 보인다." 이와 유사한 예로는 임모씨의 예를 들 수 있다. 그는 사회적으로도 상당한 지위에 있으며 학문도 깊은 사람으로 정평이 나 있다. 그의 말에 의하면 몇 대 할아버지 때부터인지 집안이 계속 기울어가고만 있었다고 한다. 어느 날인가 그는 문중(門中)에서 한사코 말리는 것도 뿌리치고 조상의 무덤을 파헤치기 시작했다고 한다. 10개의 무덤이 모두 벌레와 습기 투성이였다고 한다. 그리하여 양지바른 곳으로 묘를 옮겼더니 그 다음부터는 집안이 점차로 일어나기 시작했다는 것이다.

세번째 예　고등 학교에 다니는 박군이 정신병 증세를 나타낸 지 네 달째나 접어들고 그동안 박군집에서는 교회 목사를 불러 안수 기도를 받게 하기도 했으며 정신 병원에 두 달 입원도 시켜보았으나 차도가 없자 이름난 무당이라고 하는 쌍둥이 무당을 불러 굿을 벌리기로 했다. 쌍둥이 무당은 온갖 정성을 다 기울여 3일 동안 굿을 하면서 박군은 분명히 정상인으로 돌아올 것이라고 장담을 하였다. 박군은 보름 후 저 세상 사람이 되고 말았다.

지금까지 우리들은 세 가지 예를 들어보았다. 첫번째 예는 관상의 경우이다. 사실 잘 먹고 잘 살아온 과거를 지닌 사람의 얼굴은 윤기가 흐르며 앞으로도 얼마간은 그 상태가 계속될 확률이 많다. 인간은 자기의 마음을 얼굴로 표현한다. 근심 걱정이 많은 사람은 자연히 어두운 얼굴일 테고 노력하며 꾸준히 자기의 일에 몰두하는 사람의 얼굴에는 자신감이 넘칠 것이다. 점쟁이에 따라서 그러한 감각이 보다 뛰어난 사람이 있을 것이고 반대로 보다 둔한 사람도 있을 것이다. 어떤 장님 점쟁이가 점쟁이 업을 청산한 다음 자신은 손님의 목소리와 옷 스치는 소리에 따라서 점을 쳐주었노라고 하는 이야기를 들은 적이 있다.

일반적으로 점을 치거나 굿을 하거나 또는 지관(地官)을 의지하는 사람들은 현실의 물질적인 욕망을 충족시키려고 한다. 그들은 물질의 욕망을 만족시키면 정신적인 욕망도 따라서 충족되리라고 믿는다. 또한 그들은 개인의 이익을 추구한다. 점·굿·작명(作名) 등에 의지하는 사람들은 나와 우리집의 부유함과 편안함만을 목적으로 하고 우리들 모두의 행복은 생각할 여유가 없다. 그리고 그들은 자신의 삶이 스스로의 결단과 노력에 의하여 형성되는 것이 아니고 외부적인 힘에 의하여 좌우된다고 믿는다.

철학은 필연적으로 전체성(全體性)에 관한 통찰을 전제로 삼는다. 철학이 인간 사회를 문제로 삼을 때 개인과 가정과 사회 및 국가 모두가 중요한 의미와 가치를 가진다. 나만이 존귀한 것은 아직 미신의 차원이다. 왜냐하면 미신은 오직 부분에만 집착하기 때문이다. 철학이 앎을 문제로 삼을 때, 인간이 앎을 구성하는 과정과 능력에 의하여 분명히 참다운 것과 거짓된 것을 구분하려고 한다. 그러나 미신은 무조건 어떤 대상을 절대적인 진리로 믿으며 그 이외의 것은 모두 헛된 것이라고 고집한다. 선과 악을 다루는 가치 문제에 있어서도 마찬가지이다.

미신은 확실히 인간에게 어느 정도 감정적인 만족을 채워주는 것이 사실이다. 자신이 의지하여야 할 곳을 확실히 알지 못하고 있을 때 미래의 행복을 분명히 보장해준다고 하는 상징은* 욕구불만을 얼마간 충족시켜 준다. 그러나 인간이 무한히 외적인 것에 의하여 자신의 운명을 결정하려고만 한다면, 그의 욕구충족은 끝까지 완성되지 못한 채로 언제까지나 외부적인 힘에만 자기 자신을 맡기는 악순환이 계속될 것이다.

미신은 인간이 살아가는 방식의 일부이며 그것도 발전되지 못한 하나의 방식이지 결코 삶을 좌우하는 절대적인 힘이 있는 것이 아니다. 미신이 널리 퍼져 있어서 세력이 강한 사회에서는 자연적으로 인간의 합리적인 사고 방식이 발전될 수 없다. 그뿐만 아니라 그

* 점·굿 등은 미래를 예견하는 일종의 상징으로 해석될 수 있다.

러한 사회에서는 정치·경제적으로는 영웅주의가, 예술에서는 천재론이, 종교에서는 절대적인 인간만이 엄청난 힘을 소유하며 여타의 인간들은 자신의 삶을 결정하기를 스스로 포기하게 된다. "자유로부터의 도피"는 결국 인간으로 하여금 인간이기를 포기하게끔 한다.

많은 사람들이 점·굿·풍수지리·작명(作名) 등을 통하여 자신과 가정의 욕망을 충족시키려고 한다. 그러나 그와 같은 욕구는 비합리적인 것이므로 요행에 의하여 우연히 그러한 욕구가 달성될 수 있기는 해도 언제나 달성되지 않을 수도 있다. 인간의 의식이 자기 반성을 하지 못하는 단계에서 우리는 미신을 철학과 동일시한다. 미신은 철학이 출발할 수 있는 시초가 되기는 해도 전적으로 철학과 동일하지는 않다. 왜냐하면 미신은 여전히 부분적이며 외부적인 데 비하여 철학은 전체적이며 내면적인 성격을 본질로 삼고 있기 때문이다. 미신이 지배하는 사회에서는 인간 의식과 문화가 현실적으로 전개될 수 없다.

2. 일상적인 지식과 철학

일상적인 지식은 곧 상식을 말한다. 상식에는 두 가지 의미가 있다. 하나는 일상 사회에서 습관적으로 통용되는 지식이고 또 하나는 건전한 합리적인 지식이다.* 우리들은 매일매일의 삶에서 습관적인 지식이 심오한 지혜보다는 훨씬 더 유용하며 보다 더 많은 것을 우리들에게 제공해준다고 믿고 있다. 그리하여 온종일 일정한 장소에 틀어박혀서 자신의 일을 하는 것보다 여러 동료들이나 선후배와 담소하기도 하고 지껄이기도 하는 것이 훨씬 더 나 자신에게 유용하다고 생각한다. 월급만 꼬박꼬박 타먹으며 연구를 하든가 아니면

* 프랑스 계몽 철학자들이 말하는 상식(bon sense)은 합리적인 지식이다.

일년에 한 권의 책을 온갖 고된 노력 끝에 번역하거나 집필하여 쥐꼬리만한 인지세를 받고 기뻐하기보다는, 적절히 증권 투자를 하거나 아파트 투기를 하여 둥글게 살아가는 것이 현실적으로 훨씬 현명한 짓이라고 생각한다. 예의범절에 있어서도 우리들은 일상적인 지식이야말로 참다운 지혜라고 생각한다. 어른을 공경하며 아내는 남편을 받드는 것이 자명(自明)한 윤리적 진리라고 믿는다. 사실 우리들은 일상적인 지식을 가지고 나날을 살아간다. 왜냐하면 일상적인 지식이 생활에 유용하기 때문이다. 그러나 일상적 지식은 순간순간을 메꾸는 수단에 지나지 않는다. 그 이유인즉 일상적 지식은 내면적 의미를 전혀 문제로 삼지 않기 때문이다. 예컨대 지금 내가 입석 버스를 타고 어린이 대공원 앞에서부터 영등포 시장까지 출근을 한다고 하자. 나는 버스값은 얼마이고 몇 번 버스를 타야 하는지 어디쯤 가면 앉아서 갈 수 있는지에 대해서 일상적인 지식을 가지고 있다. 그러한 지식은 나의 삶의 의미를 전혀 묻지 않는다. 그러한 지식은 한없이 반복하며 순간순간 "지나쳐" 버리고 만다.

많은 사람들이, 철학은 어려운 것이 결코 아니며 또한 어려울 수도 없고 오직 일상적인 지식만이 철학이라고 주장한다. 이러한 사람들 중 대표적인 사람들은 소위 에세이를 쓴다는 사람들 가운데서 찾아볼 수 있다. 해방 이후 몇몇 철학 교수들이 에세이를 쓰기 시작하였다. 그들이 쓴 에세이의 제목들은 젊은이들의 메마른 감정을 적셔주고 불태워주었으며 손이 닿지 않아 긁지 못하는 가려운 부분을 시원하게 긁어주는 것 같았다. 또한 그러한 에세이들의 내용은 사랑과 죽음, 영원과 순간, 아름다움과 미움, 종교와 학문…등등에 걸친 삶의 모든 것을 굶주린 젊은이들에게 풍만하게 선사하는 것 같았다. 에세이는 곧 철학이었다. 왜냐하면 에세이는 가장 일상적인 삶의 진리와 지혜를 모두 갖추고 있었기 때문이다. 70년대, 80년대에 들어오면서 어떻게 보면 너도나도 에세이를 쓴다. 교수도,

목사도, 정치가도, 군인도… 모두 붓가는 대로 에세이를 쓴다. 그러나 과연 에세이가 철학인가? 어느 대학 철학 교수이며 저명한 수필가로 손꼽히는 어떤 교수는 그의 회갑 잔치에서 다음과 같은 고백을 하였다. "해방 전에 중학교에서 교편을 잡던 나는 해방과 함께 대학의 철학과 교수가 되었읍니다. 그것은 내가 일본치하에서 철학과를 졸업했으며 나 또한 대학 교수가 되어 철학을 계속해서 연구하려는 뜻이 있었기 때문입니다. 나는 대학 교수가 된 후 그럭저럭 강의 준비도 했으며 한두 편의 논문도 써보았읍니다. 그러나 솔직히 말해서 철학적인 소질이 안 된다는 것을 판단한 후 세상 사람들에게 평범한 삶의 진리를 나 나름대로 전하기 위해서 에세이를 쓰기 시작했던 것입니다." 여기에서 우리는 이처럼 말한 교수의 뜻을 다음처럼 이중적으로 해석할 수 있다. ①철학은 어렵고 심오한 것으로 에세이와는 다르다. ②어렵고 심오한 철학은 무의미하고 평범한 진리를 담은 에세이가 참다운 의미의 철학이다. 회갑 잔치에서 이 교수가 물론 자신은 철학이 너무 어려워서 에세이를 쓰기 시작했노라고 겸손하게 이야기한 것 같지만 그의 내면에서 하고 있던 말은 결국 에세이가 철학이라는 것이었으리라고 추측된다.

매일같이 신문 광고를 메우며 서점에 질펀하게 요란한 장정들로 진열되어 있는 대부분의 에세이는 가벼운 글로 되어 있다. 순간적인 일상 사건에 대한 느낌이라든가 특정한 대상에 대한 생각이라든가 지나간 날에 대한 짧은 회상으로 이루어지는 것이 에세이의 특징이다. 물론 에세이는 우리들에게 깊은 감동을 줄 수도 있으며 진한 공감을 불러일으킬 수도 있다. 그러나 에세이는 대체로 체계적이며 논리적인 글은 아니다. 문학적인 정취를 담고 붓가는 대로 마음가는 대로 쓰는 글이 에세이라고 생각된다. 철학은 앎과 가치 그리고 있음의 문제 및 아름다움의 문제 등을 논리적·체계적으로 취급하는 학문이다. 에세이와 철학의 출발점이 일상적인 삶이요, 양자의 목표가 지혜인 점에서는 에세이와 철학이 같다고 말할 수도 있겠지만 양자의 형태가 현실적으로 분명히 각각 구분되는 한에 있어서 에세이와 철학이 같다고 말할 수는 없다. 에세이는 일상적인 삶을 대변하는 것이요, 철학은 일상적인 삶을 극복하는 것이다. 만일 앎이나 가치 등의 문제를 체계적·논리적으로 다룬 에세이가 있다면 그것은 철학이라고 이야기할 수 있다. 그러나 대부분의 에세이는 "지나쳐" 버리는 사건이나 대상에 대한 느낌 또는 기분을 묘사한다. 그리고 보다 나은 경우에는 삶의 진리나 지혜에 대한 어떤 암시를 제공하고 있는 것이 에세이라고 말할 수 있다.

설령 에세이가 삶의 지혜나 진리에 대한 암시를 제공한다고 할지라도 그것은 체계적인 전개를 결여하고 있으므로 학문들의 근거를 확립시켜 주거나 아니면 문화의 진로 내지는 문명의 방향을 변경시키지는 못한다. 왜냐하면 에세이는 특정한 삶의 방식에 대한 단순한 묘사이기 때문이다. 요사이 많은 젊은이들 사이에서 에세이와 철학을 동일시하는 경향을 살펴볼 수 있다. 심지어는 철학을 가르치는 어느 고등 학교의 철학 담당 교사가 학생들에게 철학 참고서로 에세이를 여러 권 추천하는 현실을 목격할 수 있다. 만일 청소년들에게 에세이를 철학 입문서로 읽힌다면 그들이 대학에 가서 철학을 배울 때 매우 낭패하고 당황하며 철학에 대하여 실망하고 말 것이다. 에세이는 꿈과 낭만으로 가득 차 있으며 불만과 고뇌를 해결해 주는 것 같았는데 대학에서의 첫번째 철학 시간에서 "학문이란 무엇인가?", "논리적 사고" 등에 관한 강의를 듣고 대학에서 배우는 철학은 어찌하여 낭만적이지 않고 딱딱하기 이를 데 없는지를 의심하게 되어 결국에는 흥미를 잃고마는 경우가 흔히 있다.

에세이가 일상적인 삶을 바탕으로 삼고 지혜를 추구한다는 점에서는 철학과 동일한 점이 있긴 해도 에세이 자체가 바로 철학인 것은 아니다. 에세이가 일상인들에게 가져다주는 장점도 무시할 수는 없다. 에세이를 통하여 우리들은 한 인간의 내면 세계를 들여다볼 수 있으며 내가 직접 체험하지 못한 지방이나 대상 또는 인간에 대하여 간접 체험을 할 수 있고 에세이를 쓴 이의 느낌과 나의 느낌을 비교할 수 있다. 하기야 들에 구르는 돌 한덩어리, 산에 핀 꽃 한송이를 보고도 우리들은 자신과 대상을 연결시키기도 하고 자연의 신비를 체험할진대, 어떤 특정한 사회 분야에서 일가견(一家見)을 가진 사람이 정성들여서 붓가는 대로 쓴 에세이를 보고 느끼는 바가 없지 않을 수 없다.

에세이와 철학 양자가 모두 지혜를 추구하는 점에서는 같으나 에세이는 어디까지나 창조적인 예술적 행동에서 나오며 철학은 학문의 산물이라는 점에서 이들 두 가지는 엄연히 구분된다. 에세이가 비록 지혜를 추구한다고 할지라도 단편적·부분적인 대상을 느낌으로 파악함에 비하여, 철학은 대상을 전체적·논리적으로 파악하려고 하는 점에서 이들 두 가지는 역시 서로 다르다. 이러한 점에서 보면 일상적인 지식 역시 에세이와 마찬가지여서 반복하는 순간적인 방편이 되기 때문에 보편성 및 필연성을 지니는 학문적인 철학과 구분된다. 이곳에서 나는 일상적인 지식을 가장 잘 대변하는 것을 에세이로 보아 에세이와 철학은 명백히 구분되는 것이고 따라서 일상적인 지식과 철학도 분명히 구분된다는 사실을 밝히려고 하였다.*

3. 철학은 과연 어려운 학문인가

앞에서 우리들은 일상적 지식 또는 우리들의 주변에서 일상적 지식을 대변하는 에세이와 철학은 분명히 다르다는 것을 살펴보았다.

---

* 구분된다는 말은 절대적으로 관계가 없다는 뜻이 아니라 관계하면서 다르다는 뜻이다.

좀 과장해서 말하자면 에세이를 쓰는 사람 중 일부는 일상적인 지식 안에 온누리의 진리가 다 들어 있다고 주장한다.* 반드시 그렇지 않다고 부인할 수도 없지만 일반적으로 에세이는 순간적이며 부분적인 느낌을 쓴 짤막한 글이다. 에세이가 신선하고 짧아서 산뜻한 맛이 있을지는 몰라도 논리적·체계적인 학문으로서의 철학과 똑같은 것은 아니다. 그럼에도 불구하고 에세이를 쓰는 사람 중의 일부 그리고 에세이를 읽는 대다수의 청소년들은 은연중에 철학과 에세이를 동일시한다. 그리하여 그들은 한결같이 철학이란 일상적인 것이며, 어렵고 난해한 단어들로 이루어진 철학 책이란 헛된 "짓"에 불과하다고 주장한다. 이들이 보기에 철학이란 일상적인 지식에 들어 있는 것 이외의 어떤 다른 것일 수 없다.

그러나 소위 철학 책이라고 일컬어지는 책을 펼칠 때 이들은 어떤 생각을 가지게 되는가? 일상적인 지식이 진리라는 견해를 대변하는 수필가 및 그것을 읽는 청소년들은, 한편으로는 철학이란 일상적인 지식 안에 모두 들어 있는 것으로서 쉬운 것이라고 생각하며 또 한편으로는 그와 정반대로 철학이란 애매모호한 개념들을 복잡하게 얽어놓아서 전문가가 아니면 도저히 파악할 수 없는 난해한 내용을 가진 것이라고 생각한다. 해방 이후 지금까지 에세이를 써온 사람들이 인정하든 또는 인정하지 않든간에 그들이 청소년들에게 긍정적인 영향을 미친 것도 사실이긴 하지만 청소년들에게 전혀 반대로 부정적인 영향을 끼친 것도 엄연한 사실이다. 청소년들은 ① 철학은 일상적인 것이다. 그리고 ② 철학은 일상적인 것과는 전혀 동떨어진 심오하고도 숭고한 세계의 진리를 난해한 개념들로 다루는 학문이라고 하는 갈등 속에 허덕이고 있는 실정이다. 청소년들은 철학이 달콤한 에세이이기를 갈망하지만 일단 철학 책을 손에

* 에세이의 원래 의미는 수필(隨筆)이 아니라 시론(試論)이지만 우리 주변에서는 에세이와 수필을 같은 의미로 사용하고 있다.

들면 첫마디부터가 이해할 수 없는 글들로 가득 찬 것을 발견하고 아연실색하지 않을 수 없다. 이러한 상황에 대한 상당한 책임이 다름 아닌 에세이에 있다. 현재는 너도나도 에세이를 쓰지만 해방 이후 70년대까지는 주로 대학의 철학 교수 몇 사람이 에세이를 썼으며, 그것을 읽는 청소년들은 철학 교수의 글이니까 달콤한 에세이가 바로 철학이겠거니 하는 생각을 가졌던 것이다. 물론 그 중에는 시론(試論)에 버금가는 에세이를 쓴 철학 교수도 있지만 청소년들의 정신 세계를 혼란시키는 에세이가 대부분이었던 것도 사실이다.

철학은 과연 어려운 학문인가? 이 물음에 대하여 우리는 그렇다는 답과 아니다라는 답을 다같이 할 수 있다. 학문으로서의 철학은 철학 나름대로의 특수한 개념들을 사용한다. 임어당이 칸트의 《순수 이성 비판》 한 페이지도 읽기 전에 도저히 이해할 수 없어서 덮어버리고 말게 된다고 한 말은 보통 사람들이 이해할 수 없는 난해한 개념을 철학이 사용하는 것을 조롱한 것이다. 읽는 이들이 이 책을 펼쳐나감에 따라서 점차로 접하게 되겠지만 사실 철학은 다른 학문에서 사용하지 않는 특수한 개념들을 사용한다. 철학이 탐구 대상으로 삼는 문제에 따라서, 철학의 방법론에 따라서, 그리고 철학의 분야에 따라서, 철학은 무수하게 많은 특수한 개념들을 사용한다. 상식인이 읽기에 이들 개념은 지나치게 낯선 개념임에 틀림이 없다.

일상인이 보기에 철학적인 개념들이 난해하다고 하는 것은 철학이 나름대로의 특수한 개념을 가지고 있기 때문이기도 하겠지만 우리들의 구체적인 지나간 삶의 역사와도 직접적인 연관이 있다. 지난 날 우리들은 거의 우물 안 개구리와 같은 생활을 영위하여 왔다. 반만 년의 무궁한 역사와 삼천리 금수강산, 세계에서 가장 두뇌가 우수한 우리들…등 우리는 부러울 것이 없는 사람들이었다. 그러나 지금 우리들은 누구인가? 세계가 좁아졌고 이곳과 저곳을 비교할 수 있게 된 지금 우리들은 우리들 자신의 역사가 상당히 고달픈 역사였다는 것 그리고 삼천리 금수강산이기는 하되 별로 자원이 신통치 않은 땅이라는 사실을 너무도 잘 알고 있다. 인간은 여유가 있을 때 자기 자신을 반성하며 사고하는 힘을 강화시킬 수 있다. 유교나 불교 등은 주로 지도층의 소유물로 정치적인 색채가 강했으며 민중에게는 사상이나 종교로서의 유교나 불교가 아니라 여전히 샤마니즘적인 요소만을 지닌 유교와 불교가 퍼졌다. 소수의 지도층을 제외하고는 먹고 살기에 바빴으며 잘 먹을 시기에는 놀기에 바빴다. 누구나가 인정하는 사실이지만 우리 말은 사유 언어(思惟言語)라기보다는 생활 언어이다. 생각이 아니라 느낌이 풍부한 언어가 우리말이다. 따라서 논리적·체계적인 사유 언어로 구성된 철학적 개념들이 우리들에게 낯설 뿐만 아니라 난해하게만 여겨지는 것은 당연한 사실이라고 하지 않을 수 없다. 따라서 학문으로서의 유교나 불교를 대할 때 우리들은 매우 친한 것 같으면서도 유교와 불교의 용어들이 난해하기 짝이 없다고 생각한다. 더우기 19세기 중반 이후 서양 학문과 더불어 철학이 소개되었을 때 그것은 특수한 사람들만이 소유하는 학문이었다. 구체적인 일상 생활이 삶의 전부였던 우리들이 극단적으로 추상적이고 논리적이며 체계적인 학문으로서의 철학을 대할 때 그것은 우리와는 너무나도 거리가 있는 것이었다. 멋과 흥에 젖은 우리들에게 분석적인 논리로 가득 찬 철학이 맞을 리가 없었다.

그러나 세계는 정치·경제·문화·종교적으로 점차 가속도로 좁아져갔다. 우리도 우리끼리만 모여 살 수 없고 다른 나라 및 민족과 겨누며 어울려 살지 않을 수 없게 되었다. 우리도 우리의 삶의 전체를 보지 않으면 안 되게 되었다.

인간의 역사를 "신화로부터 이성으로의" 전개 과정이라고 말할 수 있다. 신화란 유한한 능력을 가진 인간과 무한한 능력을 지닌 신들이 어울려 만드는 종합적·환상적·윤리적·이론적·신비적인 세계이다. 그것은 마치 어린 아이의 상태와도 같다. 어린 아이에게는 이 세계가 신비의 세계이며 그 안에서 어린 아이는 희망과 절망 그리고 기쁨과 슬픔을 동시에 맛보며 아직 자기 자신과 대상을 명확히 구분하지 못한다. 어린 아이에게는 아직까지 본능적인 것이 우월하다. 그러나 어린 아이는 소년·청년·장년으로 성장하지 않을 수 없으며, 자신의 자발적인 노력에 의하여 보다 정신적으로 빨리 성숙할 수 있다. 결국 우리들의 역사도 마찬가지이다. 역사는 바로 의식(意識)의 역사이다. 우리들의 자발적인 의식이 스스로의 내면을 날카롭게 응시하며 자신을 발전적으로 구성해나가기 시작할 때 우리는 지금까지 우리들과 멀었던 것 그리고 낯설었던 것을 능히 극복하고 소화시킬 수 있다. 여기에서 다시 한번 물음을 제기해보자. 철학은 과연 어려운 학문인가? 만일 우리들이 철학을 다른 개별 학문과 마찬가지의 학문이라고 하는 전제(前提)를 미리 가지고 있다면 이 물음은 그다지 커다란 문제를 일으키지 않을 것이며 동시에 우리를 혼란에 빠뜨리지도 않을 것이다.

우리들이 철학에 대하여 가지고 있는 무엇보다도 가장 큰 편견은 철학이 모든 것을 해결해줄 수 있는 “어떤 지혜”라고 보는 것이다. 만일 살아가는 방식에 있어서 절대적으로 가장 현명한 길이 있다면 그 길은 삶의 온갖 어려움을 해결해주는 “어떤 지혜”일 것이다. 그러나 철학은 삶의 문제에 대한 그러한 절대적인 해결책을 제시해주는 것이 아니며 또한 삶에는 그와 같은 절대적인 해결책도 있을 수 없다. 철학도 수학이나 물리학 또는 정치학과 마찬가지로 학문이다. 삶의 어려운 문제를 해결해주는 것이 철학이라고 생각하는 태도는 철학을 미신과 똑같이 보는 자세이다.

우리의 교육 현실을 살펴볼 때, 적어도 고등 학교 과정까지 우리는 거의 대부분의 인문·사회·자연 과학을 접한다. 그러나 1980년대 중반에 와서야 철학을 고등 학교의 선택 과목으로 넣자는 견해가 나와서 일부 고등 학교에서 실시되고 있는 실정이다. 따라서 학문으로서의 철학을 고등 학교 시절에 접하지 못한 사람이 대학에 와서 한 학기 몇 시간 동안 철학을 접하고 더 이상 철학과 친할 수 없을 때, 그 사람은 ① 철학은 비현실적이며 ② 철학은 실천과는 상관없는 공허한 이론적 개념으로만 구성되어 있고 ③ 다른 학문들과는 전혀 상관없는 것이라는 결론을 내리게 된다. 그러나 만일 물리학은 쉬운 학문인가? 경제학은 쉬운 학문인가? 이렇게 묻는다면 상당수의 사람들은 물리학이나 경제학은 어려운 학문이라고 답할 것이다. 엄밀한 의미에서 학문으로서의 철학은 가끔 몇몇 정치가나 경제인이 연설 자리에서 말하는 그러한 철학이 아니다. 어떤 정치인이 "우리 민족에게도 철학이 있어야 한다." 또는 어떤 경제인이 "기업 경영에는 각 기업인의 투철한 경영 철학이 있어야 한다"라고 주장할 때 그들이 말하는 철학은 학문으로서의 엄밀한 철학이 아니다. 만일 그들이 보다 정확한 용어를 사용한다면 그들은 철학이라는 개념 대신에 "세계관" 또는 "인생관"이라는 말을 사용하여야 할 것이다. 왜냐하면 그들이 주장하는 것은 논리적·체계적인 학문으로서의 철학이 아니라 인간이 마땅히 가져야 할 견해이기 때문이다.

제아무리 수학적인 지식이 없는 사람일지라도 초보적인 산수와 기하를 습득하고 차례로 난해한 문제로 옮아가게 되면 수학에 대한 학문적인 관심과 안목을 가지게 되며, 수학이 그다지 어렵지 않다는 것을 발견하게 된다. 철학도 수학의 경우와 전혀 다를 것이 없다. 왜냐하면 수학이나 철학이나 모두 우리들이 매일 반복해서 숨쉬고 살아가는 일상 생활을 출발점으로 삼고 있기 때문이다. 산수나 기하가 일상 생활을 떠나서는 있을 수 없는 것처럼 앎이나 가치도 일상 생활을 전혀 무시한다면 의미가 전혀 없다.

물론 앞으로 상세히 이야기되겠지만 인식론을 예로 들어보기로 하자. 인식한다는 것은 쉽게 말해서 안다는 것이다. 인식론은 철학의 가장 중요한 한 분야이다. 다음과 같은 물음을 던진다고 하자. "이 꽃은 장미꽃이다. 당신은 이 장미꽃을 어떻게 아는가?" 인식론이라고 하면 개념이 어려운 것 같으나 위의 물음이 바로 인식론의 핵심을 지적해내는 물음이다. 위의 물음에 대하여 "눈으로 보기 때문에 그것이 장미꽃이라는 것을 안다"고 감각적·경험적으로 답변했을 때 그렇게 답하면서 우리들은 별다른 의심을 가지지 않는다. 왜냐하면 일반적으로 우리들은 만지거나 냄새맡거나 보거나 듣거나 맛을 봄으로써, 곧 오감(五感)에 의지하여 사물을 안다고 생각하고 있기 때문이다. 그러나 이어서 다음처럼 묻는다고 가정해보기로 하자. "눈으로 보기만 하는 것으로 장미꽃을 알 수 있는가? 개미나 개도 눈이 있으니 이들도 눈으로 보아 장미꽃이라는 것을 알 수 있는가?" 이 물음에 접하여 우리는 당황하지 않을 수 없다. 개미나 개에게 장미꽃은 우리들 인간이 생각하는 장미꽃이 아니라 전혀 다른 대상일 것이기 때문이다. 여기에서 우리들은 대체로 ① 밖에 어떤 대상이 있고 또한 나라는 주관이 있으며 ② 나라는 주관은 밖의 대상을 보고 만지면서 동시에 그 대상을 생각하고 ③ 그리하여 결국 그 대상에 명칭을 붙임으로써 앎이 성립한다고 결론내리게 된다. 밖에 있는 객관 "어떤 것"을 주관인 나는 감각과 사고(思考)에 의하여 "장미꽃"이라고 이름붙인다. 지금까지 장미꽃을 놓고 우리가 그것을 어떻게 아는지 일반적인 입장에서 살펴보았다. 만일 우리들이 이처럼 앎의 문제에 있어서 한가지 한가지를 차근하게 살펴간다면 점차로 주관·객관을 위시하여 직관·경험·이성 등의 개념 및 나아가서는 경험론·합리론 등 인식론에서 흔히 사용하는 낯선 개념들을 소화할 수 있게 되어 드디어는 인식론이 어떤 것이라는 윤곽을 잡을 수 있을 것이다. 있음의 원리를 다루는 형이상학, 가치문제를 다루는 윤리학, 사고와 언어의 질서 및 규칙을 취급하는 논리학, 아름다움의 문제를 다루는 미학 등도 인식론의 경우처럼 한

걸음씩 밟아올라간다면 문제의 범위와 성격을 파악하게 될 것이고 전체적인 안목에서 철학의 본성이 무엇이라는 것을 우리는 확실하고도 분명하게 파악하게 될 것이다.

철학은 과연 어려운 학문인가? 이 물음에 대하여 우리는 다음처럼 답할 수 있다. 철학은 학문이다. 그러므로 철학도 수학이나 물리학, 정치학 등과 같이 어려울 수도 있고 쉬울 수도 있다. 철학이 다른 학문들과 다른 차이는 다루는 대상에 대한 입장과 방법이 틀리다는 것뿐이다.

4. 철학함과 철학사

철학에 대한 또 한가지 그릇된 생각은 철학을 철학사(哲學史)와 똑같이 보는 것이다. 에세이를 철학이라고 본다든가 점치는 것을 철학이라고 여기는 것은 일상인들이 갖기 쉬운 편견이지만, 철학을 철학사와 같이 생각하는 경향은 직접 철학을 공부하는 학생이나 심지어는 철학을 가르치는 사람들까지도 가지고 있는 경우가 있다. 이는 마치 잡다한 지식을 많이 가지고 있는 소위 만물 박사를 철학자라고 부르는 것과도 같다. 우리들은 빈번하게 주변에서 철학 공부하다가 미쳤다든가 철학하는 사람은 하늘만 쳐다보고 걷는다든가 또는 철학과에 다니는 학생이 겨울에는 맨발에 고무신을 신고 다니며 여름에는 겨울 코트를 입고 다닌다 등과 같은 말을 많이 들어왔다. 그러한 표현들은 우연히 생긴 것이므로 전자 공학하는 사람도 여름에 털코트를 입고 다닐 수 있으며 수학하는 사람도 겨울에 맨발로 고무신을 신고 다닐 수 있다. 물론 이러한 표현들을 뒤집어보면 우리들이 지금까지 철학을 철학답게 발전시키고 활용하지 못한 것을 비난하는 말로 이해할 수 있다. 그러나 만일 철학을 삶에 전적으로 무익하고 무용한 것으로 결정해 버린다면 그러한 자세는 학문의 기초를 부정하고 단지 수단으로서의 학문만을 인정하는 결과를 가져오고 말 것이다.

사실 철학의 생동하는 힘은 "철학함"이다. 철학이라는 개념의 참다운 의미를 찾으려고 한다면 그것은 "철학함" 이외의 다른 어느 곳에서도 찾을 수 없다. 철학을 "철학함"이라는 동적(動的)인 차원에서 바라보지 못하고 어떤 대상이나 사태에 대하여 정지된 완벽한 지식을 철학이라고 생각할 때 철학을 철학사와 똑같이 여기는 그릇된 생각을 가지게 된다. 보다 더 정확히 말하자면 철학사도 철학의 일부는 되지만 철학 자체는 아니라는 것이다. "다음과 같은 식자(識者)들이 있다. 그들에게는 (지나간 그리고 동시에 새로운) 철학사 자체가 그들의 철학이다."*

대학의 철학 개론 시간에 들어가면 고대 희랍의 자연 철학자가 누구이며 언제 살았고 어떤 문제를 제기했으며 다음의 어떤 철학자로 그 문제가 이어진다는 강의를 듣게 된다. 이 경우 만일 강의를 듣는 학생 가운데서 "왜 그런 이야기를 합니까?"라고 질문할 때 정직하게 문제 의식을 가지고 바르게 답할 수 있는 사람이 몇이나 될지 의심스럽다. 플라톤의 작품이 어떤 것들이고 그의 철학 이론이 어떠어떠하다고 설명하는 것이 전혀 무의미한 일이라고만 할 수는 없다. 그것도 역시 과거에 플라톤이라는 사람이 살았던 흔적을 한번 음미해본다는 뜻에서는 우리의 관심을 끌 수 있다. 그러나 자칫 잘못하면 플라톤이 몇 년에 태어나서 언제 죽었고 그의 작품들이 어떤 것들이며 그의 철학 사상은 무엇무엇이라고 암기하려고 드는 경향에 빠지기 쉽다. 그리하여 특정한 철학자에 관한 아니면 몇몇 철학적 흐름에 관한 지식을 암기하여 그것을 가지고 철학한다는 자신감을 가지기 쉽다. 일반적으로 철학사를 철학과 동일시하는 사

* 칸트의 *Prolegomena* 서론 둘째 단.

람들은 플라톤으로부터 사르트르나 마르쿠제에 이르기까지의 방대한 지식을 흡수하여 마치 자신이 상당한 수준의 철학을 소유하고 있다고 꿈꿀 수 있다. 그러나 대체로 그러한 지식은 정확한 지식도 못되며 또한 2차적*이므로 근거도 빈약하기 마련이다.

철학함이란 의식의 자기 반성이라는 힘을 뜻한다. 그러므로 철학함은 하나의 대상을 문제로 삼고 그것을 부분과 전체로 분석하고 종합하며 그 대상과 나의 관계에 대한 의미와 가치를 묻는다. 철학사를 그저 나열하거나 암기하는 것은 자기 반성을 결여할 뿐만 아니라 심할 경우에는 자기 반성을 배제하려는 경향까지 가지게 된다. 왜냐하면 철학사에 의존할 경우 의식의 자발성은 점차로 사라져가고 수동적인 의식만이 남을 것이기 때문이다. 예컨대 철학사를 철학과 동일시하는 사람은 "헤겔에 의하면 아름다움이란…", "주자에 의하면 자연이란…" 등과 같이 자기 의식의 본질적인 활동으로서의 철학함을 무시한 채로 이미 폐쇄되고 정지하여 있는 사고(思考)의 범위를 무한히 맴돌 것이기 때문이다.

철학함이란 주관과 객관을 구분하면서 동시에 통일시키는 의식의 자기 반성이다. 따라서 인간은 철학함에 의하여 주관으로서의 나와 객관으로서의 대상을 확립시키며 나아가서 양자의 관계를 구성하고 세계에 의미를 부여한다. 철학함은 따라서 인간의 창조적이며 구성적인 행동이라고 말할 수 있다. 그러나 철학사란 철학함을 위하여 재료가 되고 동기를 부여할 수 있을지는 몰라도 철학함과 동일하지 않다. 철학사를 철학과 동일시하는 것은 문학사를 문학 또는 정치학사를 정치학과 똑같이 보는 경우와 전혀 다를 것이 없다. 어떤 개인으로서의 철학자에 대한 이론을 전문적으로 연구하든 아니면 특정한 시대의 철학 이론을 연구하든간에 철학사로서의 철학사, 다

* 철학사 책을 통한 지식은 철학자의 원래 저서를 읽는 것에 비하여 2차적일 수밖에 없다.

시 말해서 암기용으로서의 철학사가 아니라 구체적·전체적·현실적인 철학함으로 융화시킬 때 단순한 철학사는 참다운 철학함으로 전환할 것이며 그리하여 철학의 한 분야로 의미와 타당성을 소유할 수 있을 것이다.

제 2 장

철학이란 무엇인가

1. 경탄과 의심*

인간은 누구를 막론하고 갓난 아이 때부터 불확실한 것을 피하고 확실한 것을 찾으려고 한다. 확실한 것을 알려고 하는 것은 인간의 본성이라고 볼 수 있다. 물론 앎의 단계에까지는 이르지 않겠지만 일반적으로 동물은 불확실한 것을 피하려는 본능을 가지고 있는 것 같다. 심리학자들이 개에게 행한 실험의 예를 살펴보기로 하자. 개에게 원을 지시하고 그것을 물어오면 맛있는 먹이를 상으로 준다. 그리하여 "원!"하고 소리치면 원을 물어오게 한다. 다음으로 개에게 같은 방식으로 타원을 물어오게 한다. 그러나 점차로 원에 가까운 타원을 물어오게 하다가 원과 거의 같은 타원을 던져놓은 다음에 개에게 "원!" 또는 "타원!"이라고 외치면 개는 던져져 있는 것이 타원인지 원인지 분간할 수 없게 되어 불안하게 행동한다고 한다. 개의 경우는 본능적일 것이다. 인간의 경우도 개의 경우와 유

* 이 부분은 《왜 철학을 하는가》(서울 : 이구출판사, 1983)의 1장 1절을 수정・보완한 것이다.

사하다. 그러나 인간의 경우에는 직접적인 본능이 아니라 앎이 문제이다.

우리들 인간은 앎의 문제와 밀접히 연관하여 여러 가지 무수한 행동의 영역에서 선(善)을 행하려고 할 뿐만 아니라 혼미스러운 판단과 느낌 속에서 아름다움과 목적에 대한 판단과 느낌을 가지려고 하며 나아가서는 구체적으로 지금·여기에 있는 것들이 왜 있는지를 묻고자 한다.

참다운 앎과 선과 아름다움의 통일은 지혜이다. 인간의 의식적인 모든 활동은 지혜를 추구한다고 말할 수 있다. 인간을 전체적으로 보자면 식물이나 동물과 유사한 점도 있지만 인간이 인간일 수 있는 것은 그가 삶의 목적, 곧 지혜를 전제로 하고 살아가기 때문이다. 따라서 아리스토텔레스의 "모든 인간은 본성상 앎을 추구한다"* 라는 말은 "모든 인간은 본성상 지혜를 추구한다"라는 말로 바뀔 때 참다운 의미를 가진다고 말할 수 있다. 인간은 이 세상을 살아가는 존재로서 인간과 다른 존재자들과 똑같은 차원과 아울러 구분되는 차원을 가진다. 우선 인간은 그저 있다는 점에서 무기물과 동일하며, 영양분을 섭취하고 성장하다가 죽어간다는 점에서 식물과 다를 것이 없으며, 감각을 지니고 운동한다는 점에서 동물과 다를 것이 없다. 그러나 인간이라는 존재자가 다른 존재자들과 구분되는 것은 그가 지혜를 추구한다는 사실이다. 예컨대 학생이 단순히 수학 공식을 외우는 것을 넘어서서 그 공식이 성립할 수 있는 근본적인 원리를 알려고 하는 것, 여인이 자신의 몸매를 곱게 단장하며 아울러 지성적인 아름다움을 지니려고 하는 것 그리고 누구든지 자기의 가치관에 따라서 선이라고 생각되는 것을 행하려는 것은 모두 지혜에 대한 추구가 아닐 수 없다. 지혜에 대한 추구, 곧 지혜에 대한 사랑은 철학함이다. 그러나 모든 인간은 왜 지혜를 추구하는가? 그

* 아리스토텔레스의 《형이상학》 첫 귀절.

리고 모든 인간은 언제나 현실적으로 그리고 또한 능동적으로 지혜를 추구하는가?

지혜에 대한 추구의 근원은 자기 확인 및 자기 반성이며 자기 구성이다. 자기 반성이란 단지 주관적으로 제한된 개인만을 반성하는 것이 아니라 세계와 근원을 성찰하는 것이다. "나는 나 자신을 탐구하였다"고 하는 옛 철학자의 말은* 첫째로 개인적인 자기 반성을 뜻하며, 둘째로는 그와 같은 자기 반성이 성립할 수 있는 근거로서의 세계 근원에 대한 반성, 곧 지혜에 대한 사랑의 출발점이다. 세계 근원이라고 하는 것은 있는 것들을 있게끔 해주는 궁극적인 근거 내지는 원인을 말한다. 이 세계가 왜 있는가라고 물을 때 우리들은 세계 근원이 있으므로 이 세계가 있다고 답할 수 있다. 기독교적인 의미에서 보자면 세계 근원은 하느님이다. 불교적인 입장에서 볼 때 세계 근원은 불심(佛心)이며 도교적인 입장에서의 세계 근원은 도(道)이다. 형이상학적 (또는 쉽게 말해서 철학적) 입장에서의 세계 근원은 존재 자체라고 말할 수 있다. 결국 지혜에 대한 사랑은 구체적으로 있는 존재자인 나의 의미를 반성하며 나아가서 나를 성립하게 해주는 근거인 세계 근거, 다시 말해서 존재 자체를 묻지 않을 수 없다. 왜냐하면 사랑은 추구이자 물음이기 때문이다.

어느 누구나를 막론하고 모든 인간이 처음부터 지혜에 대한 사랑을 능동적·현실적으로 소유하고 있는 것은 아니다. 매일매일을 살아가면서 일반적으로 인간은 반복적이며 무의미한 삶을 이끌어나간다. 이러한 일상적인 삶의 특징은 일상성이다.** 일상성에는 현실적인 지혜에 대한 사랑이 은폐되어 있어서 지혜에 대한 사랑이 오로지 가능적으로 있을 뿐이다. 일상성 속에서 우리들 인간은 오직

---

* 헤라클레이토스의 단편에 나오는 귀절.

** 하이데거는 현존재를 분석하면서 현존재의 존재 방식을 일상성으로 특징짓는다.

씨앗으로서의 지혜에 대한 사랑만을 소유하고 있기 때문에 아직 지혜에 대한 사랑을 적극적으로 의식하지 못하고 있으며 싹을 돋아나게 하지 못하고 있다. 그러므로 만일 우리들이 일상성만을 소유한다면 문화적인 발전을 생각할 수 없다. 다시 말해서 일상성 속에 물들은 채로 일상성을 극복하지 못한다면 자기 발전을 기대할 수 없다. 비록 일상성 속에 지혜에 대한 사랑이 꿈틀거리고 있다고 할지라도 그것은 여전히 씨앗의 상태로 남아 있기 때문이다. 씨앗이 앞으로 싹·줄기·잎·꽃·열매가 될 모든 요소들을 포함하고 있다고 할지라도 일단 씨앗이 싹으로 성장하지 않는 한 씨앗은 완전하게 현실적인 식물의 역할을 행사할 수 없다. 이것은 인간 의식의 경우에도 마찬가지이다. 의식이 그저 의식으로만 머물고 전혀 자기 반성 및 전체성에 대한 통찰을 결여할 때 그러한 의식은 일상성의 의식으로서 반복한다. 우리들이 하루 세 끼 밥 먹는 것, 매일 버스를 타고 학교에 가는 것, 일요일에 빠짐없이 교회에 가는 것 등은 반복하는 일상성으로서 그러한 행동은 우리들에게 새로운 삶의 의미를 구성해주기 힘들다.

어떤 하나의 상태가 질적(質的)으로 다른 상태로 전환하기 위해서는 반드시 계기가 필요하다. 그러기에 일상적·가능적으로 은폐된 지혜에 대한 사랑이 싹트기 위해서는 특정한 계기가 요구된다. 그것은 바로 경탄과 의심이다.* 혼미한 일상 생활의 반복 속에서 우리들은 앎과 선과 아름다움의 통일인 지혜와는 상관없이 물질적인 풍요, 사회적 권위 및 개인의 건강과 안락만을 찾기 마련이다. 그러나 우리들 인간의 본성에 내재하는 의심은 일상적인 모든 현상에 일단 의문을 제기한다.** 때때로 감각은 우리들에게 명확한 것을 제

* 플라톤과 아리스토텔레스는 철학함의 시초로서 경탄(taumazein)을, 그리고 데카르트는 철학함의 시초로 의심을 꼽는다.

** 식욕·성욕 등은 동물적인 본능이며 스스로 사고하는 능력은 본능과 달

시하기도 하지만 대체로 감각은 혼미한 일상성의 한 단면을 대변해 준다. 감각은 이랬다 저랬다 하는 심리 현상과 직결하여 앎과 선과 아름다움의 척도를 흐리게 한다. 물 속의 구부러져 보이는 나무 토막, 비 개인 뒤 몹시 가까이 보이는 산봉우리 등 나의 감각이 제시해주는 대상은 사물의 참다운 모습을 보여주지 못한다. 꿈 역시 혼미한 일상성을 대변하여 준다. 장자가 나비의 꿈을 꿀 때, 장자 자신은 인간인데 잠시 나비가 된 꿈을 꾸는지, 아니면 그 자신은 나비이고 장자라는 인간은 그 나비가 꾸는 꿈 속의 대상인지 구분하기 힘든 이야기는 우리 모두가 잘 알고 있는 장자 속의 꿈에 관한 좋은 예이다. 더 나아가서 우리들은 종교적인 신 또는 철학적인 존재 자체를 의심의 대상으로 삼을 수 있다. 왜냐하면 습관에 따라서 우리들이 은연중에 그러한 것들을 가정했는지도 모를 일이기 때문이다.* 사람들 가운데는 무조건 의심한다든가 모든 것을 의심한다고 주장하는 매우 극단적인 입장을 취하는 이들이 있다. 그러나 그러한 사람들의 주장은 "모든 견해는 무가치하고 오직 내 주장만이 옳다"고 하는 독단론을 범하는 경우가 많다. 그러므로 의심은 방법적인 의심이어야만 지혜에 대한 싹을 키울 수 있다. 예컨대 최군은 피양을 아름답다고 생각하며 송군은 피양을 추하다고 생각하는 경우, 최군과 송군은 각자가 결국 "그대가 생각하는 피양과 내가 생각하는 피양은 서로 다르니까 우리들은 피양이 아름다운지 추한지 알 수 없다"고 결론을 내린다면 이러한 의심은 방법적인 의심이 아니다. 방법적인 의심은 진리 내지는 지혜에 대한 사랑을 전제로 한다. 여기에 작은 돌 한조각이 있다고 가정해보자. 이 경우 "이 돌은 수정일까 아니면 금강석일까?"라고 의심하는 것은 방법적인 의심이다.

리 인간의 본성에 속한다.

* 확실한 것을 찾기 위한 이러한 의심은 데카르트에 의하면 방법론적 회의라고 한다.

왜냐하면 이러한 의심은 참다운 것을 전제로 하고 있기 때문이다.

의심이 무조건 의심하는 허무주의적인 독단적 의심이 아니고 지혜에 대한 싹을 키울 수 있는 긍정적인 의심이 되기 위해서는 놀라움, 곧 경탄을 동반하지 않으면 안 된다. 우리는 경탄을 다른 말로 흥미 또는 관심이라고 부를 수도 있다. 혼미한 것을 혼미하다고 느낄 때 우리는 비로소 혼미한 것을 극복할 수 있으며 아름다움을 아름다움으로 생각할 때 참다운 아름다움을 구성할 수 있다. 어떤 여인이 내 앞을 지나갈 때 저 여인은 과연 어떤 여인인가 하는 의심이 없으면 나는 그 여인과 아무런 상관이 없다. 그뿐 아니라 그 여인이 더없이 아름다운 여인임에도 불구하고 내가 전혀 아무런 감탄도 하지 않는다면 나는 그 여인과 더욱더 상관이 없다. 이것은 어느 경우에나 마찬가지이다. 내가 다음과 같은 수학 문제를 대하고 있다고 하자. "달걀 9개가 있는데 그 중 1개는 곯은 것이어서 가볍다. 천평에 두 번 달아서 곯은 달걀을 골라내도록 하라." 그러면 나는 4알씩 먼저 달 것인지 아니면 3알씩 달 것인지 의심하지 않으면 안 되며 또한 "아! 이렇게 하면 되는구나!" 하는 경탄을 가지지 않으면 안 된다. 의심과 관심이 전혀 없을 때 그 수학 문제는 나와 아무런 상관도 없다. 그러므로 의심과 아울러 은폐된 것을 개방된 것으로 전환시키는 계기가 되는 또 하나의 힘은 우리들의 의식에 간직되어 있는 경탄이다. "경탄은 이전이나 지금이나 인간에게는 철학함의 시초"였다는 말은 바로 지혜에 대한 사랑이 필연적으로 경탄과 의심을 동반하는 것을 의미한다. 역사나 수학 문제를 무조건 암기하는 것과 같은 행동은 현실적으로 좋은 점수를 갖다줄 수 있을지는 몰라도 철학함과는 거리가 멀다. 왜냐하면 그와 같은 단순한 암기는 전적으로 경탄과 의심을 결여하고 있기 때문이다. 마찬가지로 값비싼 겉치레 치장이 참다운 아름다움을 구성해주지 못하며 한낱 방편에 지나지 않는 행위는 선을 실현시키지 못한다.

일상적인 삶은 오직 경탄과 의심의 계기를 통해서만 지혜에 대한 사랑으로 전개될 수 있다. 만일 인간이 하등의 경탄과 의심이 없이 하루하루를 반복하여 보낸다면 그의 의식은 언제나 일상성 속에서 방황하고 지껄이며 모든 것을 그저 지나쳐버릴 것이다.

경탄과 의심은 인간으로 하여금 자기 반성이라는 내면적 행동을 가능하게 해준다. 인간은 자기 반성에 의하여 비로소 자기 자신의 의미를 물으며 앎과 가치와 아름다움 및 있음〔存在〕의 한계와 가능성 및 의미도 아울러 탐구할 수 있다.

2. 기초학으로서의 철학

예전에는 철학을 만학(萬學)의 왕이라고도 불렀다. 그러나 오늘날에 와서 철학은 더 이상 만학의 왕이 아니며 또한 그렇게 될 수도 없다. 사실 공자나 맹자만 해도 그렇고 우리 나라의 퇴계나 율곡을 보아도 세상만사에 대한 이론을 훤하게 꿰뚫고 있는 것처럼 보인다. 서양에서도 플라톤, 소크라테스, 토마스 아퀴나스, 칸트, 헤겔 등은 모든 것을 다 아는 것처럼 보인다. 이들에게는 철학이 여전히 만학의 왕일 수밖에 없다. 그러나 점차로 역사의 수레 바퀴가 굴러가서 근대 및 현대에 접어들면 사회가 분화(分化)되면서 학문도 분화되는 운명을 겪지 않을 수 없었다. 서양이나 동양이나 이론적인 학문이라고 하면 적어도 근대 초기까지는 철학밖에 없었다. 특히 서양을 두고볼 때 근대 중반 이후 철학에서 정치학, 경제학, 법학, 교육학, 심리학, 언어학 등이 차례로 갈라져 나오게 되었다. 그렇다면 현대에 살고 있는 우리들은 철학을 어떻게 이해하여야만 하는가? 어떤 극단적인 사람은 더 이상 철학이라는 학문이 있을 수 없다고 주장한다. 왜냐하면 철학에서 대부분의 개별 학문들이 갈라져 나왔으므로 종래의 철학과 같은 학문이 존재할 수 없기 때문이다. 또 어떤 사람은 이제 철학은 개념의 뜻과 사용을 명확하게 해주는 일 밖에 다른 것을 가지고 있지 않다고 주장한다. 그러나 아직도 많은 사람들은, 비록 철학으로부터 여러 가지 개별 학문들이 갈라져 나가서 철학은 개별 학문들에 그 자리를 내어주어야 하는 운명이긴 할지라도 이전이나 지금이나 철학이 학문으로 성립한다고 주장한다. 왜냐하면 철학은 기초학이기 때문이다.

만일 가장 기본적인 학문이 무엇이냐고 묻는다면 우리는 무엇이라고 답할 수 있을까? 자연 과학을 하는 사람들은 인문 과학이나 사회 과학보다 자연 과학이 정확한 학문이라고 생각한다. 예컨대 물리학은 대상을 1 *cm* 또는 1 *g* 등 정확하게 측정한다. 그러나 "1 *cm* 나 1 *g* 은 무엇이며 어디에 있는가"라고 물을 때 과연 무엇이며 어디에 그것들이 있다고 대답할 수 있을까? 구리 막대 1 *cm* 가 있다고 할 때 1 *cm* 는 구리 막대에 있는 것인가? 구리 막대를 아무리 살펴보아도 구리 이외에는 다른 것이 없을 것이다. 그럼에도 불구하고 우리들은 구리 막대 1 *cm* 라고 이야기한다. 학문 중에서 가장 기본적인 학문은 수학일 것이라고 많은 사람들이 이야기한다. 왜냐하면 수학이 가장 분명하며 정확하기 때문이다. 우리들은 2+2=4 라는 수식이 불변한다고 믿는다. 그러면 수란 무엇이며 어디에 있는가라고 물을 경우 어떻게 대답할 것인가?

우리는 1 *cm* 나 1 *g* 또는 수란 우리들의 생각이 구성해낸 대상이라고 말할 수 있다. 이렇게 말하는 것은 이미 철학의 입장에 우리들이 서 있기 때문이다. 철학은 우선 대상(그것이 내면적인 사고이든 외부적인 대상이든 또는 어떤 환경이나 상황이든간에)의 원인 내지는 근거를 묻는다. 그것도 궁극적인 원인을 묻기 때문에 철학을 기초학이라고 하는 것이다. 철학이 기초학일 수 있는 예를 하나 들어보기로 하자. 수학에서는 1+1=2 라고 한다. 1 이 어떻게 생긴 것인지에 관해서 수학은 답하지 않는다. 철학에서는, 특히 논리학적 탐구에서는 1을 존재자들을 구성하는 가장 기본적인 단위로 보며 또한 전체의 통일을 하나로 보기도 한다. 철학은 이처럼 수의 근원을 제시함으로써 수학이 성립할 수 있는 가능성으로서의 근원을 해명하여 주며 따라서 수학은 명확한 근거 위에서 전개될 수 있다.

앞에서 본 것처럼 철학은 수학뿐만 아니라 개별 학문들 일반의 근거를 밝혀주기 때문에 기초학이다. 다시 말하면 철학은 이론적 사고(思考)의 성립 근거를 밝히며 제시한다. 우리들은 철학적 사색(思索)이 풍부한 곳에서 핀 문화가 매우 오래가며 또한 계속해서 발전한다는 것을 알고 있다. 동양이나 서양이나 고대에는 거의 엇비슷한 차원의 철학적 사색을 가지고 있었다. 그러나 서양은 끊임없이 철학적 사색을 발전시키고 확장시켰음에 비하여 동양에서는 철학적 사색의 단절 내지는 정체가 있었다고 말할 수 있다. 뿐만 아니라 철학적 사색의 바탕이 확고한 민족과 국가는 그들의 의식을 명확히 하여 문화와 문명을 발전시켜 나가고 있음에 비하여 철학적 사색이 미약한 민족과 국가는 오랫동안 방황의 길을 걷고 있는 것도 알고 있다. 기초학으로서의 철학적 토대가 견고할 때 개별 학문들의 발전이 기대될 수 있으며 그러한 토대가 빈약한 곳에서는 여타의 개별 학문과 발전도 기대될 수 없다. 물론 개별 학문과 철학은 상호 의존적인 성격을 가진다. 개별 학문, 예컨대 수학, 물리학, 역사학, 심리학, 정치학, 경제학 등등이 발전한 곳에서만 철학의 토대가 견고할 수 있고, 마찬가지로 철학의 토대가 굳은 곳이라야만 개별 과학들이 발전할 수 있다. 그렇지만 개별 학문들 자체의 기초가 견고하여야만 개별 학문들이 발전할 수 있다는 의미에서 볼 때 역시 철학적 토대가 학문 일반들의 기초임을 알 수 있다.

3. 철학의 분야들

우리들은 문학의 분야들을 시학, 비평, 소설론 등으로 나누며, 언어학의 분야들을 구문론, 의미론, 문체론 등으로 구분한다. 철학도 다른 학문과 같이 내용적인 분야에 따라서 나누인다. 철학의 분야들을 크게 구분하면 논리학, 인식론, 형이상학, 윤리학, 미학 등으로 된다. 이 이외에 철학사를 비롯하여 개별 과학에 대한 철학적 탐구로서 교육 철학, 역사 철학, 정치 철학, 법 철학, 과학 철학 등도 역시 철학의 분야라고 말할 수 있다. 여기에서는 주로 논리학, 인식론, 형이상학, 윤리학, 미학 등에 관하여 일반적인 성격을 살펴보기로 하자. 논리학은 사고(思考)의 질서와 규칙을 다룬다. 인식론은 앎의 문제를 주제로 삼는다. 형이상학은 있는 것들로서의 존재자 및 존재자의 근원인 존재를 취급한다. 윤리학은 행위의 기준 내지는 법칙을 문제로 삼는다. 미학은 예술적인 아름다움의 문제를 탐구한다.

논리학은 철학과 아울러 모든 학문의 예비학이다. 논리학(logic)이라는 말의 원천은 로고스(logos)로서 로고스는 이성(理性)·법칙·명제(命題) 등의 뜻을 가진다. 논리학은 사고의 규범(規範)을 연구한다. 그것도 심리적·자연적인 사실이 아니라 형식적·법칙적인 규범을 연구하는 학문이 바로 논리학이다. 일반적으로 인문 과학은 규범적인 법칙을 연구함에 비하여 자연 과학은 자연의 사실적인 법칙을 연구한다. 논리학은 우리들이 오류(誤謬)를 범하지 않고 옳게 사고할 수 있는 방법을 연구하며 사고의 특정한 법칙 및 형식을 지킴으로써 참다운 지식에 도달할 수 있다는 것을 제시하여 준다. 논리학은 직관적인 느낌이나 앎을 대상으로 삼지 않고 사고된 형식적인 판단을 문제로 삼는다. 예컨대 논리학은 "모든 사람은 죽는다. 소크라테스는 사람이다. 그러므로 소크라테스는 죽는다"와 같은 사고된 판단을 연구 대상으로 삼는다. 논리학이 왜 필요한가를 다음과 같은 간단한 예를 한 가지 들어서 밝혀보기로 하자. "*a*는 *b*이고, *b*는 *c*이면, *a*는 *c*이다." 이 판단이 그릇되었다고 말할 사람은 없을 것이다. 그러나 "송군이 동물이고, 기린도 동물이면, 송군은 기린이다"라고 말할 때 이 판단의 형식은 앞의 판단의 형식과 유사함에도 불구하고 잘못된 판단이라고 이야기하게 된다. "송군이 동물이고, 기린도 동물이면, 송군은 기린이다"라는 판단은 일정한 사고의 형식적 법칙을 어겼기 때문에 그릇된 판단이다.* 우리가 말하거나 글을 쓸 때 멋대로 말하고 마음대로 쓰는 것으로 생각하지만 사실 우리들은 일정한 사고의 규범에 따라서 말하고 쓴다. 어린 아이라도 말을 하기 시작할 때는 이미 암암리에 사고의 법칙을 지키기 시작한다. 사고의 형식적인 법칙을 무시하거나 어기면 의미가 통하지 않기 때문이다.

논리학은 순수하게 사고의 형식적인 법칙만을 다룬다. 그러므로 논리학은 사고의 자연적이며 사실적인 법칙을 다루는 심리학과 엄밀히 구분되지 않으면 안 된다. 예컨대 하나에다 하나를 더하면 둘이라고 하는 판단은 논리적으로 타당하다. 그러나 이것이 심리적으로 타당한지 아닌지를 살피는 것은 전혀 다른 문제이다. 심리학에서는 눈으로 보거나 손으로 만져서 일단 외부적인 자극이 신경 통로를 통하여 중추 신경에 도달한 후 생각이 일어나는 자연적인 법칙을 다룬다. 따라서 심리학은 항상 변화하는 자연적인 사실을 다룸에 비하여 논리학은 형식적인 판단을 탐구 내용으로 삼는다고 볼 수 있다.

인식론은 앎의 논리학이다. 인식론과 밀접한 관계에 있는 것은 심리학이다. 심리학은 인간의 앎을 자연 과학적인 방법으로 연구하는데 비하여 인식론은 앎을 논리적으로 해명한다. 인식론은 ① 앎이

* 이러한 오류는 중명사부주연(中名辭不周延)의 오류라고 한다.

무엇이며 ② 앎을 가능하게 하는 것과 앎에 제한을 부여하는 것이 어떤 것인지 그리고 ③ 앎의 보편타당성이 무엇인지를 연구한다.

예컨대 자아(自我)는 인간이면 누구에게나 보편타당한 주관이다. 이 주관은 한 송이의 장미꽃이라든지 한 마리의 나비라는 대상을 객관으로 대할 수 있다. 주관으로서의 자아는 장미꽃이나 나비를 감각으로 받아들여서 그것을 사고에 의하여 "장미꽃" 또는 "나비"로 인식한다. 인식은 곧 앎이며 앎은 일정한 체계를 가지고 있다. 내 앞에 개 한 마리가 달려가고 있는데 내가 그것을 보고 한 송이 백합이 피어 있다고 말한다면 그것은 미친 사람의 말이 될 것이다. 왜냐하면 앎은 체계에서 구성되는 것으로서 대상에 대한 올바른 판단이기 때문이다. 그러므로 인식론은 앎과 아울러 앎의 체계를 연구하는 철학의 한 분야이다.

어떤 대상을 인식할 때 우리들은 그 대상의 변화하는 면과 변하지 않는 면을 동시에 안다. 형이상학*이라는 말은 각 시대의 여러 철학자들에 의해서 매우 광범위하게 많은 뜻으로 사용되어져 왔다. 가능한 한에 있어서 형이상학을 간단히 정의하면 그것은 존재하는 것들의 궁극적인 원인을 체계적으로 연구하는 학문이라고 말할 수 있을 것이다. 형이상학은 인식론과 함께 철학의 가장 중요한 분야들 중 한 가지이다.

생겨났다가 없어지며 순간순간 변하는 구체적인 것들을 우리는 현상 또는 존재자라고 부른다. 이 사람, 저 느티 나무, 그 공장 등은 구체적인 현상이며 있다가 없어지고 없다가 생길 수 있다. 또는 있으면서 다른 것으로 변하기도 한다. 나무잎은 시들어 낙엽이 되며 어린 아이는 자라서 어른이 된다. 그렇다면 그처럼 있는 존재자들을 변화하게끔 해주는 궁극적인 원인은 과연 무엇인가? 궁극적인 원인을 하느님이라고 말하는 사람도 있을 테고 그것을 도(道)라고

* 이 개념은 제 8 장 종교에 관한 명상에서 보다 자세하게 언급될 것이다.

주장하는 이도 있을 것이며 그것을 전자(電子)라고 말하는 사람도 있을 것이다. 형이상학적인 연구가 얼핏보기에는 전혀 쓸데 없고 공허한 것처럼 보일지 모르나 형이상학적인 사고야말로 우리의 삶의 방향을 결정하는 역할을 한다. 인간과 세계의 궁극적인 원인을 물질로 보는 사람은 종교를 가질 수 없으며 그에게는 인간을 위시하여 세상만사가 기계적인 물질로 보일 것이다. 그와 반대로 궁극적 원인을 정신으로 보는 사람은 인간과 세계를 창조한 근원이 신이라고 믿거나 또는 정신은 참다운 것이요 물질은 헛된 것이라고 주장할 것이다. 근원적으로 형이상학적 사고를 기반으로 하여 유물론적 공산주의의 이론도 가능하며 자본주의 경제 이론도 성립할 수 있고 자유 민주주의 이론도 가능하다.

윤리학은 인간 행위의 규범과 원리 및 규칙을 연구하는 철학의 한 분야이다. 윤리학은 도덕 철학이라고도 일컬어진다. 인식론을 앎의 이론에 관한 연구라고 하고 형이상학을 궁극 원인에 관한 연구라고 할 것 같으면 윤리학은 인간의 실천적인 행위에 관한 연구라고 말할 수 있다. 윤리는 한편으로는 사회적 규범을 그리고 또 한편으로는 인간의 자발적인 자유 의지를 기반으로 하는 행위에서 성립한다. 그러므로 그와 같은 인간 행위는 우연적으로 제멋대로 이루어지는 것이 아니라 특정한 실천적 법칙을 바탕으로 삼고 성립하므로 그와 같은 행위의 원리 및 규칙을 탐구할 필요가 생긴다. 또한 윤리학에서는 선(善)과 같은 규범의 성격 및 의무, 양심, 자유 의지와 같은 규칙이 과연 어떻게 도덕 법칙의 역할을 담당하게 되는가도 아울러 연구한다. 그러므로 고전적인 의미에서 말하자면 윤리학에서 가장 최종적으로 다루게 되는 문제는 행복이 된다. 어떤 사람은 철학의 출발점도 윤리학이며 종착점도 윤리학이라고 말한다. 더 나아가서 어떤 사람은 모든 학문의 시초는 윤리학이요, 종말도 윤리학이라고 말한다. 그러나 행위의 문제는 앎의 문제 및 궁극 원인의 문제와 상호 밀접한 연관성을 가지고 연구될 때 인간의 삶을 한층 더 심원하게 그리고 전체적으로 파악하면서 구성할 수 있을 것이다. 그러므로 윤리학은 인식론 및 형이상학과 함께 철학의 가장 중요한 분야 중 하나이다.

철학의 또 한 분야로는 아름다움을 논하는 미학이 있다. 넓은 의미에 있어서의 아름다움은 자연미와 예술미로 구분된다. 산·꽃·여인 등의 아름다움은 자연미에 속하며 음악이나 그림 또는 무용 등의 아름다움은 예술미에 속한다. 좁은 의미에 있어서의 아름다움은 우아미(優雅美), 숭고미(崇高美), 비장미(悲莊美), 해학미(諧謔美), 추미(醜美) 등 여러 가지 아름다움의 유형으로 구분된다.

아름다움은 사물을 분별하는 오성(悟性)이 아니라 사물을 느끼는 감성적(感性的) 인식에 의해서 판단으로 구성된다. 예컨대 “김홍도의 풍속화가 아름답다”는 판단에서, 우리는 김홍도의 풍속화가 지닌 역사적 또는 사회적 성격을 분석하는 것도 아니요, 그렇다고 어떤 재료의 붓으로 먹을 얼마만큼 강하게 칠했는지를 살피지도 않고 그저 보아서 그 그림이 아름답다고 말한다. 이러한 의미에서 볼 때 미학은 미적 판단에 관한 철학의 한 분야이다.

여기에서 한 가지 주의할 것은 미학과 예술 철학을 혼동해서는 안 된다는 사실이다. 예술은 순수한 아름다움뿐만 아니라 정치·종교·윤리·사회·역사적인 것들, 다시 말해서 아름다움과 상관없는 것들도 포함하므로 미적 판단을 대상으로 삼는 미학과는 성격이 다른 것이라고 볼 수 있다. 그럼에도 불구하고 예술은 미적 가치를 본질적인 계기로 소유하고 있을 뿐만 아니라, 문화의 여러 가지 형태 중에서 가장 두드러지게 아름다움을 표현하므로 미학의 중요한 영역으로 예술을 꼽을 수 있다.

아름다움은 두 가지 측면을 가진다. 하나는 주관적 측면으로서 그것은 미적 체험이다. 주관인 나는 “홍도는 아름다운 섬이다”라고 판단한다. 이때 나의 판단은 아름다움에 대한 체험을 내용으로 삼는다. 아름다움의 또 한 가지 측면은 미적 대상이다. “우리 여인네들의 부채춤은 아름답다”는 미적 판단에서 부채춤은 아름다운 대상이다. 따라서 미학이 탐구하는 주제는 미적 체험과 미적 대상이라는 것을 알 수 있다. 물론 아름다움에 관해서는 고대로부터 지금까지 서로 견해가 다른 수많은 이론들이 있지만 우리들은 아름다움을 단지 느낄 뿐만 아니라 인식함으로써 미적 판단을 구성하고 그 미적 판단을 이론적으로 연구할 수 있는 것이다.

철학의 기본적인 가장 중요한 분야로서 우리들은 지금까지 논리학, 인식론, 형이상학, 윤리학 그리고 미학의 성격을 간단히 살펴보았다. 이 밖에도 개별 학문과 연관하여 사회 철학, 역사 철학, 종교 철학, 교육 철학, 법 철학, 정치 철학, 과학 철학 등을 이야기할 수 있으나 이러한 분과들은 엄밀히 말해서 철학의 분야에 속한다기보다는 철학 자체이다. 왜냐하면 사회 철학이나 종교 철학도 철학으로서 논리학, 인식론, 형이상학, 윤리학, 미학 등을 기초로 하여 성립하기 때문이다. 사실 철학이란 사회 철학이나 정치 철학…등이지 오로지 철학만은 있을 수 없다. 철학이라고 할 때는 이미 어떤 대상이나 상황에 대한 원리 및 의미와 가치를 묻기 때문에 철학은 이미 교육 철학이나 과학 철학 또는 역사 철학일 수밖에 없다. 이렇게 볼 때 철학은 기초학이라는 것이 더욱 분명하여진다. 예컨대 역사학의 기초학은 역사 철학인 것이다. 왜냐하면 역사학은 역사라는 사실을 근거로 역사적 사실의 해석 및 의미를 묻지만 역사 철학은 역사가 성립할 수 있는 원리를 탐구하며 동시에 역사 전체의 가치를 탐구하기 때문이다. 다음 절에서 우리는 개별 학문과 철학과의 관계를 한층 더 상세히 살필 수 있을 것이다.

4. 개별 학문과 철학

오늘날 우리들은 일반적으로 학문을 인문 과학, 자연 과학, 사회 과학의 세 분야로 구분한다. 인문 과학의 영역에는 역사학, 신학, 문학, 언어학, 교육학 등이 속하고 사회 과학의 분야에는 경제학, 사회학, 정치학, 법학 등이 속하며 자연 과학에는 천문학, 물리학, 화학, 생물학 등이 속한다. 기타의 수많은 개별 학문들은 대체로 이 세 가지 학문의 커다란 범주에 들어가는 것으로 볼 수 있다. 그러나 현대의 학문이 지니는 성격은 매우 복잡하고 다양하므로 반드시 모든 학문들이 이들 세 가지 학문의 커다란 범주에 속한다고 말하기는 곤란하다. 왜냐하면 공학과 같은 종합 과학이 오늘날에는 매우 큰 비중을 차지하고 있기 때문이다. 한 가지 예로 건축 공학을 들어보기로 하자. 어느 학교에 도서관을 건축할 경우 단순히 기계적으로 설계도를 그리고 설계도에 따라서 기계적으로, 곧 자연 과학적으로 뜯어 맞추면 도서관이 되는 것은 아니다. 학교의 예산이 허락하는 한에서 경제적인 문제가 해결되어야 할 것이고 도서관이 학생들에게 얼마만큼의 가치를 지닐 것인지에 대한 정확한 평가가 선행하여야 하며 설계도와 아울러 실제의 건물의 미적(美的)인 측면도 무시할 수 없다. 따라서 건축 공학은 인문 과학이나 자연 과학 또는 사회 과학 어느 한 범주에만 일치하는 것이 아니다. 굳이 말한다면 공학과 같은 학문은 응용 과학이라고 부를 수 있다.

여기에서는 개별 학문과 철학과의 관계를 살피기 위하여 우선 학문이란 무엇이며 그것이 어떻게 발생하고 또한 어떻게 구분되는지를 음미해보기로 하자.* 왜냐하면 학문의 성격과 발생 및 구분을 알아야만 개별 학문의 특징을 논할 수 있으며 따라서 개별 학문과 철

* 이하의 부분은 《왜 철학을 하는가》 2 장을 수정·보완한 것이다.

학의 관계도 해명될 수 있기 때문이다.

우리들은 흔히 현대를 소외의 시대나 인간성 상실의 시대라고 부른다. 그것은 기계적인 물질 문명과 다양한 집단적 사고인 이데올로기에 의하여 인간이 인간다운 가치를 잃어버리고 말았기 때문인 것이다. 인간성 상실은 특히 기계 문명의 발달에 의한 분업(分業) 현상에서 더욱 두드러지게 나타난다. 현대 기계 문명 사회는 학교나 공장이나 회사에서나 고도로 전문화된 사람을 요구한다. 그것은 마치 시계가 정밀한 부속품들로 이루어져 있는 것과 마찬가지 현상을 지닌다. 인간은 자발적인 사고에 의하여 더 이상 자신의 독창적인 삶과 주변 세계를 구성하며 창조할 수 없게 되었다. 정교한 분업화의 현상은 삶의 곳곳에서 거의 절대적인 모습을 띠고 있다. 학문도 예외는 아니다. 학문의 원래 목표는 인간의 삶의 문제를 밝히며 방향을 제시하는 것이지만 오늘날 무수하게 분화된 학문들은 삶을 해명하기는커녕 오히려 삶을 혼란시키며 동시에 은폐시키는 경향마저 지니고 있다.* 예컨대 생물학의 경우 유전학을 전공하는 사람은 인간을 유전의 차원에서만 바라보고, 생태학을 하는 사람은 인간을 생태학의 입장에서만 보며, 세포학을 하는 사람은 오직 자신의 입장에서만 인간을 고찰하려고 한다. 인간을 전체적·본질적으로 해명하고 파악하여야 할 학문이 오늘날에는 수없이 많은 특수한 분야들로 분화하고 증가하여 인간을 종합적으로 파악하기는커녕 오히려 인간을 부분적으로 그리고 고립시키는 방향에서 연구하려는 그릇된 경향을 지니게 되었다. 이데올로기가 헛된 집단적 주장이라고 할 때 현대의 학문 역시 이데올로기라고 하는 이유가 다름 아닌 그러한 그릇된 경향을 지닌 학문에 있는 것이다. 따라서 오늘날 우리들이 개별 학문이라고 일컫는 학문들이 어떻게 발생했으며 특징들이 어떤

---

* M. Scheler, *Die Stellung des Menschen im Kosmos* (München 1966), S. 9 참조.

것인지를 고찰해보는 일은 매우 의미심장한 일이 아닐 수 없다.

지나간 날과 오늘날의 학문의 형태를 고찰하여 문제점을 찾아내고 해결하기 위해서는 학문의 시초 및 성격에 관한 탐구가 필연적으로 수행되지 않으면 안 된다. 먼저 자연 과학을 살펴볼 때 자연과학의 역사는 길게 잡아도 3백 년밖에 되지 않는다. 화학의 시초는 17세기 보일의 《회의적인 화학자》나 18세기말 라보아지에르 또는 1808년 달톤의 법칙으로 볼 수 있다. 물리학의 시초는 일반적으로 1687년 뉴튼의 《원리》로 알려지고 있다. 이미 기원전 250년 아르키메데스가 비중(比重)에 관한 물리 법칙을 발견하기는 했으나 그것은 참다운 학문적인 의미에서의 물리학의 시초라고 보기 어렵다. 아리스토텔레스도 기원전 4세기에 윤리학, 정치학, 자연학, 심리학 등 여러 가지 개별 학문에 관하여 저술 활동을 함으로써 오늘날의 개별 학문의 기초를 마련해주었다고 말할 수 있기는 해도 그가 언급한 그러한 학문들은 철학의 영역에 들어가는 것으로서 오늘날과 같은 의미의 개별 학문은 아니었다.

우리들은 학문의 시발점을 수학, 물리학, 화학 등으로 생각하기 쉽다. 그러나 학문의 시발점은 인간의 삶을 상징적으로 표현한 신화이다. 역사의 과정이 신화로부터 이성으로 전개되는 것과 마찬가지로 학문의 전개 과정 역시 신화로부터 이성으로의 이행이다. 학문의 시발점인 신화는 아직 논리적·체계적으로 질서지워진 것이 아니라 복합적인 것이다.

우리들은 삶의 역사적인 발전 과정을 인정하기 때문에 인간의 최초의 삶에 대한 상징인 신화가 오늘날의 학문처럼 명확하게 세분되었으리라고는 생각하지 않는다. 그러므로 신화는 이론적·윤리적·신비적·실천적인 복잡한 성격을 소유한 것이었다. 단군 신화라든가 박혁거세 신화 등에서 우리들은 우리의 조상들이 직접적·구체적인 삶으로부터 추상적인* 생각을 시작했음을 알 수 있다. 우리네 조상들은 자신을 확인하기 위하여 자신의 근원을 알려고 하였으며 그러한 요구로부터 단군이라는 하나의 상징을 그리고 또한 박혁거세라는 상징을 구성한 것이다. 그들은 논리적·체계적인 생각의 실마리를 찾기 시작했던 것이다. 그리하여 환웅(桓雄)이 곰과 어울려 자손을 퍼뜨리게 되고 커다란 알에서 박혁거세가 나오게 되는 상징이 등장한다. 그러나 신화는 아직도 직접적·구체적인 자연과 인간의 생각, 곧 인간의 추상 작용이 혼합되어 있는 상태이다. 신화 세계에서는 여인이 꽃으로 되기도 하고 신과 인간이 합쳐서 이루어진 인물이 있기도 하며 영원히 죽지 않는 새도 있다. 신화 속의 추상적인 요소가 점차로 발전하는 것은 인간이 논리적 단순성에 대한 강력한 요구를 본래부터 가지고 있기 때문이다. 논리적 단순성에 대한 인간의 요구는 알고자 하는 대상에 관한 부분적이며 피상적인 파악을 목적으로 하지 않고 전체적·포괄적인 이해와 해명을 목적으로 삼는다. 예컨대 눈 내린 겨울에 지리산으로 여행을 떠난다고 하자. 지리산에 몇 차례 직접 갔다왔거나 아니면 몇십 년을 지리산에서 살지 않은 사람이라면 지리산의 형태와 기후 등에 관하여 아무런 지식도 가질 수 없다. 이 경우 우리들은 지리산 등산에 경험이 많은 사람의 말을 듣기도 하며 지리산 일대의 지도를 참고로 삼기도 한다. 곧 지리산에 대한 상징을 가지려고 한다. 지리산 지도는 만일 그 지도가 정확하다면 지도를 참고하지 않고 실제로 지리산을 한두 차례 등산한 사람의 체험보다 훨씬 더 정확한 정보를 지리산에 대하여 제공해줄 것이다. 왜냐하면 지도는 구체적인 지리산을 논리적 단순성으로 표현해주기 때문이다. 사고는 추상 작용을 가지며 추상 작용은 다름 아닌 논리적 단순성을 동반한다. 자동차를 바라보면서 우리들은 그냥 바라보는 것이 아니라 10대의 자동차 또는 3대의 자동차라고 논리적으로 단순화시키면서 바라본다.

---

* 학문이 이론적인 것은 바로 학문이 추상적이기 때문이다.

신화는 아직 일상적인 경험 세계를 바탕으로 삼지만 학문은 일상 경험의 한계를 넘어서서 "새로운 질서의 원리"와 "새로운 지성적 해석의 형식"을 요구하며 그러한 원리와 형식을 소유한다.* 인간의 지성적인 활동의 명확한 시초는 적어도 고대 희랍의 피타고라스 학파에까지 거슬러 올라갈 수 있다. 피타고라스 학파는 자기들의 포괄적이며 종합적인 요구의 대상을 논리적으로 단순화시켰으니 그것은 바로 수(數) 개념이었다. 피타고라스 학파는 수를 모든 것을 있게끔 해주는 가장 보편적인 요소로 보았으며 따라서 수를 영구 불변하는 참다운 존재로 여겼다. 이 학파에서는 아름다움을 8, 그리고 안정을 3으로 보았다. 여덟 음정으로 된 음악이나 팔등신(八等身)의 미인이 가장 아름다웁고 삼각형이 가장 안정되어 있다고 생각하면, 8이 아름다움 자체이고 3이 안정 자체라고 하는 피타고라스 학파의 주장을 이해할 수 있다. 8이나 3은 결국 논리적 단순성을 요구하는 인간의 추상적 사고에서 나온 결과이다.

지금까지 살펴본 것과 마찬가지로 학문은 논리적 단순성을 요구하는 인간의 사고 활동에 의하여 성립한다. 학문의 본질은 보편성·필연성 그리고 객관성에 있으며 논리적 단순성을 요구하는 사고 활동은 바로 보편성과 필연성 및 객관성을 지향한다. 간단히 말하자면 논리적 단순성을 가장 잘 나타내는 것은 수(數)이다. 고대 세계의 사람들이 생각할 때 수는 기본적으로 전체적이며 포괄적인 질서를 부여하는 것이었다. 독일어의 학문을 뜻하는 비쎈샤프트(Wissenschaft)라는 말은 앎(Wissen)이라는 단어에서 성립하며 이 "앎"의 어원(語源)은 비데오(video)라는 라틴 말인데 비데오의 뜻은 "내가 본다"는 것이다. 또한 영어의 학문을 지시하는 싸이언스(science)라는 말의 어원은 스키오(scio)로 이 말의 뜻은 "내가 안다"는 것이다. 비데오(video)나 스키오(scio)는 희랍 말 에피스테메(episteme)와 동일

* E. Cassirer, *An Essay on Man* (New Haven, 1962), p. 209.

한 내용을 가진다. 에피스테메는 지식 또는 인식이라는 뜻으로 이 말의 원래 의미는 "고정과 안정"이다. 고정과 안정은 다름 아닌 보편성·필연성 및 객관성을 뜻한다. 학문이 인간 사고의 지식에 의하여 세계의 체계적 질서를 구성하는 것이라면 그것은 정신적 내지는 물질적인 대상들을 질서있게 발견하는 것으로서 인간의 문화적 업적 가운데서 예술 및 종교와 아울러 가장 고귀하며 특징적인 것이라고 말할 수 있다.

수학이든 생물학이든 사회학이든 법학이든 모든 개별 학문은 특정한 대상을 논리적으로 단순하게 만들어서 체계적으로 정리한다. 왜냐하면 논리적 단순성에 의하여 대상의 전체성을 용이하게 파악할 수 있기 때문이다. 그러나 개별 학문은 특정한 분야만을 연구하며 학문이 성립할 수 있는 근거라든가 학문의 방법 등을 묻지는 않는다. 앞에서 나는 학문의 역사적 배경 및 학문의 성격을 살펴보았는데 그와 같은 작업 역시 개별 학문이 할 일이 아니고 철학이 해명하여야 할 임무에 속한다. 예컨대 생물학은 생물의 형태, 구조, 발달 과정 등을 연구하며 결코 정치라든가 신화 같은 것을 연구 대상으로 하지 않는다. 여기에 비하여 철학은 ① 개별 학문의 성립 근거를 제시하며 ② 나아가서는 개별 학문의 방법론을 제공하고 ③ 삶의 가치를 해명함으로써 개별 학문의 방향을 제시하여 준다. 예컨대 핵물리학자는 발전용(發電用) 핵원자로를 발명하거나 수소탄 또는 원자탄을 발명한다. 그러나 그것들이 어떻게 사용되어야 할 것인지 아니면 더 이상 그러한 발명이 허락되어서는 안 되는지 어떤지에 관한 가치 판단을 내릴 수 있는 것은 핵물리학이 할 일이 아니다. 핵물리학에 방향을 제시해줄 수 있는 것은 과학 철학일 것이다.

앞에서 말한 것을 미루어볼 때 개별 학문의 분류와 방법론을 다루는 것은 철학의 할 일이라는 것을 알 수 있다. 예컨대 화학에서 정치학이나 교육학 등이 어떻게 무슨 방법에 따라서 구분되며 그 학문들의 특징이 어떤 것인지를 다룬다고 한다면 화학은 독자적인 개별 학문이기를 그치게 된다. 그러면 이제 철학적인 입장에서 개별 학문들이 어떠한 방법에 의해서 구분되는지를 비교적 상세히 살펴보기로 하자.

과거에 행하여졌던 학문의 분류 방법 중에서 모든 개별 학문을 실증주의적인 방법론을 근거로 하여 분류하려고 했던 가장 대표적인 사람은 콩트이다. 이 세계의 근원을 물질로 보거나 또는 앎의 근거를 오직 감각적인 경험이라고 주장하는 사람들은 학문이란 관찰·실험·검증을 토대로 성립하는 것이라고 본다. 그러한 입증은 실증주의(實證主義)의 입장이다. 그러나 신칸트 학파는 역사적인 방법론을 근거로 하여 자연 과학과 문화 과학을* 양립시키려고 하였다. 현대에도 여전히 모든 학문을 실증주의적으로 보려는 입장이 있는가 하면 신칸트 학파처럼 학문을 자연 과학과 정신 과학으로 양립시키려는 경향이 있다.**

자연 과학과 문화 과학의 특징 및 방법을 알기 위해서 우리는 자연과 문화가 무엇을 뜻하며 어떠한 방법론적 차이에 의해서 서로 구분되는지를 살펴야 한다. 다음에서 나는 실증주의를 대표하는 콩트와 신칸트 학파에 속하는 리케르트를 중심으로 그들의 학문에 관한 이론을 살핌으로써 문제에 접근해보려고 한다.

콩트는 인간의 사고 활동, 곧 의식(意識)의 발전 단계를 3 단계로 구분한다. 그 3 단계는 신학적 상태, 형이상학적 상태 및 과학적 상태이다. 신학적 상태는 환상적인 상태이고 형이상학적 상태는 추상

* 문화 과학을 인문 과학 또는 정신 과학이라고도 부른다.
** 딜타이의 영향 아래에서 가다머와 하버마스는 해석학적 방법에 의하여 학문을 자연 과학과 정신 과학으로 양립시키며 카르납, 라이헨바하 등은 실증주의적 방법이 학문의 유일한 방법이라고 주장한다.

적 상태이며 과학적 상태는 실증적 상태이다.* 철학적인 방법론의 관점에서 볼 때 이들 각 단계 내지는 상태에 적용되는 것은 신학적 방법, 형이상학적 방법 및 실증적 방법이다.

신학적 단계는 고대로부터 13세기에 이르기까지의 무단적(武斷的) 상태로 신부(神父)와 무사들이 지배한 시기이다. 형이상학적 단계는 14세기로부터 18세기에 이르는 법치적(法治的) 상태로서 철학자와 법률가가 이 단계를 지배하였다. 실증적 단계는 프랑스 혁명 이후의 시기로 과학자와 산업가가 지배하는 사업적 상태이다. 콩트가 이렇게 인간 의식의 단계를 3가지로 구분한 의도는 ① 프랑스 혁명 이후 사회의 무정부 상태에 질서를 부여하려는 목적 의식과 ② 사회의 활동을 지배하는 역사적 발전 법칙을 밝히려는 것이었다. 콩트는 인간 의식의 3가지 발전 단계 가운데서 학문이 성립하는 것은 마지막 실증적 단계라고 한다. 그는 현대의 논리 실증주의자들과 마찬가지로 실증적 체계, 곧 객관적인 자연 과학적 방법에 의해서만 비로소 사회 활동을 지배하는 보편 법칙을 발견할 수 있다고 믿었다. 그에 의하면 보편적·필연적 법칙은 관찰·분석·검증이 가능한 자연 과학의 방법에 의해서만 성립할 수 있으며 그러기에 모든 학문은 자연 과학적인 토대를 가지지 않으면 안 된다.

콩트도 학문의 특징이 보편성에 있다고 보므로 그는 "현상은 단순하면 단순할수록 더욱더 일반적이다"**라고 말한다. 이 말은 복잡한 것보다는 단순한 것이 실증적인 자연 과학 체계의 기초가 된다는 사실을 의미한다. 콩트는 실증적 단계에서 성립하는 개별 학문을 수학, 천문학, 물리학, 화학, 생물학 및 사회학으로 나눈다. 그는 생물학에 심리학을 포함시킨다. 그가 학문을 이처럼 분류한 것

* 콩트가 그의 학문 방법론을 상세히 논한 책은 다음과 같다. *La Philosophie Positive,* Vol. Ⅰ~Ⅳ (Paris, 1911).
** A. Comte, *La Philosophie Positive,* Vol. Ⅰ, p. 46.

은 현상의 복잡성이 점차로 증가하는 것과 아울러 정확성이 점차로 점차로 감소하는 것을 기준으로 삼아서 분류했기 때문이며, 이와 같은 분류의 순서는 각각의 개별 학문이 실증적 단계에 도달하는 역사적 과정을 나타내기 위한 것이었다. 그러면 콩트는 어떠한 방법론을 근거로 하여 이들 개별 학문들을 분류하는지 살펴볼 필요가 있다.

수학은 양(量)의 학문이거나 또는 양의 척도를 목적으로 하는 학문이다. 수학의 특징은 분석이다. 수학 중에서 기하학과 역학(力學)의 현상은 모든 학문들에 있어서 가장 일반적이고 단순하며 또한 가장 추상적이고 독립적이므로 모든 다른 학문들의 기초가 된다. 수학 바로 다음에 오는 학문은 천문학이다. 천문학의 특징은 관찰이다. 이렇게 보면 천문학은 수학을 자신 안에 포함하며 따라서 수학의 방법인 분석도 이미 포함한다. 천문학 다음의 학문은 물리학으로 물리학의 방법적 특징은 실험이고 이 실험의 내용은 분석과 경험이다. 물리학은 이미 수학과 천문학을 기초로 하여 성립한다.

물리학 다음의 학문은 화학이며 화학의 방법론적 특징은 비교와 검증(檢證)이다. 유기체를 연구하는 생물학은 유기체의 자연사(自然史)와 병리학(病理學)을 포함하며 방법론적 특징은 해부와 분류이다. 콩트에게 있어서 실증적 단계의 가장 윗부분을 차지하는 학문은 사회학이다. 그는 사회학을 사회 정학(社會靜學)과 사회 동학(社會動學)으로 나눈다. 사회 정학은 사회의 질서를 탐구하는 것으로서 그것은 사회의 형태 및 구조를 연구하며 그 통일적 권위는 정신적 힘인 학문과 현실적 힘인 산업에 있다. 사회 동학은 사회의 발전 과정을 탐구하는 것으로서 그것은 사회의 역사적 발전을 논하며 그 근거를 인간 의식(人間意識)의 발전 단계에 두고 있다. 콩트가 사회의 발전 단계를 신학적·형이상학적·실증적 상태로 나누는 태도는 바로 사회 동학에 속한다고 볼 수 있다. 오늘날 우리들이 콩트를 사회학의 아버지라고 부르는 것은 그가 이러한 실증 철학적인 바탕에서 모든 다른 개별 학문들을 포괄하며 가장 복잡한 인간 사회를 다루는 학문을 사회학이라고 하였기 때문이다. 그러나 그가 말하는 사회학은 어디까지나 철학이고 오늘날의 사회학과는 근본적으로 다르다.

콩트가 학문을 분류한 근거는 실증적인 것이다. 비록 사회학의 단계에 있어서 사회학을 사회 정학과 사회 동학으로 구분하여 사회의 형태와 구조 그리고 인간 의식의 발전 단계를 논하고 있다고 할지라도 그는 어디까지나 실증적인, 곧 자연 과학적인 방법으로 모든 개별 학문을 위시하여 사회학을 논하고 있다. 수학, 천문학, 물리학, 화학, 생물학, 사회학 등의 단계들에 있어서 뒤따르는 단계는 앞의 단계를 포함한다. 앞에서 말한 대로 천문학은 수학이 없으면 성립하지 않으며 마찬가지로 물리학은 천문학이 없으면 성립하지 못한다. 이러한 사실을 볼 때 콩트에게 있어서 학문의 체계는 어디까지나 실증적인 역사 발전 법칙을 기반으로 하여 이루어지며 또한 필연적으로 인과적(因果的)이며 실증적이다. 이것은 그가 개별 학문 전체에 걸쳐서 법칙 정립적(法則定立的) 방법을 적용시키고 있다는 것을 뜻한다. 법칙 정립적이라는 말은 자연 과학적인 인과 법칙을 성립시킨다는 의미를 지닌다. 그러나 인간이 대하는 대상은 콩트가 주장하는 것처럼 반드시 실증적인 차원만을 가지는 것이 아니라 어떤 것은 그와는 정반대로 자연 과학적인 경험적 방법에 의해서는 전혀 알려지지 않고 오히려 정신적인 이해와 체험에 의해서만 알려지며 의미로 충만하여 가치 관계적(價値關係的)인 문화의 양상을 지니는 측면이 엄연히 있는 것도 사실이다. 우리는 한 되의 물이 몇 *kg* 이고 한 개의 구리 막대가 몇 *cm* 인가를 경험적으로 측정할 수 있다. 그러나 한 곡의 음악, 한 편의 시를 자연 과학적으로 몇 *kg* 나 간다든가 몇 *m* 가 된다고 측정하고 실험할 수는 없다. 또한 신의 존재라든가 자유 등을 실험과 관찰에 의하여 측정할 수도 없다. 현대 심리학자 중에는 사랑·불안·기쁨 등의 정서를 측정할 수 있다고 주장한다. 예컨대 분노했을 때는 맥박이 빠르고 혈압이 높으며 호흡이 빠르다든가, 기쁠 때는 그와는 반대 현상이 일어나기 때문에 분노나 기쁨의 정서는 물리적인 현상 — 곧 맥박과 호흡이 빠르고 혈압이 높거나 그 반대의 — 일 뿐 다른 것이 아니라고 주장할 수 있을 것이다. 그러나 인간의 정서라든가 기타 여러 가지 인간의 기능을 그처럼 물리적으로만 생각할 수는 없을 것이다. 그렇게 주장한다면 이 세상에 존재하는 모든 것은 물질과 물질들의 작용 이외의 아무 것도 아닐 것이고 따라서 인간의 자유라든가 이상(理想)은 헛된 것일 터이기 때문이다.

인간이 접하는 대상들 중에는 일반화시키는 방법, 곧 자연 과학적인 방법에 의해서 파악되는 것이 있는가 하면 개성화시키는 방법, 곧 이해의 방법에 의해서 비로소 파악 가능한 것도 있으므로 모든 개별 학문을 단지 실증적인 자연 과학의 방법에 의해서 분류하는 것은 편파적인 작업임을 면할 길이 없다. 콩트는 전적으로 실증적인 자연 과학적 방법을 전체 개별 학문의 분류에 적용했지만 문화라는 정신적 현상은 오히려 예술·철학·종교 등에서 볼 수 있는 것처럼 정신적·역사적인 대상이지 결코 인과 법칙에 절대적으로 묶여 있는 실증적인 자연 과학의 대상은 아니다.

이제 콩트와는 견해를 달리하는 리케르트의 입장을 살펴보기로 하자. 리케르트는 학문을 자연 과학과 문화 과학으로 나누며 자연이라는 논리적 개념과 대립하는 개념을 역사로 보고 있다. 역사라는 개념은 그 특수성과 개성에 있어서 일회적(一回的)인 것으로 이 개념은 인과 법칙을 근거로 하는 자연 개념과 대립된다. 자연의 인과 법칙은 일정하며 반복한다. 물리 실험에서 1 *cm*의 구리 막대는 특정한 변화가 가하여지지 않는 한에 있어서는 언제나 1 *cm*의 구리 막대이다. 그러나 역사에 있어서 예컨대 6·25라든가 8·15와 같은 사건은 단 한번만 일어나는 사건이고 한없이 반복하는 사건이 아니다. 이러한 의미에서 리케르트는 학문을 분류하는 데 있어서 그 대상이 일회적인 것에 관계하느냐 아니면 반복적인 인과 법칙에 관계하느냐에 따라서 학문을 문화 과학과 자연 과학으로 나눈다고 볼 수 있다. 그는 일회적인 것에 관계하는 역사 과학, 곧 문화 과학을 이해의 관점에서 고찰한다. 이해란 오직 인과 법칙만을 다루는 경험적 지각(知覺)과는 질적으로 다른 것으로서 이해의 대상은 비감각적(非感覺的)인 의미 및 의미 형상(意味形象)이다. 예컨대 세종 대왕이 이룩한 업적이라든가 박정희 대통령이 행한 일을 우리들은 자연 과학적으로 측정할 수가 없고 오로지 그들의 업적이 지니는 의미를 판단할 뿐이다. 이해의 대상은 실증적이며 지각적인 대상과는 원칙적으로 다른 서술 방법을 학문에 요구하게 된다. 리케르트에 의하면 학문에는 두 가지 측면이 있으니, 그 한 가지는 역사나 문화와 같이 의미와 의의(意義)가 있어서 이로 말미암아 우리들이 이해하는 대상이 있는가 하면, 이와는 정반대로 자연과 같이 의미 및 의의와는 상관없이 비이해적(非理解的)인 채로 남아 단지 감각적인 지각 대상만 되는 것이 있다. 그리하여 리케르트는 자연 과학의 특징을 인과율(因果律)*에 있다고 보며 여기에 비하여 문화 과학의 특징은 가치에 있다고 본다. 그러나 만일 우리들이 인간의 정신은 자연으로부터 점진적으로 발전 과정을 거쳐 성립하는 것이라는 견해를 지지한다면, 콩트의 실증적 입장이나 리케르트의 관념적 입장 모두는 편파적인 것이 되어 결국 전체성으로서의 세계를 제대로 보지 못하기 때문에 생긴 결과라고 생각할 수도 있다.

콩트가 모든 학문을 실증적으로 분류하는 데 비하여 모든 학문을 정신에 근거하여 구분하려는 경향도 있다. 실증적인 방법은 결국 앎의 문제에 있어서 감각 경험을 주제로 삼으며 물질을 존재의 근원

* 특정한 원인에서는 항상 특정한 결과가 따라나온다는 자연 과학적 법칙.

으로 삼는다. 그러나 "스스로 정신으로서 발전하는 것을 아는 정신이 학문"*이라고 한다면 이러한 입장은 세계의 근원을 정신으로 보며 따라서 학문의 기초를 정신으로 보는 것이다. 모든 학문을 실증적인 입장에서 고찰하는 것도 가능하며 또한 모든 학문을 정신의 관점에서 고찰하는 것도 가능하지만 현실을 출발점으로 삼아서 전체성을 전제로 하여 우리들이 어떠한 정당한 관점을 택하는가가 핵심적인 문제이다.

리케르트는 문화를 일반적으로 승인된 가치나 그 가치에 의하여 구성된 의미 형상이 부착되어 있는 실재적 대상의 총체로 보아서 감성적 지각 대상인 자연과 논리적으로 구분한다. 이와 같은 구분이 형식적·논리적인 구별에 지나지 않으며 결코 실질적인 구분이 아니라는 사실을 리케르트 자신도 암시하고 있다. 자연 과학은 대상을 법칙화(法則化)하며 문화 과학은 개성화(個性化)**하는 데 특징이 있지만 그 대상은 어디까지나 전체적인 현실이다. 그러므로 모든 현실은, 즉 자연적 현실과 정신적 현실은 한편으로는 법칙화되어 자연으로 해석 가능한 측면을 소유하고 또 한편으로는 개성화되어 가치 관계적으로 해석 가능한 측면도 소유한다. 그러나 학문을 형식적·논리적으로 구분하는 것은 학문의 대상 및 그 대상을 다루는 학문의 방법에 의한 것으로서 역사 개념에 의해서 성립되는 문화는 법칙적인 자연에 대립되며 가치와 의미를 지닌 것으로 누구에게든지 일회적(一回的)이며 개별적이다. 따라서 문화라는 개념은, 마치 현실로서의 자연 개념이 인과 법칙적인 원리를 자연 과학에 제공하는 것과 마찬가지로 역사적인 개념 구성을 위하여 현실로부터 본질적인 것, 곧 개성적인 것을 선택하는 원리를 문화 과학에 제공하여 준다. 이러한 리케르트의 학문에 대한 자세는 콩트와 대립되는 것으

* Hegel, *Phänomenologie des Geistes* (PhB. 1952), S. 24.
** 문화 과학이 대상을 개성화한다는 말은 문화 과학이 대상을 체계적으로 이해하여 그 의미를 구성한다는 의미를 지닌다.

로서 오늘날까지도 유럽 철학의 학문론(學問論)에 영향을 미치고 있지만 학문을 삶의 전체성에 관한 탐구라고 볼 때 자연 과학과 문화 과학을 절대적으로 구분하는 것이 과연 정당한가라는 물음이 당연히 제기될 수 있다. 왜냐하면 자연 과학의 대상인 자연도 인과 법칙과 아울러 인간의 이해를 요구하며 역사나 정신이라는 문화 과학의 대상도 이해와 아울러 특정한 법칙을 요구하기 때문이다.

앞에서도 짤막하게 이미 말한 것처럼 현대의 개별 학문들 전체에 있어서는 리케르트가 학문을 두 가지로 구분하는 것이 정당성을 가지지 못한다. 리케르트는 자연과 문화를 대립시켜서 자연 과학과 문화 과학을 상호 대립되는 것으로 보고 있지만, 그가 암시하고 있는 것처럼 자연 과학의 영역에는 역사적인 방법이 침투하여 있고 문화 과학의 영역에도 자연 과학적인 방법이 침투하여 있을 뿐만 아니라, 오늘날 자연 과학과 문화 과학을 절대적으로 서로 다른 것으로 분리시키기는 어려운 일이다. 예컨대 고고학이 자연 과학에 속하지만 어떤 사람은 고고학에 신학적인 이론을 결합시킨다.* 일반적으로 교육학을 문화 과학에 속하는 것으로 인정하지만 현대 교육학은 자연 과학적인 통계 이론을 필수적으로 포함한다. 그러므로 집단적인 성격을 띤 학문들, 말하자면 정치학, 법학, 경제학, 민속학, 교육학 및 언어학 등에서는 문화 과학적 및 자연 과학적인 방법뿐만 아니라 사회 과학적인 방법도 동시에 적용되고 있기 때문에 이들 개별 학문을 자연 과학이나 문화 과학 또는 사회 과학의 어느 한 영역에만 종속시키는 일이 무의미하게까지 생각된다.

19세기 초반의 실증주의적인 학문의 방법론은 콩트에 의해서 대변되며 이와 같은 관점은 리케르트를 비롯한 신칸트 학파의 여러 철학자들에 의해서 반박을 당하게 되었다.** 그들은 학문을 현실에 연

---

* 떼이야르 드 샤르댕의 경우

** 빈델반트도 그 중 한 사람이다.

관시켜서 자연 과학과 문화 과학으로 양립시키려고 하였다. 그러나 오늘날 우리들은 학문을 일반적으로 자연 과학, 문화 과학 그리고 사회 과학으로 구분한다. 자연 과학은 몰가치적(沒價値的)인 지각 대상으로서의 자연에 관계하고 문화 과학은 의미와 의의를 소유한 가치적 역사에 관계한다면 정치학, 법학, 경제학 등과 같은 사회 과학은 과연 어떠한 현실에 관계하는가? 물론 오늘날에도 역사적·사회적인 현실을 대상으로 삼는 학문의 전체를 정신 과학이라고 부른다든가 사회학은 심리학에 의하여 성립하는 것으로서 정신 과학의 철학이라고 부름으로써 여전히 학문을 자연 과학과 정신 과학으로 구분하는 경향을 지적할 수 있다.* 그러나 현실이 자연과 역사 및 이들 두 가지의 복합 개념인 사회로 구분되고 있는 것이 현대의 특징이다. 사회라는 개념은 자연과 역사의 복합 개념이며 보다 더 정확히 표현하자면 하나의 집단 개념이다.

사회적 사실들은 매우 복잡다단한 모습을 띠고 있다. 만일 사회적 사실들이 자연적인 사실들처럼 단순하다면 우리들이 당면하고 있는 구체적인 정치·경제적 문제들에 대한 해결책도 쉽사리 찾아질 수 있을 것이다. 만일 사회적 현실이 자연적 대상과 똑같다면 우리들은 빠른 시일 안에 아무런 어려움도 없이 참다운 민주주의를 현실화시킬 수 있을 터이고 또한 경제적인 자립을 이룩할 수 있을 것이다. 그러나 ① 사회적 사실들은 반복하지 않으며 ② 그것들은 직접적으로 관찰되지 않으며 ③ 사회적 사실들은 언제나 변화하므로 균일성이 없고 ④ 어떤 한 시기에 있어서 특정한 사회적 사실들의 원인을 가려내기가 지극히 어렵다. 그러므로 사회적 상황을 살펴볼 경우 대단위 집단에 속하는 개인의 행위는 소단위 집단에 속하는 개인의 행위와 언제나 동일하지 않다. 예컨대 어떤 정치가가 정치 집

* 딜타이의 입장. 다음을 참조할 것. W. Dilthey, *Gesammelte Schriften*, Bd. I (Stuttgart 1962), S. 422.

단에서는 커다란 인물의 역할을 할지 모르지만 가정적으로는 전혀 바람직하지 못한 인간상을 가질 수 있다. 비슷한 예로 어떤 장관이 자기가 맡은 부처에서는 훌륭한 직무를 수행하지만 개인적으로는 부인과 자식들을 돌보지 않고 후배들을 착취하며 이용할 수 있다. 이와는 정반대로 어떤 대학 교수가 대학에서는 무능하다고 인정되지만 인간 관계에 있어서는 모범되는 행위를 할 수도 있다. 이렇게 볼 때 자연 과학에서 일반적으로 실증적인 결정론(決定論)의 방법이 가져올 수 있는 결과가 사회 과학에서는 나타나지 않는다. 실증적인 물리적 법칙들은 오늘날 상대적으로 작은 수의 변수(變數)를 포함하는 단순한 분석적 함수로서 표현되지만 사회 과학은 물리학과 같이 동일하게 반복하는 요소들을 표현하는 데 관심을 가지지 않으며 또한 개인적인 심리 사실의 법칙에도 관심을 가지지 않는다. 사회 과학은 복합적인 양식(樣式) 상호간의 관계에 대한 법칙에 관계한다고 볼 수 있다.

인구 밀도의 예를 들어보기로 하자. 인구 밀도 집중의 결과를 관찰하는 것은 흥미로운 일이다. 우리들은 인구 밀도에 관하여 다음처럼 물을 수 있다. 빈곤은 높은 인구 증가율의 원인인가 아니면 결과인가? 사실 우리는 가난한 국가에 인구가 많은 것을 그리고 동시에 인구가 많은 곳이 가난한 것을 관찰할 수 있다. 다음으로 여성 해방 운동의 예를 들어보자. 여성들이 경제적 기회를 얻게 되어서 여성 해방 운동이 일어났는가 아니면 여성 해방 운동이 일어났기 때문에 여성들이 이전보다 더 경제 활동에 적극적으로 참여하는가? 이 두 가지 경우에는 어떤 특정한 인과 관계(因果關係)가 성립한다고 볼 수 있는데, 이러한 인과 관계는 개별적 사건 사이의 관계나 개별적 사건들의 집합이 아니라 사건들의 집단에 관한 다양한 양식(樣式)들 사이의 관계이다. 말하자면 사회적인 인과 관계에 있어서 그 원인이 되는 것은 결과가 나타나게 되면 없어지는 것이 아니라 그 결과와 함께 지속하며 또한 결과에 의하여 변화한다. 예컨대 교육 체제를 살펴볼 경우 교육 체제는 사람들의 교제를 결과로 가져오며 동시에 사람들의 교제는 교육 체제를 변화시킨다. 여기에서 교육 체제는 단순한 시간적 사건으로 끝나는 것이 아니라 사람들의 교제라고 일컬어지는 사건 양식(事件樣式)과 동시에 존재하는 사건 양식이다. 이렇게 보면 사회적 사실들은 서로 영향을 주고받으면서 전개된다. 간단히 말하자면 사회적 사실들은 변증법적(辨證法的)으로 전개된다.

일반적으로 사회 과학의 특징을 이상과 같이 본다고 할지라도 여전히 사회 과학을 역사적인 방법으로 다루려는 태도와 그것을 경험론적으로 다루려는 태도가* 대립하고 있는 것이 현대의 실정이거니와, 전체적인 삶은 인간의 사회적인 행동에 있어서 개성화(個性化)된 삶의 역사에 의해서 단절되지 않고 표현된다고 보는 견해는 사회 과학을 논함에 있어서 전통적인 문화 과학 내지는 정신 과학의 방법론을 여전히 채택하고 있는 것이라고 말할 수 있다.** 그러나 이러한 입장에 대립하여 영·미에서는 사회 과학을 실증적·경험적으로 연구하고자 하는 것이 오늘날의 현저한 추세이다. 즉 사회 과학에 계량적(計量的)인 통계와 정확한 사례의 관찰 및 콤퓨터에 의한 자료 처리 등을 도입하는 것은 사회 과학을 실증적으로 연구하려는 대표적인 예라고 볼 수 있다. 다시 말해서 사회 현상을 이론적·기술적·정책적인 문제 등으로 나누어 사회의 사실에 관한 문제들을 실증적·경험적으로 해결하는 것을 근본으로 삼아서 다른 여러 가지 문제들을 해결하려고 하는 것이 오늘날 사회 과학의 방법론에 있어서 지배적인 경향이라고 볼 수 있다.

우리는 지금까지 모든 학문을 실증적으로 연구하려고 하는 콩트

* 역사적 방법은 문화 과학적인 방법을 그리고 경험론적 방법은 실증적 방법을 지시한다.

** 하버마스의 입장을 말한다.

의 시도는 편파적이며, 따라서 콩트가 실증적 방법론에 입각하여 개별 학문들을 분류하는 것 역시 정당성을 가지지 못한다는 사실을 지적하였다. 동시에 우리는 역사적 방법론을 토대로 하여 학문을 자연 과학과 문화 과학으로 양립시키는 태도도 역시 사회 현상에 관한 독특한 학문의 성격과 방법론에 전체적인 관심을 적절히 기울이지 못하는 결함을 지닌다는 점을 살펴보았다.

오늘날의 개별 학문에 있어서 지배적인 경향은 말할 필요도 없이 실증주의이다. 문화 과학을 대변한다고 볼 수 있는 철학에 있어서까지도 검증 원리(檢證原理)를 가장 기본적인 것으로 여기는 경향이 있다.* 이와 같은 입장에서는, 예컨대 언어를 검증 원리에 의하여 해명하고자 한다. 그러나 정신 과학의 입장에서 학문의 성격과 방법론을 논하는 측에서는 똑같은 언어를 이해와 표현과 해석의 지평(地平)으로 생각하며 또한 인간이 세계를 체험할 수 있는 매개체로 본다.

학문은 전적으로 실증적인 대상에만 관계한다고 말할 수도 없으며 또한 리케르트가 구분한 것처럼 역사와 자연이라는 서로 대립된 대상에만 관계되는 것도 아니다. 학문의 대상인 현실은 자연과 역사와 사회로 구분된다. 이와 같은 대상들이 실제적으로는 복합적인 현실로 등장하여 행동 과학이나 응용 과학이 나타난다. 그런데 논리적·형식적으로 학문의 대상을 구분하는 것이 방법론적으로 필요하다면 앞의 세 대상을 구분할 수 있으며 그에 따라서 자연 과학, 문화 과학, 사회 과학으로 오늘날의 학문을 정당하게 구분할 수 있다. 자연 및 역사와 더불어 사회적 사실도 이제는 하나의 학문의 대상으로서 자신의 고유한 가치를 소유한다.**

지금까지 나는 개별 학문을 일반적으로 다루면서 그 분류와 방법

---

* 특히 논리 실증주의의 입장.

** 한 완상, 인간 회복을 위한 사회과학, 《사회과학방법론》, p. 158.

을 철학적으로 살펴보았다. 철학도 문화 과학(또는 인문 과학)에 속하는 개별 학문이라고 볼 수 있다. 그러나 철학을 기초학이라고 전제할 경우 철학과 구분하기 위하여 편의상 철학 이외의 학문을 개별 학문이라고 말할 수 있다. 개별 학문들은 각각의 고유한 대상을 가진다. 그러나 철학은 고유한 대상보다는 개별 학문의 대상들에 대한 보편성을 묻는다. 그리하여 개별 학문에 방향을 제시해줄 수 있다. 지금까지 살펴본 학문의 방법론 역시 철학적인 탐구이며 이것은 개별 학문의 역할 및 방향을 제시해준다.

학문의 본질에 관한 연구와 아울러 학문의 분류에 관한 방법론적인 탐구는 이미 존재하는 학문 방법론에 관한 충분한 검토가 뒤따라야 하며 동시에 철학의 전체적인 측면에서, 곧 인식론, 윤리학, 형이상학 및 미학 등의 종합적인 차원에서 고찰되어야만 할 성질의 것이다. 또한 그것은 인간 활동의 여러 다른 정신적인 영역들, 다시 말해서 예술·종교 등과 밀접한 연관성을 맺으면서 그 실마리를 찾을 때 기대되는 결과에 도달할 수 있을 것이다. 학문의 본질은 결국 지혜로서의 진리를 탐구하는 데 있으며 진리를 탐구하는 방법에 있어서 학문이 여러 가지 개별 학문들의 형태로 구분된다는 사실은 우리가 분명히 주의하여야 할 점이다. 실상 삶의 형식은 학문이며 학문의 내용은 삶이다. 그러므로 철학과 기타 개별 학문들의 근원은 삶이라는 것을 알 수 있다. 따라서 우리는 철학의 형식은 개별 학문이며 개별 학문의 내용은 철학이라고 말할 수 있다. 그러기에 정치학이 삶의 내용을 음미할 때 정치 철학의 모습을 소유하며 철학 역시 개별적인 정치적 사실에 자신을 제한시킬 때 정치학으로 개별화되는 것이다.

철학이 개별 학문의 성립 근거를 제시해주는 기초학의 역할을 가지며 또한 개별 학문에 방향을 제시해준다고 할지라도 철학과 개별 학문이 상호 단절되어 있는 것이 아니라 상호 보완적일 뿐만 아니라 또한 서로 순환 관계에 있다는 사실에 우리의 주의를 기울이지 않으면 안 될 것이다.

5. 지혜에 대한 사랑

대체로 서양에서는 근대 중반까지 학문 전체를 철학이라고 불렀다. 앞에서 밝힌 것처럼 고전적인 의미의 철학과 현대적인 의미의 철학 사이에는 공통된 점도 있고 서로 다른 점도 있다. 철학을 "지혜에 대한 사랑"이라고 하는 것은 공통된 점이다.

필로소피아(Philosophia)라는 말은 희랍 말 "지혜"(sophia)와 "사랑한다"(philein)가 합친 말이다. 지혜가 무엇인가라고 물으면 누구나 답하기 곤란할 것이다. 지혜란 진(眞)·선(善)·미(美)의 통일이다. 우리들은 흔히 지식을 지혜와 동일시하지만, 실은 진·선·미의 통일과 지혜는 같은 것이다. 철학(哲學)이라는 개념을 정확히 표현하자면 그것은 "지혜에 대한 사랑"이다. 철학이라는 말은 일본 사람들이 1800년대 중반 "지혜에 대한 사랑"인 필로소피아를 자기네 말로 옮기기 위하여 만들어낸 개념이다. 만일 우리들이 철학이라는 말 대신에 원래의 표현 그대로 "필로소피아"라고 처음부터 쓸 수 있었다면 현재 우리들이 철학에 대하여 가지고 있는 "난해하다"라든가 "애매모호하다" 등과 같음은 느끼지 않아도 되었을지 모르겠다.

지혜에 대한 사랑은 서양의 독특한 소유물만이 아니다. 우리들은 옛부터 "필로소피아"에 해당하는 것을 학(學)이라고 불러왔다. 사서(四書)에 속하는 대학(大學)이라든가 또는 소학(小學) 등은 바로 동양적인 "필로소피아"이다.

"배우고 때로 익히니 이 또한 기쁘지 아니한가"라는 문장은 우리에게 낯익은 것이다. 배움에 대한 기쁨은 다름 아닌 지혜에 대한 사랑이다. 배움이란 무엇인가? 그것은 지혜를 배우는 것이다. 기쁨이란 어떤 기쁨인가? 그것은 지혜를 사랑하는 기쁨이다. 우리들이 잘 알고 있는 글귀를 하나 더 예로 들어보기로 하자. "대학(大學)의 도(道)는 밝은 덕을 밝히는 데 있으며 백성을 새롭게 하는 데 있으며 지극한 선(善)에 머무는 데 있다." 우리들은 "필로소피아"로서의 철학이란 무엇인가라는 질문을 앞에 놓고 그 답을 찾지 못하여 이리저리 헤매기 일쑤이다. 그러나 대학의 도(道)는 바로 철학이 무엇인지를 가장 간결하게 답하여 주는 내용을 담고 있다고 생각된다. 밝은 덕이란 무엇인가? 그것은 진리와 아름다움이다. 밝힌다는 것은 무엇인가? 그것은 진리와 아름다움을 사랑하는 것이다. 이렇게 볼 때 배움〔習〕은 곧 밝힘〔明〕과 동일한 의미를 가진다. 등잔 밑이 어둡다는 속담이 있다. 우리 것을 찾고 우리 것을 구성하기 위해서 반드시 진보된 외래 사상만을 섭취하려는 태도도 편파적인 것이며 그렇다고 해서 남의 것은 도외시하고 반드시 조상의 업적만을 들먹이는 것도 정당성을 가지지 못한다. 가장 가까운 나의 의식 속에서 우리들은 언제나 문제점을 발견할 수 있으며 그것으로부터 해결책을 추구할 수 있다. 왜냐하면 우리들은 항상 "무엇인가"를 배우며 또한 밝히려고 하기 때문이다.

지혜에 대한 사랑을 밝혀주는 또 하나의 예는 《중용》(中庸) 첫머리에서도 발견된다.* "천명(天命) 이것을 일컬어 성(性)이라고 하며, 성(性)을 따르는 것 이것을 일컬어 도(道)라고 하며, 도를 닦는 것 이것을 일컬어 교(敎)라고 한다." 성(性)이란 세계 원리이자 진리이다. 성(性)을 따르는 것은 진리를 추구하는 것이요 도를 닦는 것 역시 진리를 익히는 것이다. 진리를 추구하고 닦는 것이야말로 지혜에 대한 사랑이 아니고 무엇이겠는가?

이제 방향을 돌려서 과연 서구적인 전통에 있어서의 지혜에 대한

* 원문은 다음과 같다. 天命之謂性. 率性之謂道, 修道之謂敎.

사랑이 무엇인지를 살피기 위하여 플라톤의 대화편 《잔치》 중 사랑(eros)에 관한 논의를 직접 읽어보기로 하자.*

친애하는 아가톤, 그대가 우선 에로스 자체가 어떤 성질을 소유하고 있는지를 해명한 다음에 그것이 행하는 것을 제시하여야 한다고 말한 연설의 서론은 참으로 훌륭하다고 생각되었다. 그처럼 시작한 것에 나는 참으로 감탄하였다. 그렇다면 그대는 다른 점에 있어서도 에로스의 성질을 훌륭하고도 기품있게 설명하였으므로 다음에 관해서도 말해주기를 바란다. 에로스는 어떤 사람에 대한 사랑의 성질을 가진 것인가? 아니면 아무도 사랑하지 않는 성질을 가진 것인가? 나는 그렇다고 해서 에로스가 어머니에 대한 사랑인지 또는 아버지에 대한 사랑인지를 묻고 있지는 않다. 에로스가 어머니 또는 아버지에 대한 사랑이냐고 묻는 것은 어리석은 일이다. 그러나 나는 그대에게 아버지라는 말에 관하여 이 아버지가 분명히 어떤 사람의 아버지인지 또는 아닌지를 묻고 있다. 확실히 유일하게 이성적인 답이란 아버지란 아들이나 딸의 아버지라는 것임에 틀림없다. 그렇지 않은가?

물론 그렇지요라고 아가톤이 답하였다.

어머니의 경우도 마찬가지라고 우리는 말할 수 있을까?

예.

좋다. 그러면 만일 그대가 한두 가지 물음에 대하여 대답할 생각이 없다면 생각컨대 그대는 내가 꾀하는 것이 무엇인지를 알 것이다. 형제로서의 형제에 대해서는 어떤가라고 누가 나에게 묻는다고 생각해보자. 그는 분명히 어떤 사람의 형제인가 또는 아닌가?

물론 그는 어떤 사람의 형제입니다. 그대가 뜻하는 것은 그가 분명히 형제 또는 자매의 형제라는 것이지?

바로 그렇다고 아가톤이 말했다.

소크라테스는 말을 이었다. 그렇다면 어디 똑같은 관점에서 나는 그대가 사랑을 바라보기를 원한다. 에로스는 어떤 것에 대한 사랑인가 또는 아무 것도 아닌 것에 대한 사랑인가?

물론 어떤 것에 대한 사랑입니다.

그리하여 소크라테스는 다음처럼 말한다. 사랑이란 어떤 것의 사랑이라는 것을 기억하게나. 그리고 다음을 말해보게. 에로스는 자신이 사랑하고

* Platon, *Symposium*, 199c~205b를 참조.

있는 것을 욕구하는가 또는 그렇지 않은가?

물론 에로스는 그것을 욕구합니다.

그리고 에로스는 그가 욕구하는 것을 소유했을 때 그것을 욕구하며 사랑하는가 아니면 소유하지 못했을 때 그것을 욕구하며 사랑하는가?

아마도 그것을 가지지 못했을 때일 것입니다.

소크라테스는 다음처럼 말했다. 욕구하는 자가 자신이 안 가진 것을 욕구하며, 없지 않을 경우에 욕구하지도 않는 것은 아마도가 아니라 반드시가 아닐까? 아가톤이여, 내 생각에 이것은 특히 반드시 그래야만 하네. 그래도 그렇게 생각하는가?

예, 저도 그렇게 생각합니다.

좋다. 그러면 나에게 말해주게. 키 큰 사람은 키가 크기를 원하고 또한 강한 사람은 강해지기를 원할까?

지금까지 동의해온 것으로 보면 그렇지 않습니다.

물론 그들은 그것들을 결여하고 있지 않다는 간단한 이유 때문이지.

그렇습니다.

소크라테스는 말을 이었다. 내가 이렇게 말하는 이유는 만일 강하면서 강하기를, 빠르면서 빠르기를, 그리고 건강하면서 건강하기를 원한다면, 이 경우 또는 이와 유사한 모든 경우에 있어서 이미 그러면서 그리고 그것을 소유하고 있으면서 소유하고 있는 바로 그것을 가지기 원하는 사람이 있을지 모르기 때문이다. 그러므로 우리들이 기만당하지 않기 위해서 하는 말이지만, 아가톤, 그대가 생각해보면 알겠지만 이런 사람들은 그들이 소유하고 있는 것들을 스스로 욕구하든 안 하든간에 반드시 그것들을 소유하지 않으면 안 된다. 그런데 과연 어떤 사람이 그것을 욕구하겠는가? 만일 어떤 사람이 나는 건강하지만 건강하기를 원한다, 부자이지만 부자이기를 원한다, 내가 가지고 있는 바로 그것을 소유하기를 원한다고 말한다면 그에게 우리는 다음처럼 말할 것이다. 여보게 그대는 현재 소유한 재물·건강·체력을 계속하여 소유하겠다는 것이군. 왜냐하면 천사든 아니든간에 적어도 지금 그것들을 소유하고 있기 때문이지. 그렇다면 그대가 현재 소유한 것을 소유하기를 원한다고 말할 경우 그것은 현재 소유한 것을 계속해서 소유하기를 바란다는 말이 아닌가? 그 사람도 이렇게 말하는 것에 찬성하지 않을 수 없겠지?

절대적으로 그렇습니다.

소크라테스는 다음처럼 말했다. 그렇다면 이제 그것은 아직 제 마음대로 되지도 않으며 소유하지도 않을 것을 사랑하는 것, 그것이 계속해서 자신의 소유로 있기를 사랑한다는 것이 아닌가?

그렇다고 아가톤이 말하였다.

……

그렇다면 그대는 그대의 연설에서 에로스가 어떤 것에 관한 것이라고 말했는지 회상해보기 바란다. 그대가 바라면 내가 회상시켜 주겠다. 그대는 대체로 다음처럼 말했다. 곧 추한 것에 대한 사랑이란 없으므로 신들의 일도 아름다운 것에 대한 사랑으로 정리되었다고 그대는 말하지 않았는가?

그렇게 말했다고 아가톤은 대답했다.

소크라테스는 이렇게 말했다. 그대 역시 의심의 여지없이 옳았어. 만일 그렇다면 에로스는 아름다움에 대한 사랑이며 추함에 대한 사랑은 아니겠지?

그렇습니다.

……

나는 다음처럼 말했다. 그렇다면 에로스의 양친은 누구입니까?

그 여자는 다음과 같이 말했다. 오히려 이야기가 길어지겠지만 나는 당신에게 말하겠습니다. 아프로디테가 태어난 날 신들이 잔치를 벌렸는데 그 가운데에는 다른 신들과 같이 메티스의 아들인 포로스도 있었읍니다. 잔치가 끝난 후 흔히 있듯이 페니아가 구걸하러 문 앞에 와 있었읍니다. 이때 포로스는 아직 포도주가 없었을 때이므로 신주(神酒)에 취하여 제우스의 정원에 들어가서 제멋대로 잠들어 버렸읍니다. 그리하여 페니아는 자신이 가난하므로 포로스를 이용하여 애를 낳으려는 생각을 품고 그의 옆에 누워 에로스를 임신했읍니다. 이러한 이유로 인하여 에토스는 아프로디테를 추종하며 모시는 자가 되었읍니다. 왜냐하면 그가 이 여신의 생일날 출생하였으며 출생시부터 아름다운 것을 사랑하였고 또한 아프로디테 자신이 아름다운 신이었기 때문입니다. 그런데 에로스는 포로스와 페니아의 사이에서 태어난 아들이므로 다음과 같은 운명을 가지게 되었읍니다. 우선 항상 가난하고 누구나 생각하는 것처럼 상냥하고 아름다운 것이 아니라 거칠고 초라하고 맨발이며 집이 없고 항상 이불도 없이 땅 위에 누우며 텅빈 문턱이나 길가에서 잠을 잡니다. 왜냐하면 어머니 편의 성질을 물려받아서 언제나 가난한 상태로 살기 때문입니다. 그러나 또 한편 아버지를 닮아서 항상 아름다운 것 및 선한 것을 갈구하며 용감하고 담력이 있고 기개있으며 익숙한 사냥꾼이고 실수를 범하지 않고 일생 동안 지혜를 사랑하며 탁월한 요술사요, 마법사이고 학자입니다. 더우기 그 본성은 죽지 않는 것도 아니요, 죽는 것도 아니어서 때때로 죽기도 하지만 하루에

도 사정이 좋으면 꽃을 피워 살아 있고 때때로 죽기도 하지만 아버지로부터 물려받은 본성에 따라 다시 살아납니다. 그러나 소유하게 되면 항상 잃어버리기 때문에 에로스는 결코 궁핍하지 않지만 풍요롭지도 못합니다. 또 한편 그는 지혜와 무지 사이에 있는데 그것은 다음과 같은 이유가 있기 때문입니다. 실로 신이란 모두 지혜를 사랑하지 않으며 이미 지혜가 있으므로 지혜있는 자가 되려고도 하지 않습니다. 그 이외에 어느 누구든 지혜를 가진 자는 지혜를 사랑하지 않습니다. 그런가 하면 무지한 사람도 지혜를 사랑하지 않으며 지혜있는 사람이 되려고도 하지 않습니다. 무지가 매우 다루기 어려운 것은, 아름답지도 선하지도 그리고 분별력이 있는 것도 아니면서 스스로 결함이 없다고 무지가 생각하기 때문입니다. 따라서 자신에게 결여되어 있다고 생각하지 않는 사람은 전혀 그것을 욕구하지 않습니다.

그러면 디오티마, 지혜있는 사람도 무지한 사람도 아닐 경우 지혜를 사랑하는 사람은 누구입니까? 내가 물었다.

그러자 그녀는 다음처럼 말했다. 그것은 어린 아이도 알 수 있는 일입니다. 그것은 그 둘 중에 있는 자들이며 에로스도 그 가운데 한 사람입니다. 그 이유인즉 지혜는 두말할 것도 없이 가장 아름다운 것 중의 하나이며 에로스는 아름다운 것에 대한 사랑이기 때문입니다. 그러므로 에로스는 필연적으로 지혜를 사랑하는 자이며 또한 지혜를 사랑하는 자이기 때문에 지혜로운 자와 무지한 자 사이에 있을 수밖에 없습니다. 그리고 그에게서는 그 원인도 그의 출생에 있습니다. 왜냐하면 그의 아버지는 지혜롭고 지모(智謀)가 출중함에 비하여 어머니는 지혜롭지 못하며 지모가 없기 때문입니다. 친애하는 소크라테스여, 대체로 이와 같은 것이 이 신령의 본성입니다. 물론 당신이 에로스가 어떻다고 생각한 것은 전적으로 옳습니다. 앞에서 말한 것을 보면 당신은 사랑하는 자가 아니라 사랑받는 자를 에로스라고 생각한 것 같습니다. 그러므로 당신에게는 에로스가 매우 아름다운 자로 생각되게 된 것 같습니다. 그 이유인즉 사랑받을 만한 자는 실로 아름답고 섬세하며 완전하고 부러울 정도로 복을 받고 있기 때문입니다. 그러나 제가 말한 것처럼 사랑을 주는 자는 다른 모습을 가지고 있습니다."*

* Platon, *The Collected Dialogues* (Princeton, 1973) 중 *Symposium* 을 참조하여 번역했음.

위에서 나는 《잔치》에 나오는 에로스에 관한 묘사를 매우 길게 인용하였다. 서양 철학의 전통에 있어서의 지혜에 대한 사랑의 의미를 구체적으로 알기 위한 것이 첫째 목적이었으며, 다음으로는 동양적인 의미의 지혜에 대한 사랑과 서구적인 것이 전혀 다를 것이 없다는 것을 암시하려는 것이 다음 목적이었다. 에로스(Eros)는 포로스(Poros)와 페니아(Penia) 사이에서 태어난 아들이다. 포로스는 풍요로움 또는 부유함의 신이다. 그러므로 그에게는 목적을 달성하기 위한 수단이나 술수가 더할 수 없이 많다. 여기에 비해서 페니아는 가난과 궁핍의 신이다. 결국 풍요와 궁핍 사이에서 태어난 것이 에로스이다.

플라톤은 에로스에 관한 신화를 《잔치》에서 왜 그토록 지루하게 전개하고 있는 것일까? 포로스와 페니아는 단지 에로스의 부모일 뿐만 아니라 에로스 자신이 지니고 있는 두 측면이다. 사랑이란 정지하여 있는 것이 아니라 움직이는 것이다. 사랑은 어디에서 어디로 움직이는가? 사랑은 궁핍으로부터 풍요로움으로 움직인다. 여기에서의 궁핍과 풍요로움은 오로지 물질적인 궁핍과 풍요로움만이 아니다. 이 양자는 진리와 선과 아름다움 모두에 해당된다. 그러므로 에로스의 의미는 불완전한 진리와 선과 아름다움으로부터 완전한 진리와 선과 아름다움을 추구하는 것이다.

보통 사랑이라고 하면 무수하게 많은 의미로 쓰여진다. 중고등 학교 시절 등교길에 만난 여학생을 무조건 다시 한번 만나고 싶고 말이라도 한마디 건네보고 싶어서 끙끙 앓다가 며칠이고 처음 만났던 장소에서 배회하는 것도 사랑이라고 한다. 청년이 되어 싱싱한 스물 초반의 여인과 데이트하면서 냉전을 하다가 화해를 하다가 무한한 미래의 설계도를 그려보는 것도 사랑이라고 한다. 결혼과 함께 서로의 장단점을 구석구석 알면서 티격태격하면서 물에 물탄 듯 술에 술탄 듯 세월에 삶을 맡기는 것도 사랑이라고 한다. 그런가 하면 에미가 굶고 헐벗으면서 자식의 뒷바라지를 하는 것도 사랑이라고 한다. 맏며느리가 되어 하루 종일 마당과 안방과 부엌을 설치면서 시동생, 남편, 시부모를 정성껏 모시는 것도 사랑이라고 한다. 친구를 이해하고 감싸며 아끼는 것도 사랑이다. 꽃이나 나무나 새를 돌보는 것도, 나라에 충성을 다하는 것도 사랑이라고 한다. 꽁생원처럼 연구실에 들어박혀 돋보기 안경을 끼고 책이나 읽고 원고지나 메꾸는 것도, 틈있는 대로 절이나 교회에 가서 기도드리는 것도, 산이나 강을 한 폭의 화선지에 그리는 것도, 그리고 자신을 망각한 채로 피아노를 신들린 것처럼 연주하는 것도 모두 사랑이라고 한다.

그러나 지혜에 대한 사랑은 사랑들 중의 사랑이라고 말할 수 있다. 왜냐하면 지혜란 완전한 앎이기 때문이다. 완전한 앎은 진리와 선과 아름다움을 모두 포함한다. 따라서 고전적인 의미이든 아니면 현대적인 의미이든간에 철학의 참다운 의미는 지혜에 대한 사랑이다.

첨가해서 말하자면 사랑이란 배움이며 닦음이다. 그것도 지혜를 배우는 것이며 지혜를 닦는 것이 사랑이다. 지혜를 완전한 앎이라고 할 때 이미 그것은 행복을 전제로 하며 그렇기 때문에 지혜에 대한 사랑은 완전한 앎에 대한 추구이자 행복에 대한 추구이기도 하다. 넓은 의미에서 볼 때 지혜는 깨달음〔覺〕이며 행복함에 도달하는 것이다. 깨달음과 행복은 나와 세계의 원리를 밝혀주면서 동시에 구성하여 준다. 지혜에 대한 사랑에 의하여 비로소 나(Atman)는 전체(Brahman)와 하나가 된다.

제 3 장
논리적인 생각은 왜 필요한가

요한 복음 첫머리에 "태초에 말씀이 계시니라"라는 말이 있다. 말씀(로고스)은 여러 가지 뜻을 가지지만 그 중에서도 대표적인 뜻은 원리·법칙·말 등이다. 우리들은 로고스를 논리라고 부를 수도 있다. 정상적으로 생각하는 사람의 말이나 글에는 반드시 논리가 있다. 만일 어떤 사람이 "나는 은행원으로서 20년간 근무했으며 매달 평균으로 치면 70만원의 월급을 받은 셈이다. 그러므로 지금 나는 월급을 저축한 돈을 50억원 가지고 있다"고 말하거나 또는 어떤 사람이 "나는 공무원으로서 30년간 근무했는데 매달 받은 월급을 평균으로 계산하면 80만원이고 월급을 저축해서 지금 내게 있는 돈이 1백억원이다"라고 말한다면 우리들은 그러한 말이 논리적으로 모순된다고 생각한다. 왜냐하면 사람이면 누구나 먹고 쓰는데 상당액을 지출하고 나머지를 저축하기 마련이고 그렇게 저축했을 경우의 액수란 그처럼 많을 수 없기 때문이다.

논리적인 생각을 다루는 학문을 논리학이라고 한다. 논리적 사고(思考)는 이론적인 것으로서 그것은 생각의 내용이 아니라 생각의 형식을 문제로 삼는다. 더 나아가서 논리학은 언어라는 매개체를 통해서 나타나는 말과 글이라는 사고의 형식과 법칙을 문제로 삼는다. 그러므로 아직 언어로 나타나지 않은 느낌이나 직관은 논리학의 대상이 될 수 없다. 어떤 청년이 자신의 경제적인 장래에 대하여 불안하게 느낀다든가 또는 어떤 소녀가 한 청년을 믿음직스러운 인간이라고 직관할 때 그것은 논리학의 대상이 될 수 없다. 그러고 보면 논리적인 생각은 결국 대화(對話)를 위하여 필요한 것이며 한결음 더 나아가서는 인간 상호간의 관계에 있어서 그리고 더우기 학문들에 있어서 공통되는 기반을 마련하기 위한 조건으로서 필요하다고 볼 수 있다.

논리적 사고에 관한 체계적인 학문을 일컬어 논리학이라고 한다. 우리가 논리학을 필요로 하는 이유는 우리들이 논리적인 생각을 필요로 하는 이유와 유사하므로 근본적으로 말과 글에 질서와 체계를 부여하기 위하여 논리학이 필요하다고 이야기할 수 있다. 그러나 논리학이 모든 생각을 문제로 삼는 것은 아니다. 논리적인 생각이란 추리적(推理的)인 생각을 말한다. 그러므로 논리학이 대상으로 삼는 것은 추리이다. 논리학의 대상은 논리적 추리이다. "대추 나무는 단단하다. 이 나무는 대추 나무이다. 그러므로 이 나무도 단단하다." 위의 추리에서 논리학은 추리의 정확성을 취급한다. 논리학은 추리의 심리적 과정 또는 절차를 문제로 삼지 않는다. 즉 논리학은 우리가 대추 나무를 눈으로 보거나 손으로 만져서 그 자극이 뇌에 어떻게 전해져서 "대추 나무"와 "단단하다"는 개념을 만들어 낸다는 심리적 과정을 도외시하고 정해져 있는 명제(命題)의 논리적 추리에 관한 정확성을 문제로 삼는다. 그리고 우리가 논리학에 있어서 주의하여야 할 또 하나의 문제는, 논리학의 대상이란 의미있는 문장이라는 점이다. "아!", "빌어먹을!", "아이고!" 등과 같이 느낌을 나타내는 단어가 아니라 "비가 오면 땅이 젖는다"처럼 간단한 문장이나 또는 우리들이 흔히 사용하는 문장과 문장으로 이루어진 명제가 바로 논리적 추리를 구성한다. "부산행 첫 고속버스는 아침 6시에 터미널에서 출발한다. 만일 네가 아침 6시 이전에 터미날에 도착한다면 너는 부산행 첫 고속 버스를 탈 수 있을 것이다." "그 여자는 12시에 워커힐 커피숍에서 너를 기다리겠다고 말했다. 제 때 그곳에 가면 너는 그 여자를 만날 것이다."… 여기에서 두 가지 간단한 논리적 추리의 예를 들었지만 우리들이 일상 생활과 학문에서 사용하는 대부분의 말은 논리적 추리를 포함하는 명제들로 구성된다. 어떤 전제(前提)들로부터 결론을 이끌어낼 경우 그러한 행위를 논리적 추리라고 하며, 옳게 결론이 이끌어졌을 때 논리적으로 정당한 추리라고 하고 옳지 않게 결론이 이끌어졌을 때 부당한 논리적 추리라고 말한다.

논리학에서 다루는 문장은 논리적 문장으로서 그것은 서술적(敍述的) 문장이다. 서술적 문장에서 우리는 그 문장의 참〔眞〕과 거짓〔僞〕을 구분할 수 있다. 예컨대 "여인들이 미장원에 가고 있다", "젖먹이가 젖을 빨고 있다" 등의 문장에서 우리들은 문장의 참과 거짓을 가릴 수 있으므로 이러한 문장을 논리적 문장 또는 서술적 문장이라고 한다. 그러나 서술적 문장은 일정한 주장이 있음에 비하여 아무런 주장이 없는 문장도 있으니 의문문과 명령문 및 감탄문이 여기에 해당된다. "철학이란 무엇인가?" 또는 "인생이란 무엇인가?" 등의 의문문에서 우리는 참과 거짓을 가릴 수 없다. 그러므로 의문문은 논리적 문장이 아니다. "철학 공부를 열심히 하여라", "오직 돈을 위해서 돈을 벌어라" 등과 같은 명령문에서도 역시 우리는 아무런 참과 거짓을 구분할 수 없다. 명령문 또한 논리적 문장이 아니다. 명령문도 무엇이 어떻다고 하는 뚜렷한 주장을 하지 않는다. "저 여인은 그지없이 아름답구나!", "아, 조국의 운명이여!" 등과 같은 감탄문도 참과 거짓을 가릴 수 없다. 우리들은 참과 거짓을 가릴 수 있는 문장을 명제(命題) 또는 언명(言明)이라고 한다. 논리적 추리는 명제나 언명으로 이루어진다.

그러면 이제 추리와 추론(推論)은 어떻게 구분되는지를 살펴보기로 하자.* 논리적 생각의 절차를 추리라고 한다. 추리가 일단 형식적인 언어로 표현될 때 그것이 바로 추론이다. 예컨대 우리들이 유능한 유도 선수를 생각한다고 해보자. 그는 지난 3년간 여러 국제대회에서 다른 나라의 모든 우수한 선수들을 물리치고 우승한 한 선수이다. 우리들은 이 선수가 장차 올림픽에서 금메달을 따리라고 생각한다. 이렇게 생각하는 절차는 추리이다. 그러나 어떤 한 주장이 다른 또 하나의 주장의 근거가 될 경우 그것을 형식화하면 추론이 된다. 그러므로 추론은 두 가지 이상의 명제로 구성된다.

예) 하군은 지난 3년간 국제 대회에서 우승하였다(전제).
그러므로 하군은 앞으로의 올림픽에서 금메달을 딸 것이다(결론).

추론은 전제와 결론으로 이루어지며 전제는 여러 가지일 수도 있다. "모든 사람은 죽는다. 나는 사람이다. 그러므로 나도 죽는다"에서 "모든 사람은 죽는다"와 "나는 사람이다"는 전제이고 "그러므로 나도 죽는다"는 결론이다. 특히 "모든 사람은 죽는다"는 대전제(大前提)라고 하며 "나는 사람이다"를 소전제(小前提)라고 부른다.

결국 추론이란 특정한 원인으로부터 어떤 결과를 이끌어내는 증명의 형식을 취한다. 그러한 증명이 옳게 되었는지 아닌지를 밝히는 것이 바로 논리학의 과제이다.

1. 추론의 타당성과 부당성

앞에서 나는 왜 논리적 생각이 필요한지를 논리학의 구체적인 내

* 나는 이 부분에서 姜在倫 著, 《新論理學》의 많은 부분을 간접적으로 참조하였다.

용을 언급하면서 일반적으로 해명하려고 하였다. 이제 보다 더 상세한 부분으로 들어가서 전제와 결론의 논리적 연결을 구조로 가지는 명제들로 구성된 추론의 논리적 타당성 여부를 살펴보기로 하자. 추론의 타당성 및 부당성을 살핌으로써 우리들은 논리학이 형식적·체계적 학문이라는 것을 잘 알게 될 것이다. 3개의 명제들로 구성된 추론을 몇가지 예로 들어보기로 하자.

예 1) 모든 동물은 성욕을 가지고 있다(참).
모든 인간은 동물이다(참).
그러므로 모든 인간은 성욕을 가지고 있다(참).
2) 만일 내가 제주도를 가진다면 나는 부자이다(참).
나는 제주도를 가지고 있지 않다(참).
그러므로 나는 부자가 아니다(참).
3) 모든 여인은 아름다운 유방을 가지고 있다(거짓).
아름다운 유방을 가진 인간은 미인이다(거짓).
그러므로 모든 여인은 미인이다(거짓).

이제 첫번째 예로부터 세번째 예에 이르기까지 과연 추론이 타당한지 아니면 부당한지를 살펴보기로 하자. 첫번째 예에서는 요소 명제들(대전제와 소전제 및 결론)이 참다웁고 추론 역시 참이다. 그러나 두번째 예에서는 각각의 요소 명제들은 참이나 추론은 부당하다. 이러한 예는 특히 사회적 · 정치적인 발언에서 많이 찾아볼 수 있다. 어떤 사람이 대중의 의견을 자기 편으로 끌어들이기 위하여 참다운 요소 명제들을 사용하면서 결국 부당한 추론을 성립시켜서 대중을 속이는 경우를 볼 수 있다. 무엇보다도 부당한 추론을 마치 타당한 추론처럼 사용했던 대표적인 사람들은 소피스트들*이라고 할 수 있다.

세번째 예에 있어서 각 요소 명제들은 거짓일지라도 추론은 타당

* 희랍의 프로타고라스, 고르기아스와 같은 궤변론자들.

하다. 이상에서 알 수 있는 것처럼 전제들만 보거나 아니면 결론만을 보아서 추론이 타당한지 부당한지를 가려내기란 힘들다. 결국 전제들과 결론의 논리적 관계에서 추론이 타당한지 또는 부당한지가 결정된다. 그러나 우선 전제들 및 결론을 구성하는 명제의 참 또는 거짓이 미리 결정되지 않으면 안 된다. 왜냐하면 요소 명제들의 참과 거짓에 따라서 추론의 타당성을 이야기할 수 있기 때문이다. 다음과 같은 예를 살펴보자.

예) 만일 대지진이 일어나면 물가가 오를 것이다(참).
물가가 올랐다(참).
그러므로 대지진이 일어났다(거짓).

물가가 올랐다고 해서 반드시 대지진이 일어났다고 이야기할 수는 없다. 추론이 타당하면 언제나 결론은 참이며 건전한 추론에서는 결론이 참이면 추론도 타당하다.*

2. 연역과 귀납

추론을 말할 때 우리들은 일반적으로 연역(演繹)만을 이야기하는 경향이 있다. 그러나 추론에는 연역과 아울러 귀납(歸納)이 있다. 연역이란 수학, 철학, 신학 등에서 순수한 사고(思考) 형식을 통하여 추론하는 것을 말하며 귀납이란 경험적인 자연 과학에서 사용하는 추론 방법이다. 연역과 귀납은 흔히 연역법 그리고 귀납법이라고 일컬어진다.

우선 귀납 추론을 살펴보기로 하자.

* 결론과 전제들이 참이고 추론이 타당할 경우 추론은 건전한 추론이다.

예 1) 이 한국 여인은 허리가 길다.
저 한국 여인도 허리가 길다.
그러므로 한국 여인은 아마도 모두 허리가 길 것이다.
2) 링컨은 대통령이며 인자하였다.
레이건도 대통령이며 인자하다.
마르코스도 대통령이다.
그러므로 마르코스도 인자할 것이다.

귀납 추론이 연역 추론과 다른 점은 연역 추론은 필연적임에 비하여 귀납 추론은 개연적(蓋然的)이라는 점이다. 개연적이란 다른 말로 하면 확률적이라고 할 수 있다. 귀납 추론에서 사용되는 전제들은 결론에 대한 부분적인 증거만을 제시하므로 보편성을 가진 결론에 도달할 수 없다. 인공 위성을 발사할 경우에도 귀납 추론을 사용하기 때문에 반드시 인공 위성이 달이나 금성에 도착한다는 결론은 나오지 않는다. 아마도 달이나 금성에 도착할 것이라는 결론을 가지고 인공 위성을 발사하게 된다. 그러므로 경험적인 자연 과학에서 주로 사용하는 추론은 귀납 추론에 해당한다.

그러면 연역 추론은 어떠한가?

예 모든 사람은 생각한다.
나는 사람이다.
그러므로 나는 생각한다.

여기에서 볼 수 있는 것처럼 귀납 추론의 결론은 "아마"와 같은 말을 포함하며 개연성을 띠지만 연역 추론은 필연적이다.

귀납 추론은 경험적이며 개연적이다. 여기에 비하여 연역 추론은 필연적이다. 연역 추론이 대표적으로 적용되는 분야는 수학이라고 말할 수 있다. 수학에서는 순수한 필연적 형식만이 적용되고 있기 때문이다.

3. 오류(誤謬)란 무엇인가

우리들은 일상적인 대화 속에서 흔히 많은 오류를 발견한다. 그러한 오류들은 논리적 추론이 부당할 경우에 발생한다. 다음과 같은 예들을 살펴보자.

예 1) 우리 아버지는 천재이다.
그러므로 나도 천재이다.

2) 나의 할머니는 나에게 객지에서 하숙하면 먹는 것을 가리지 말고 먹으라고 하셨다.
그러므로 나는 너희들보다 두 배를 더 먹어도 괜찮다.

3) 예수께서는 왼뺨을 때리면 오른뺨도 때리게 하라고 말씀하셨다.
너는 지금 왼뺨을 맞았으니 오른뺨도 맞아야 한다.

추론이 타당성을 상실할 때 그 추론의 추리는 오류를 범한다. 오류에는 비형식적 오류와 형식적 오류가 있다. 논리적 규칙을 어길 경우 발생하는 오류를 형식적 오류라고 한다. 그러나 그러한 규칙과는 상관없이 언어의 애매함이나 논리적 관련에서 생기는 오류가 있는데 그러한 오류를 비형식적 오류라고 한다. 비형식적 오류의 예를 두 가지만 들어보기로 하자.

예 1) 저 남자는 키가 작다.
저 여자는 키가 크다.
그러므로 저 여자는 저 남자보다 키가 크다.

2) 이 여자 대학은 미인이 제일 많은 대학이다.
그러므로 이 여자 대학에 다니는 김양은 미인이다.

위의 두 경우 첫번째 예에서는 남자와 여자 사이에서의 크다와 작다가 정확하게 사용되지 못하였다.* 크다와 작다는 상대적인 용어로서 문맥에 따라서 다른 의미를 가지는 것이 여기에서는 무시되고 있다. 두번째 예에서는 전체가 가지는 성질을 부분에도 적용시키는 잘못을 범하고 있다. 예컨대 "한국 사람은 머리가 좋다. 그러므로 나도 머리가 좋다"고 한다면 이것 역시 전체의 성질을 부분에도 적용시키는 오류를 범하는 것이다.**

지금까지 우리들은 두 가지 예를 들어서 오류를 범하는 추론을 살펴보았다. 이 이외에도 오류를 범하는 추론은 상당히 많다. 여러 개의 명제로 구성된 추론에서 특히 하나의 명제나 또는 그 명제 속에 있는 용어를 강조할 경우 흔히 강조(强調)의 오류를 범하기 쉽다. "너희들은 이웃을 사랑해야 한다"라는 문장에서 너희들을 강조하면 다른 사람은 상관이 없다고 이해할 수 있고 이웃을 강조하면 이웃이 아닌 다른 사람들을 사랑하지 않아도 좋다는 뜻이 될 수 있다. 우리들이 텔레비젼, 라디오 또는 신문에서 자주 대하는 선전 광고를 볼 때 우리들 자신의 추리는 오류를 범하기 쉽다. 만일 "이 약은 당신의 간장에 좋다"고 할 때 이 약을 강조하면 다른 약이 제외되고 당신을 강조하면 당신 아닌 다른 사람들이 제외된다. "이 약은 당신의 간장에 좋습니다"라는 광고를 보거나 들을 때 우리들은 아 바로 저 약이 나에게 좋은 것이구나라고 믿어버리는 경향을 가지기 쉬운데 이것은 우리들 자신이 강조의 오류에 빠지는 좋은 예이다.

만일 우리들이 "이 여자는 코와 눈과 입이 아름다우므로 미인이다"라고 추리한다면 이 추론 역시 오류를 범한다. 부분들의 성질이 아름답다고 해서 전체가 반드시 아름다울 수는 없기 때문이다. 이러한 오류는 결합(結合)의 오류이다. 결합의 오류는 부분의 성질을

---

* 이러한 오류는 다의어(多義語)의 오류이다.
** 분할(分割)의 오류.

가지고 전체의 성질을 추리하거나 또는 개별적인 요소의 성질을 가지고 집합(集合)의 성질을 추리할 때 발생한다. 지금까지 우리들은 언어의 애매함에서 나타나는 오류를 살펴보았다.

이제 논리적 관련에서 생기는 몇가지 오류를 살펴보기로 하자. 합리적인 (또는 논리적인) 추론보다는 어떤 위력을 근거로 하여 추리할 때 그러한 추론은 오류를 범한다. "사랑은 최고의 힘이다", "신앙은 삶의 유일한 원천이다", "돈은 모든 것의 기본이다" 등의 문장을 보면 사랑·신앙·돈 등이 추리의 근거로 무조건 전제되어 있음을 알 수 있다.

위력에 근거를 둔 추론과 유사한 추론으로서 특정한 사람을 바탕으로 한 추론도 오류를 범한다. "나는 한낱 여자이므로 약하다", "어린 아이의 그러한 말은 어처구니가 없다", "나는 목사로서 말하는 것이니 당신은 내 말을 들어야 한다", "이 말은 석가모니의 말이니 너는 그것을 믿지 않으면 안 된다", "그 친구는 찢어지게 가난하게 자랐으니까 성격도 자연히 비뚤어져 있다" 등과 같은 예에서 알 수 있는 것은 이들 추론이 특정한 사람이나 환경 및 위치를 바탕으로 삼고 성립되어 있다는 점이다. 그 바탕이 타탕하지 못할 때 추론 역시 오류를 범한다.*

어떤 명제를 거짓이라고 증명할 수 없는 한에서 그 명제를 참이라고 주장하여 성립하는 추론이 있다. "너는 내가 천재가 아니라는 것을 증명할 길이 없다. 그러므로 나는 천재이다"라고 할 때 이러한 추론은 사실 억설이다. "하느님이 안 계신 것을 증명할 길이 없는 한 하느님을 믿어라"와 같은 추론도 역시 오류를 범하고 있다.** 법정에서 비록 죄를 범하지 않았을지라도 자신이 무죄임을 증명할 수 없어서 결국 유죄 판결을 받게 된다면 이 역시 무지에의 추론이 효

---

* 이러한 오류는 사람에의 오류이다.

** 무지(無知)에의 추론임.

력을 나타낸 것이 된다. 우리들 주변에서도 일제 치하(日帝治下) 이후 오늘날까지 정통적인 종교 이외의 여러 가지 사이비 종교들이 난무하여 왔다. 이들 사이비 종교가 들고 나오는 것의 상당 부분은 무지에의 추론이다. "내가 여러분과 세계를 구원하러 온 참다운 구원자가 아니라는 것을 증명할 길이 없으니 나는 참다운 구원자이다"와 같은 주장이 이들 사이비 종교를 대변하는 자들이 말하는 내용으로 이것 또한 무지에의 추론이며, 일상인들이 이러한 무지에의 추론을 맹목적으로 따를 때 논리적 내지는 합리적인 생각은 사라지기 마련이다.

순수하게 형식적·논리적인 추론의 차원에서는 오류를 범하고 있지만 전체 삶에서는 활력소가 되는 추론의 종류도 있다. 아버지는 일찌기 암으로 세상을 떠나가 앓아누운 어머니와 나이 어린 두 동생을 보살피는 어린 소녀가 있다고 하자. 오랜 기간 집안을 돌보다가 먹을 것이 없어 어느 백화점 앞에서 몇십 만원이 든 백을 날치기 하다가 붙잡혔다. 법정에서 변호사는 대체로 다음과 같이 변호할 것이다. "이 소녀는 몇 년간의 소년원 생활을 받아야 마땅하지만 딱한 정상을 참작하여 관대한 처분이 내려져야 한다." 이러한 추론은 논리적으로 부당하다. 추론이란 어디까지나 논리적인 문제이다. 그러므로 삶의 문제는 논리적인 문제를 초월한다고 볼 수 있다. 위의 예를 우리는 연민(憐憫)에의 추론이라고 한다. 연민을 근거로 삼아서 추리함으로 논리적인 정확성을 잃게 되는 추론을 연민에의 추론이라고 한다. "공부를 열심히 했지만 머리가 좋지 않아서 성적이 나쁘게 나왔으니 이번만 보아주세요"라든가 "나름대로 진지하게 일해왔습니다. 그러나 솔직히 말씀드려서 동료들의 시기와 방해 때문에 진급이 늦어졌습니다. 이번에는 선처를 바랍니다" 등과 같은 예 역시 연민에의 추론이다. 연민에의 추론은 동정심을 바탕으로 삼으며 그것은 논리적으로 오류를 범하고 있다. 연민에의 추론을 주장하는 사람에게 우리는 동정심을 발동하여 그의 뜻에 따름으로써 기만을 당할 경우도 있을 것이고 또 한편으로는 비록 그의 추론이 오류를 범하고 있는 것을 알면서도 보다 나은 삶을 위하여 그 추론을 시인할 수도 있을 것이다. 왜냐하면 추론은 어디까지나 형식적·논리적인 세계의 문제이지 삶 전체에 해당하는 문제가 아니기 때문이다. 그것은 마치 산수가 수학이라는 학문의 한계 안에서만 효과가 있는 것이고 사랑이나 미움이나 정열 등과는 상관이 없는 것과 마찬가지이다.

다음과 같은 예를 살펴보자.

"나는 아름다워."
"어째서 그렇니?"
"다른 사람들이 날보고 아름답다고 그러니까."

이 예에서 알 수 있는 것은 이 추론이 많은 사람들을 근거로 삼고 정당성을 주장하려고 한다는 점이다. 이러한 추론은 상대방을 찬성이나 반대로 짐짓 유도하기 위하여 충분한 자료와 증거를 생략하고 상대방의 감정을 자극함으로써 추론을 따르게 하려는 의도를 지닌다.* "이 치약은 일반적으로 사용되고 있으므로 훌륭한 치약이다", "이 오디오 시스템은 대재벌 기업의 제품이므로 성능이 탁월하다", "체육 정책은 많은 사람들이 호응하므로 현명한 정책이다" 등과 같은 예들 역시 많은 사람들이 결정하는 것은 항상 타탕성이 있다는 무조건적인 전제를 내세우고 있으므로 오류를 범하고 있다. "최대 다수의 최대 행복"이라는 공리주의의 원칙은 논리적으로는 많은 사람들에의 추론으로서 오류를 범하고 있다. 물론 현실적으로 우리들의 삶에 있어서 최대 다수의 최대 행복이 가장 바람직한 것인

* 많은 사람들에 의한 추론이다.

지 아닌지는 별개의 문제이다.

위력에의 추론과 비슷하게 오류를 범하는 추론이 있으니 그것은 권위에의 추론이다. 전문가나 성인이나 외국을 들먹이면서 상대방을 비합리적으로 설득시키려는 의도를 가진 것이 권위에의 추론이다. "이 손톱깍기는 삐에르 가르댕에서 만든 것이니까 최고품이다", "이 말은 아인슈타인이 한 말이니까 너 같은 사람은 믿지 않으면 안된다", "이 노래는 분명히 좋은 노래이다. 왜냐하면 마이클 잭슨이 부른 노래이니까", "부룩 실즈의 미소는 여성의 이상적인 미소이다. 그러므로 여성들은 부룩 실즈처럼 미소지어야 한다", "아침에 도(道)를 들으면 저녁에 죽어도 좋다고 공자께서 말씀하셨으니 여러분도 그렇게 따라야 한다" 등에서 우리가 알 수 있는 것은 이들 추론이 모두 무조건 어떤 권위를 바탕으로 성립한다는 점이다. 따라서 이러한 추론은 비합리적이요 타당성이 없으므로 오류를 범한다.

만일 내가 어떤 사람과 다음과 같은 대화를 한다고 생각하여보자. "당신은 미모사 꽃을 압니까?" "압니다." "그러면 당신은 이 봉지에 든 꽃을 압니까?" "모릅니다." "이 봉지에 든 꽃은 미모사 꽃입니다. 당신은 미모사 꽃을 안다고 했으면서도 이 미모사 꽃을 모른다고 했으니 그것은 모순된 말입니다." 이 대화의 경우 봉지라는 우연한 요인을 삽입하여 상대방을 함정에 빠뜨리며 추리를 하기 때문에 이러한 추론은 오류를 범한다. 예컨대 수소가 기체라고 하는 명제 역시 타당하게 생각되지만 절대적으로 타당하지는 않다. 왜냐하면 수소가 기체라고 하는 것은 일정한 온도라는 우연적인 조건을 전제로 해서만 성립하고 수소는 낮은 온도의 조건에서 액체가 될 수도 있기 때문이다.*

우리들은 아직도 조상의 묘자리를 잘 썼더니 가문이 흥하더라는 이야기를 흔히 들을 수 있다. 또는 눈에 핏발이 섰을 때 실에 바늘

* 이러한 추론이 범하는 오류를 우연의 오류라고 한다.

을 꿰어 바늘을 코 앞에 대고 바늘만을 노려보면 핏발이 가신다는 말을 믿고 그렇게 행동하는 사람들이 있다. 이런 경우 눈의 핏발은 더 심할 수도 있고 시간이 지남에 따라서 자연히 나아질 수도 있다. 이것은 어떤 결과의 참다운 원인이 아닌 것을 참다운 원인으로 생각하는 경우에 성립한다. 또는 다음과 같은 예를 들 수 있다. "구렁이가 뱃속으로 들어가는 꿈을 꾼 다음에 이 애를 배었읍니다." "용꿈을 꾸었는데 다음 날 복권이 맞아떨어졌다" 등에서는 원인과 결과가 아무런 연관성이 없음에도 불구하고 거짓된 원인을 근거로 결과를 추리하는 오류를 범하고 있다.*

또다른 오류를 살펴보자. "너는 25세이니 결혼할 나이이다. 서둘러서 약혼을 하여라." 이 경우 25세가 반드시 결혼할 나이인지 아닌지에 대한 구체적인 사정을 고려하지 않고 25세이니 당장 약혼하여야 한다는 것은 선결 문제 요구(先決問題要求)의 오류를 범한다. 25세가 과연 여러 가지 상황과 합쳐서 결혼에 적당한 시기인지 아닌지가 먼저 밝혀진 다음에 약혼이나 결혼이 이야기되어져야 할 것이다.** 또한 전제에서 나온 명제가 결론에 똑같이 나오는 경우 그러한 추론이 범하는 오류 역시 선결 문제 요구의 오류이며 특히 이러한 오류를 순환논법의 오류라고 부른다. 그 예를 들면 다음과 같다. "내 아버지는 네가 나의 아내가 되어야 한다고 말씀하셨다. 그러므로 너는 나의 아내가 되어야 한다." "음악사에는 베토벤을 악성(樂聖)이라고 기록하고 있다. 그러므로 베토벤은 악성이다." 순환논법의 오류를 범하는 추론에서는 사실상 형태만 추론 형식이고 아무런 추리 과정도 삽입되어 있지 않다. 왜냐하면 똑같은 말을 전제와 결론에서 반복하기 때문이다.

이와는 또다른 종류의 오류가 있다. 학교 도서관에서 책 구입 문

---

* 이러한 추론이 범하는 오류는 거짓된 원인의 오류이다.
** 선결 문제 요구의 오류는 부당 가정(不當假定)의 오류라고도 한다.

제로 회의를 열었을 때 어떤 사람이 다음처럼 이야기했다고 가정해보자. "이번 구입 시기에는 김홍신의 《인간 시장》 전집을 20질 구입할까요?" 이 경우에는 어떤 저자의 어떤 책을 구입할 것인지, 그리고 그것을 몇 권 구입할 것인지 두 가지 문제가 논의되어야 할 것이다.* 만일 내가 처음 만난 젊은 여자에게 "당신은 그 사람을 사랑하기를 그만두었읍니까?"라고 묻는다면 그 여인은 물론 "무슨 말씀을 하시는 거예요?"라고 말하며 당황하게 될 것이다. 이 물음은 여인이 지난 날 "그 사람"을 사랑했는지 그리고 지금도 "그 사람"을 사랑하고 있는지의 두 가지로 분리되어져야만 할 것이다. 긍정도 부정도 할 수 없는 그러한 종류의 질문은 대체로 두 가지 질문을 하나로 은연중에 혼합시키는 오류를 범한다.

이제 마지막으로 오류를 범하는 추론을 살펴보기로 하자. 여기 간단한 예를 들어보자.

예) "사랑은 아름다운 것이요. 당신도 사랑을 아름다운 것이라고 생각하오?"
"물론 그렇습니다."
"그렇다면 당신은 틀림없이 아름다운 사랑을 경험한 사람이오."

사랑을 아름다운 것이라고 생각한다고 해서 반드시 그렇게 말한 사람이 아름다운 사랑을 해보았다고 단정할 수는 없다. 이 경우의 오류를 일컬어 논점 부적절(論點不適切)의 오류라고 한다.

지금까지 우리들은 추론이 범하는 오류를 살피면서 그 중에서도 비형식적 오류를 중심으로 간단한 예들을 음미하여 보았다. 비형식적 오류는 ① 언어의 애매함으로 인하여 ② 논리적 관련에 의해서 발생하는 것이었다. 우리들이 논리적인 생각을 필요로 하는 것은 기본적으로 정확한 사고를 하고 또한 명확한 언어 표현을 목적으로 삼

* 복합적 질문의 오류.

기 때문이다. 논리적인 생각의 바탕이 이루어져야만 우리들은 비로소 논리적인 생각을 초월하고 극복할 수도 있다. 만일 논리적인 생각을 우리들이 가지지 못한다면 우리의 삶에는 아무런 질서와 체계도 없을 것이며 무엇보다도 학문이라고 하는 정신적 산물이 존재할 여지가 없을 것이다. 우리들은 여러 가지 종류의 오류를 살펴봄으로써 어떤 추론이 논리적으로 타당한지 아닌지를 가릴 수 있으며 따라서 정확한 추리적 사고를 행할 수 있을 것이다.

4. 합리적인 생각과 비합리적인 생각

우리들 인간은 다른 모든 존재하는 것들이 함께 있는 환경 및 상황으로서의 세계에 살고 있다. 인간은 세계를 살아가면서 식물적·동물적인 요소와 함께 인간적인 특징을 지닌다. 특히 인간은 다른 존재자들과는 달리 자기 자신을 확인하고 발전시키면서 행복이라는 목적을 달성하려고 노력한다. 물론 인간이란 복잡다단한 요인들을 내면에 가지고 있고 동시에 행복의 달성을 저지하는 외부적 조건들 때문에 갈등과 좌절을 수없이 맛보지 않을 수 없다. 그러나 인간이 인간일 수 있는 것은 "인간의 사고 능력" 때문이다. 인간의 사고 능력을 한마디로 말해서 이성(理性)이라고 부를 수 있다. 옛부터 "인간은 동행하는 존재이다", "인간은 의심하는 존재이다", "인간은 정치적인 동물이다", "인간은 도구를 제작하는 존재이다" 등등 인간에 관한 정의가 많이 있지만 이들 모든 정의(定義)를 포괄하는 말은 역시 "인간은 이성적인 동물이다"라고 볼 수 있다.

인간의 생각은 근본적으로 이성적이다. 그러나 생각이 감정에 지배되거나 아니면 외부적 조건에 좌절당할 경우 인간의 생각은 비이성적인 것으로 전환될 수 있다. 기나긴 역사를 통하여 인간의 생각이 지나치게 비이성적인 방향으로 기울었던 사실들을 우리는 기억 속에 간직하고 있다. 이성적이라는 말을 수학적이라는 말과 똑같이 생각해서는 안 될 것이다. 이성적이라는 말은 인간의 사고가 전체적으로 조화를 이룬다는 말이다. 그러므로 이성적이라는 표현을 바꾸어 말하면 합리적이라는 말로 대치시킬 수 있다. 비이성적인 사고는 비이성적인 행동을 동반하기 마련이다. 로마의 황제 네로는 로마시를 불구덩이로 만들고 기뻐 날뛰며 눈물 단지에 환희의 눈물을 담으려고 하였다. 진시황제는 천 년, 만 년 영원히 살기 위하여 신하들을 시켜 불노초(不老草)를 구해오도록 명령하였다. 마르크스는 물질을 세계의 근원으로 보고 물질적인 만족이 행복의 척도라고 보아 모든 사람들이 공동으로 생산하고 분배받는 계급 차별이 없는 이상 사회를 꿈꾸었다. 히틀러는 세계를 게르만 민족의 지배 아래 두려고 전쟁을 일으키고 수백만 명에 달하는 인간의 목숨을 앗아갔다. 일본도 대일본 제국을 건설하려는 꿈에서 세계를 향하여 전쟁을 일으켰다. 이러한 사고(思考)와 행동은 비이성적이며 비합리적인 것이다. 만일 우리들이 논리적인 사고의 정확함을 기반으로 삼아서 생각한다면 점차로 우리들은 합리적인 생각과 행동을 구성하게 될 것이다. 그러나 개별적인 감정이나 충동을 신념으로 생각하기 시작한다면 우리는 인간의 삶 전체를 보지 못하고 결국 부분을 전체로 착각함으로써 비합리적인 사고와 비이성적인 행동을 하게 될 것이다.

그러나 여기에서 주의할 것은 비합리적·비이성적 사고와 행동이 반드시 건전하지 못하다고 하는 것이 아니라는 점이다. 어떤 경우에는 비합리적인 사고와 행동이 합리적인 사고와 행동을 위한 촉진제가 되기도 하기 때문이다. 독일의 경우 현재 독일인들은 과거 히틀러의 비합리적인 정치적 활동을 반성하고 가능한 한 합리적인 노선을 걸어가려고 노력하고 있다. 모르긴 해도 일본의 경우도 그러할 것이다.

우리들 주변에서는 나이먹은 사람이나 사회의 직급상 윗자리에 있는 사람에게는 무조건 공손하여야 한다는 통념(通念)이 지배하고 있는 실정이다. 이러한 통념은 비합리적이라고 말할 수 있다. 무엇보다도 먼저 나이가 들었건 안 들었건 똑같은 인격을 가진 인격체로서의 인간이 중요하다. 이와 마찬가지로 왜 나이먹은 사람이 역사적·사회적 여건 아래에서 젊은 사람들로부터 존경받아야 하는지 여기에 대한 근거가 명확하여야 할 것이다. 사회적인 직책이 다를 경우도 이와 마찬가지이다. 따라서 무조건 나이 많은 사람에게 젊은 사람이 복종해야 한다거나 또는 사회적 직급이 높은 사람에게 직급이 낮은 사람이 순종하여야 한다는 것은 비합리적인 사고 방식이 아닐 수 없다. 이러한 점은 우리 주변의 남녀 문제에 관해서도 마찬가지이다. 여자는 가정에서 남편에게 복종하여야 하며 육체적으로 힘이 약하므로 직장에서 남성보다 적은 임금을 받아야 한다는 생각 역시 인격체로서의 인간을 벗어난 비합리적인 사고를 근거로 한다.

만일 어떤 국가가 오직 그 국가만의 번영을 목적으로 삼아서 다른 나라들에 대하여 테러 행위를 일삼고 심지어는 원자탄이나 수소탄까지 사용한다면 결과는 어떨 것인가? 그리고 만일 사회에서 특정한 몇 사람들이 그들의 이상적인 삶을 위하여 재산을 독점하든지 또는 지나치게 권력을 남용한다면 그 결과 또한 어떠할 것인가? 이러한 종류의 모든 사고와 행동은 비합리적이며 비이성적이다. 쇼펜하우어, 니체 또는 베르그송 등의 비합리주의적인 철학은 합리적인 세계 구성을 목적으로 한 것이었으므로 문자 그대로 비합리적·비이성적이라고 보기 어렵다. 그러나 어떤 국가가 그 국가만을 위하거나 또는 사회의 특정한 개인들이 그들만을 위하여 생각하고 행동할 경우 그러한 사고와 행동은 합리적인 세계 구성을 결코 목적으로 삼지 않고 있으므로 비이성적이자 비합리적이다. 따라서 비합리적인 사고는 삶 자체를 파괴시키며 인간의 가치를 무의미하게 만들

뿐이다. 비합리적인 사회는 역사가 진전함에 따라서 비록 문명을 발전시킬 수 있을지는 몰라도 문화 전통을 이룩할 수 없다. 이런 점에서 보자면 현대 사회는 다분히 비합리적인 특징이 강한 면을 보여준다. 인구의 폭발적인 증가, 경제적 빈곤, 과학 문명의 발달에 수반되는 공해, 전쟁의 위험 등은 과거 어느 때보다도 더 심하다. 이러한 상황은 비합리적인 문명의 발달을 지지해준다. 문명과 문화가 조화를 이루지 못한다면 사회는 비합리적으로 되고 따라서 인간은 자기 소외에 빠지지 않을 수 없다. 이러한 문제는 한 국가에서도 그리고 한 개인에서도 마찬가지이다. 합리적인 사고와 행동의 바탕을 소유하지 못할 경우 국가나 개인은 방향 감각을 상실하여 방황할 수밖에 없다.

결국 논리적인 생각은 인간이 합리적·이성적인 사고와 행동을 하기 위한 기초로서 요구된다. 우리들은 정확한 사고를 하고 충분한 증거가 뒷받침되는 추리를 하기 위하여 논리적으로 생각할 필요가 있다. 물론 논리적인 생각은 삶의 일부에 지나지 않는다. 그렇기 때문에 우리들은 논리적 생각을 기초로 삼으면서도 형식을 극복하고 내용이 충만한 삶으로 논리적 생각을 지양(止揚)시킬 수 있다. 논리적인 생각을 지양시키면서 우리들은 자아(自我)라든가 신이라든가 선 또는 아름다움의 문제에 직면할 수 있다. 그러나 논리적인 생각을 처음부터 무시한다면 우리들은 모두 공상과 착각 속에서 살고 있을 뿐이라는 결론이 성립한다. 우리들의 일상적인 생각뿐만 아니라 학문은 물론이요, 예술과 종교도 논리적 생각을 기본적인 바탕으로 삼고 있다. 한 줄의 시나 한 곡의 음악은 결코 공상이나 착각의 산물이 아니라 질서있고 논리적인 예술적 환상의 산물이다. 아무 것이나 멋대로 믿는다고 해서 그러한 형태가 종교라고 할 수는 없다. 특정한 교리와 신앙 대상과 종교 의식 및 종교 집단이 논리적으로 구성되어야만 종교다운 종교의 형태를 취할 수 있다.

논리적인 생각은 세계 자체 곧 세계 및 삶의 전체성에 대한 질서와 체계를 우리들 자신에게 일깨워준다. 그러므로 논리적인 생각은 합리적·이성적인 사고와 일치한다. 인간은 이성적인 동물이다. 그러므로 인간은 자신과 세계를 알고 나아가서는 참답게 구성하기 위하여 논리적으로 생각하지 않을 수 없다.

제 4 장
우리는 무엇을 어떻게 아는가

1. 나는 무엇인가

일상 생활은 물론이고 학문·예술 및 종교에 있어서도 앎의 문제는 매우 중요한 의미를 가지고 있다. 특히 학문의 세계에 있어서 가장 근본적인 문제는 앎의 문제이다. "나는 무엇을 아는가?" "나는 어떻게 아는가?" 이 문제는 인류의 역사가 시작되면서부터 오늘날까지 사람들이 끊임없이 물어왔으며 또한 수없이 다양한 입장에서 무수히 많은 종류의 답을 제시하여왔다.

앎의 문제에서 무엇보다도 앞서서 밝혀져야 할 것은 아는 자인 "자아"가 무엇인가 하는 점이다.* 나는 교실에서 가끔 학생들과 다음과 같은 대화를 주고받는 경우가 있다.

"정양 내가 지금 손에 들고 있는 것은 무엇인가?"
"책입니다."
"책이라고 말했는데 책이라는 사실을 어떻게 알지?"
"눈으로 보아서 압니다."

---

* 나라는 말은 각 개인이 자신을 지칭할 때 쓰는 개념이고 자아라는 말은 각 개인을 개인이게끔 하는 인간에게 공통된 인간됨의 근거를 일컫는다.

"그렇다면 장님은 이것이 책이라는 사실을 알 수 없을까?"
"손으로 만지면 알 수 있읍니다."
"그렇다면 정양, 이번에는 우리들의 관심의 방향을 좀 바꾸어 보기로 하세. 한 살 먹은 어린 아이도 이것이 책이라는 것을 알 수 있을까?"
"아마 모를 것 같습니다."
"한 살 먹은 어린 아이도 눈으로 보고 만지는 것은 마찬가지일 텐데 어째서 이것이 책이라는 것을 알 수 없을까?"
"……"
"정양, 그렇다면 좋아. 이제는 정양 자신의 문제로 돌아가서 대화를 해보기로 하세. 내 손에 있는 이것이 책이라고 아는 것은 지금 누구인가?"
"저 자신입니다."
"정양이 지금 저 자신이라고 말했는데 그것은 곧 나라는 말이겠지?"
"그렇습니다."
"그렇다면 정양의 '나'와 정양 옆에 지금 이마를 잔뜩 찌푸리고 심각하게 앉아 있는 송군의 '나'와는 서로 다른 '나'인가 아닌가?"
"물론 서로 다릅니다."
"그렇다면 정양의 '나'가 이것을 책으로 안다면 송군의 '나'는 이것을 다른 것으로 알 수 있지 않을까?"
"……"
"정양, 도대체 안다는 것은 무엇을 뜻하는가?"
"……"
"정양, 그렇다면 정양의 '나'라는 것은 도대체 무엇인가?"
"……"

위의 대화에서 우리들은 여러 가지 암시를 발견할 수 있다. 이 대화에는 주관과 객관의 문제, 앎의 과정 문제, 앎의 타당성 문제 등이 포함되어 있다. 이러한 문제들에 대하여 우리들은 이 장의 각 절을 통하여 비교적 상세히 음미할 수 있을 것이다.

나는 학생들과 함께 잠시 침묵 속에서 정리할 시간적 여유를 가진 다음에 또다른 학생과 같은 대화를 가진다.

"송군, 자네의 '나'와 자네 앞자리에 앉은 최양의 '나'는 분명히 서로 다른 '나'가 아닌가?"
"그렇게 생각합니다."
"그럼에도 불구하고 송군, 자네가 이것이 책이라는 것을 알고 마찬가지로 최양도 이것이 책이라는 것을 안다면, 자네의 '나'와 최양의 '나'는 똑같은 '나'가 아닐까?"
"그런 것 같습니다."
"그렇다면 자네의 '나'와 최양의 '나'는 같은 '나'이면서 동시에 다른 '나'라는 결론이 성립하지 않는가?"
"그렇지는 않은데 답하기가 매우 어렵습니다."

사실 각 개인들이 자기들을 가리켜서 "나"라고 할 때 그 "나"는 상당히 애매한 의미에서 쓰여지고 있다. 이와 같은 애매함을 제거하기 위하여 나는 다른 학생과 다음과 같은 대화를 계속한다.

"김군은 지금까지 우리들의 대화를 주의깊게 들었으리라고 생각하네. 우리들 인간은 처음에 부모의 난자와 정자가 결합하여 성장함으로써 인간의 형태를 띠기 시작하면서 모체로부터 양분을 섭취하고 열달 후 세상에 태어난다는 사실은 모두가 알고 있네. 태어난 후 우리들 각자는 비록 조금씩 차이는 날지라도 우유, 밥, 쇠고기, 돼지고기, 김치 찌개, 된장국 등을 먹으면서 커지기 마련이지. 그와 아울러 우리들은 부모나 형제 또는 친척이나 이웃 사람들의 흉내를 내면서 말을 배우게 되고 차차 학교에서 글도 배우고 책과 신문, 라디오, 텔레비젼 등을 통해서 여러 가지 지식을 소유하게 되네. 그렇다면 김군, 자네의 '나'는 결국 우유나 된장 찌개 그리고 책이나 텔레비젼에서 나온 요소로 된 것이 아닐까?"
"……"

이러한 대화는 사실 매우 중요한 문제이므로 우리들은 염증을 느끼고 빨리 피하거나 또는 별로 신통치 않은 문제로 믿어버릴 경향을 가지고 있다. 그러나 우리들은 앎의 문제를 다루는데 있어서 심리적·물리적인 차원과 철학적인 차원을 구분하지 않으면 안 된다. 왜냐하면 철학적인 차원에서는 앎의 문제를 어디까지나 필연성과 보편성의 입장에서 다루고 심리적·물리적인 차원에서는 자연적인 앎의 과정을 취급하기 때문이다. 자연적인 앎의 과정은 각 개인에 따라서 그리고 심지어는 한 개인의 다양한 상황에 따라서 천차만별일 수 있다. 그러나 철학적인 차원에 있어서의 앎은 보편성을 가지지 않으면 안 된다. 왜냐하면 철학은 기초학으로서 모든 다른 개별 학문들의 성립 근거를 밝혀주며, 나아가서는 개별 학문들의 나아갈 방향에 관한 의미와 가치를 제시해주기 때문이다. 그러므로 자연적으로 앎의 주체인 자아의 성격이 확정되지 않으면 안 된다. 자아의 성격이 밝혀지지 않을 경우 극단적인 회의론(懷疑論)에 빠지고 만다. 그러나 자아의 성격을 어떠한 입장에서 확정시키느냐에 따라서 우리들이 앎의 문제를 다룸에 있어서 경험론이라든가 합리론의 주장을 옹호하게 되며 또 어떤 경우에는 직관론의 주장을 지니게 된다. 우리들은 행위와 믿음의 주체로서 그리고 아름다움과 추함을 판별하며 삶의 목적을 추구하는 주인으로서 또한 대상을 아는 주관으로서 자아를 전제로 삼지 않을 수 없다. 그렇다고 할지라도 지금까지 여러 가지 입장에서 주장한 각각의 자아를 절대적인 것이라고 옹호할 수는 없다. 비록 철학적인 입장에서의 자아라고 할지라도 그것은 견해의 차이에 따라서 상이한 모습을 지닐 것이기 때문이다.

2. 극단적 의심

앎의 문제는 무엇보다도 우선 자아가 어떤 성질의 것이냐에 따라서 크게 좌우된다. 자아가 극단적으로 감각과 동일시될 경우에 성립하는 앎은 상대적인 앎뿐이며 상대적인 앎이 도달하는 곳은 회의론(懷疑論)이다. 자아를 경험의 종합과 일치하는 것으로 볼 때 성립하는 앎은 경험적 앎이다. 이와는 반대로 자아를 정신 내지는 이성과 똑같이 생각할 때 성립하는 앎은 이성적인 앎이다. 그런가 하면 자아를 직관적인 주체로 여길 때 성립하는 앎은 직관적인 앎이다. 이곳에서는 극단적인 의심의 경우를 살펴보기로 하자.

사람들은 누구나를 막론하고 청소년 시절에 한번쯤은 극단적으로 모든 것을 의심하는 경험을 소유한다. 정열은 넘쳐흐르지만 현재가 모순 덩어리로 느껴지며 미래는 불확실하고 과거는 정리되지 않은 채로 어수선하기가 일쑤이다. 상당히 많은 젊은이들이 "도대체 나는 공부를 무엇 때문에 하는가?", "내가 기술을 배워서 어쩌자는 것인가?", "나는 왜 살아가고 있는가?", "나는 무엇인가?" 등 무수히 많은 물음을 던지며 고뇌에 찬 밤을 보내기 마련이다. 많은 젊은이들이 삶 전체에 대하여 극단적으로 의심하게 된다. 최악의 경우에는 허무주의에까지 빠질 수 있으며 정치적으로는 무정부주의라든가 테러리즘에 가담할 수도 있다. 그러나 "내가 무엇을 알고 있으며 또한 알 수 있는가? 결국 나는 아무 것도 알 수 없다"고 앎에 대하여 극단적으로 의심할 때 우리들은 회의론자(懷疑論者)가 된다.

모든 존재자를 극단적으로 의심하는 입장은 앎의 주체를 감각적인 육체로 생각한다. 어떤 사람은 각 개인이 아는 것은 각 개인에게 고유한 것으로서 공통의 보편적인 앎이란 있을 수 없다고 생각한다. "나에게는 각각의 개별적인 것들이 나에게 나타나는 그대로이며 너에게는 너에게 나타나는 그대로이다"라고 주장하는 사람이 있다면, 이 사람은 ① 앎의 공통적이고도 보편적인 주관인 인간의 자아가 아니라 개별적인 개인을 앎의 주체로 보며 따라서 ② 보편적·필연적인 이성이 아니라 감각을 앎의 주인으로 보므로 ③ 앎은 개인마다에 따라서 이럴 수도 있고 또한 저럴 수도 있다. "인간은 만물의 척도이다". "존재자들에 대해서는 그것들이 존재한다는 것에 대한 척도이며 존재하지 않는 것들에 대해서는 그것들이 존재하지 않는다는 것에 대한 척도이다."* 고대 희랍에서 앎의 문제에 대하여 회의적인 견해를 극단적으로 나타낸 사람들을 일컬어 우리들은 그들을 궤변론자라고 부른다. 이들은 자아를 인정하지 않았다. 설령 자아를 인정했다고 할지라도 그것은 감각적인 자아이다. 그러므로 그들 중의 한 사람은 왼쪽 눈을 감고 오른쪽 눈으로 보는 사물과, 반대로 오른쪽 눈을 감고 왼쪽으로 보는 사물은 다르기 때문에 일정한 한 대상에 대한 앎도 개인의 상황에 따라서 달라진다고 주장하였다.** 이들이 주장하는 인간은 특수한 상황에 좌우되는 개인을 말한다. 궤변론자들은 모든 사람에게 보편적인 앎을 성립시켜주는 공통된 자아를 인정할 수 없었다.

극단적인 경우 궤변론자들 중의 한 사람은 다음처럼 주장하였다. "아무 것도 존재하지 않는다. 만일 어떤 것이 존재한다고 할지라도 인간은 그것을 알 수 없다. 만일 그것을 알 수 있다고 할지라도 그것을 남에게 전달할 수 없다."*** 이 예를 보면 궤변론자들이 앎의 문제에 있어서 얼마나 감각에 의존했는지를 알 수 있다. 눈에 들어오는 구름을 살펴보기로 하자. 새벽녘 아침 해가 뜰 무렵 구름은 붉으레한 색을 띤다. 한낮의 구름은 희디희다. 석양이 질 무렵의 구름은 진홍빛이다. 넓은 벌판에 기차길이 있다고 하자. 두 가닥의 기차길은 나로부터 멀어질수록 서로 가까워지다가 결국 아득한 곳에서는 한 곳으로 합치고 만다. 만일 감각을 앎의 근원으로 삼는다면 우리들은 무엇이 무엇인지를 분간할 수 없게 되어 ① 순간순간의 앎만이 진리이고 영원한 진리란 있을 수 없으며 ② 나아가서는 아무 것도 알 수 없다고 하는 극단적인 의심을 하지 않을 수 없다. 나는 교실에서 학생들과 대화를 하면서 흔히 그들이 극단적인 의심을 경험하게 되는 경우를 볼 수 있다.

---

* 이들 두 가지 인용문은 프로타고라스의 말이다.
** 프로타고라스의 주장.
*** 고르기아스의 말.

"자 여러분, 시간에 관해서 이야기를 나누어봅시다. 그러면 강양, 지금 강양의 시계를 보고 몇 시인지 말해보게."
"11 시 30 분입니다."
"지금 강양이 시계를 보고 11 시 30 분이라고 말했읍니다. 시계에 나타난 수가 시간인가 아니면 그 수를 읽는 인간의 마음이 시간인가?"
"시계에 나타난 수와 그것에 일치하는 인간의 마음이 시간입니다."
"강양, 그러면 좀더 정리해봅시다. 각자의 시계가 나타내는 수가 조금씩 다를 때는 시간을 무엇이라고 할 수 있나요? 특히 좋아하는 사람과 한 시간 동안 있을 때와 싫어하는 사람과 한 시간 같이 있을 때를 비교해보게. 이때 시계상의 시간은 한 시간인 데도 각각의 시간에서 앞의 경우는 매우 짧은 한 시간이고 뒤의 경우는 상당히 긴 한 시간일 텐데. 그렇다면 시간이란 무엇일까? 그리고 우리는 시간을 보통 과거와 현재와 미래로 나누는데 과거는 과연 있는 것일까? 강양이 5 살일 때의 과거를 찾을 수 있는가?"

이 경우 질문을 받은 학생은 일반적으로 극단적인 의심에 빠지기 마련이다. 철학이 무엇인지 모르다가 철학에 관심을 가지고 한 학기나 두 학기 철학 강의를 시험삼아 들어본 학생들 중 일부는 극단적인 의심에 빠져서 학문에 흥미를 잃어버리는 예도 있으며, 어떤 학생은 자신의 무지를 드러내기 싫어서 아예 철학과는 담을 쌓고 자신의 개별 학문에만 전념하거나 아니면 상식이 최고라는 신념을 강하게 붙잡으려고 애쓴다. 그러나 많은 학생들은 극단적인 의심을 점차로 벗어나서 어느 정도 합리적인 생각을 하기 시작한다.

만일 어떤 사람이 극단적인 의심에서 헤어나지 못하고 계속하여 회의론자로 남아 있는다면 그는 자신의 사고와 행동에 있어서 혼란만을 맛볼 것이며, 사회에 대하여도 역시 아무런 의미나 가치를 제공하지 못할 것이다. 그러나 그가 극단적인 의심을 단지 올바른 앎에 도달하기 위한 방법으로 거치거나 아니면 참다운 앎에 이르기 위한 과정으로 거친다면 그것은 그에게 긍정적인 의미를 제공하여줄 것이다.

3. 직관적인 앎

앎의 문제에 대하여 극단적으로 의심하는 사람은 감각을 근거로 하여 앎을 성립시키고자 한다. 그러나 이러한 태도와는 정반대로 사물을 직접적으로 알 수 있다고 주장하는 사람들이 있으니 이러한 사람들을 일컬어 직관론자라고 부른다.

직관적으로 대상을 안다고 말하는 사람들은 ① 인간의 일반적인 인식 능력(認識能力)인 감각적 감성이나 또는 정신이 그릇된 것을 우리들에게 제공해준다고 믿거나 ② 감성이나 이성은 불완전한 앎을 가져다주고 오직 직관만이 참다운 앎을 가져다준다고 생각한다.

물론 직관이라는 말은 여러 가지 의미에서 쓰여지고 있다. ① 일상적으로 막연한 의미에서는 다소 미신적인 뜻으로 직관이라는 말이 사용된다. "너는 직관력이 탁월해. 그저께 네가 이틀 후에 나에게 작은 불행이 닥치리라고 말했었지? 사실 오늘 아침 나는 대문을 나서다가 문턱에 걸려 넘어져서 엄지 발가락이 삐고 말았어." 이 예에서 그리고 이와 비슷한 예에서 우리들은 "그냥 알아맞힌다" 또는 "이유는 모르겠지만 그저 환히 알고 있다"라는 뜻에서 직관이라는 말을 사용한다. 내가 아는 어떤 동양 철학의 노대가(老大家)가 가끔 이런 말을 하는 것을 들은 일이 있다. "벽을 대하고 앉아서 며칠을 꼼짝하지 않고 앉아 있자니 어느 순간엔가 세상만사의 이치가 환히 빛나는 것이었어." 이 말 역시 근거는 모르지만 그저 모든 것을 환하게 안다는 의미에서 직관이라는 용어를 암암리에 사용하고 있음을 알 수 있다. 이러한 종류의 직관은 근거가 없는 것이요, 한 개인이 자신의 능력이 탁월하다는 것을 과시해보고자 하는 미신적인 요소가 다분한 직관이다. ② 인간에게만 유일한 감각의 성질이라는 의미에서 직관이라는 말을 사용할 수 있다. 이 경우 직관은 항상 직관 형식과 결부되어 있다.* 감성 형식(感性形式)은 곧 직관 형식이다. 직관 형식은 시간과 공간이다. 이 입장에서는 시간이나 공간을 인간의 외부에 있는 어떤 것으로 보지 않고 우리들 인간이 사물을 받아들일 수 있는 감성의 틀로 본다. 강이나 내에서 물고기를 잡을 때 우리들은 그물을 사용한다. 그물은 물고기를 걸리게 하는 틀이다. 시간과 공간도 마치 이 그물과 같은 틀로서 사물이 일단 틀에 걸려서 앎의 시초가 이루어진다는 말이다. 우리들은 흔히 공간과 시간을 참으로 우리들의 밖에 있는 것으로 생각하지만 사실 공간과 시간은 아무 곳에서도 발견되지 않는다. 창 밖에 있는 저 나무가 공간인가? 멀리 보이는 저 산이나 저수지가 공간인가? 인간의 감각적 성질에는 불변하는 틀로서 공간과 시간이 있는지 모른다. 그리하여 저 나무는 이 나무보다 크다든가 또는 기차는 자전거보다 빠르다고 우리들이 생각하게 될 것이다. ③세번째로 우리들은 인간의 가장 높은 능력으로서 직관을 생각할 수 있다. 감성이나 오성(悟性)** 또는 이성은 인간의 한계를 드러내놓으면서 사물을 부분적으로만 파악한다. 단계적으로 완전함을 부여하자면 감성보다는 오성이 그리고 오성보다는 이성이 한층 더 완전하다. 감성은 부분적·피상적으로 사물을 아는 데 비하여 오성 및 이성에 이를수록 점차로 사물을 전체적·내면적으로 알게 된다. 그리하여 어떤 사람들은 인간이 소유할 수 있는 가장 완전한 능력을 직관이라고 본다. 이들에 의하면 직관은 이성을 초월하며 따라서 이성보다 더, 한결 더 완전한 인식 능력이다. 이러한 직관은 사물 자체를 알며 사물과 인간이 일치할 수 있게 해준다.***

기독교 신비주의의 전통에서는 하느님을 "본다"고 말한다. 여기

* 칸트는 직관 형식과 범주의 결합으로 인식, 곧 앎이 이루어진다고 한다.
** 오성은 분별력이다. 우리들은 오성에 의해서 대상을 구분하며 헤아린다.
*** 소위 신비주의자들의 인식론은 일반적으로 직관주의이다. 그러므로 쿠자누스, 베르그송 등의 인식론은 직관주의적이다.

에서의 "봄"은 감각적인 눈으로 보는 것이 결코 아니다. 이들이 "본다"고 말할 때 그 "봄"은 사물을 전체적·내면적으로 안다는 것으로서 그것은 사물과의 공감(共感)을 말한다. 김소월의 《진달래꽃》을 읽으면서 우리들은 시의 형식을 논하고 물체를 분석하며 또한 시인의 시적 감각을 논할 수 있다. 그러나 《진달래꽃》 전체를 귀절귀절 공감할 때 김소월의 이 시를 참답게 안다고 말할 수 있다. 또한 김중업이 그린 소를 바라보면서 김중업의 미술 세계를 이야기할 경우 김중업의 심리 상태가 어떻다든가 그림 속의 소가 젖소냐 아니면 육우(肉牛)냐를 논할 수 있다. 그러나 소그림 자체를 전체적으로 공감할 때 비로소 김중업의 그림을 안다고 말할 수 있다. 제주도에 관한 사진이나 책자를 보고 제주도를 안다고 말하는 사람이 있을 것이다. 그러나 제주도에 직접 가서 체험하고 공감할 때 어떤 다른 수단을 이용한 것보다도 제주도를 참다웁게 알 수 있을 것이다.

이러한 직관론의 입장에서는 경험적인 감각이라든가 또는 감성적 직관을 피상적인 것으로 취급하게 되므로, 사물을 직접 아는 직관에 의해서만 사물을 참다웁게 전체적·내면적으로 파악할 수 있다고 주장한다. 그러나 경험적 감각과 감성적 직관이 부분적인 것과 마찬가지로 신비적인 직관도 부분적이지 않는가 하는 물음이 생긴다. 왜냐하면 모든 사람들이 그와 같은 직관을 가지고 있다고 믿는 것이 아니기 때문이다. 어떤 사람은 그와 같은 직접적인 직관을 가진 인간이란 개미나 벌과 같다고 본다.*

우리들은 하나의 세계 속에서 여러 가지 수없이 많은 현상이 전개되고 있음을 잘 알고 있다. 그러므로 우리들은 언제나 전체인 하나와 무수히 많은 부분들이 필연적인 상호 관계를 맺고 있다는 사실에 주의를 기울인다. 오직 전체만이 있다거나 아니면 부분들만이 있다고 주장하는 것은 한낱 독단론에 지나지 않을 것이다. 음식의

* 러셀이 직관주의자인 베르그송을 비난하면서 든 비유이다.

맛을 보면 곰탕은 곰탕대로 비빔밥은 비빔밥대로 한 맛[一味]을 가지고 있다. 그러나 한 맛은 여러 가지 부분적인 맛들이 모여서 이루어진다. 앎의 문제도 마찬가지일 것이다. 감성이나 오성 또는 이성이나 직관 어느 한 부분만 절대적으로 참다운 앎을 성립시켜준다는 주장은 독단론을 면하기 어렵다. 왜냐하면 그러한 주장은 전체를 무시하고 부분에 불과한 자기 자신만을 고집하기 때문이다. 참다운 앎이란 결국 전체적인 연관과 맥락 속에서만 성립할 수 있다.

4. 감각경험

일상적인 앎 및 그것을 보다 발전시킨 형태는 경험론에서 찾아볼 수 있다. 앎은 감각 경험을 토대로 하여 성립한다고 주장하는 입장을 경험론이라고 부른다. "이것은 무엇인가?" "장미꽃입니다." "장미꽃이라는 것을 어떻게 아는가?" "눈으로 보니까 압니다." 이 대화에서 알 수 있는 것은 일상적인 앎이 대체로 감각을 근거로 성립한다는 사실이다. 일상적인 앎의 문제를 체계화시키면 경험론의 입장에 서게 된다. 앎의 문제에 있어서 경험론은 행동주의 심리학과 매우 가까운 관계를 가진다.

경험론적인 앎의 입장을 살펴보기 위해서는 우선 인간의 생리적인 구조를 살펴볼 필요가 있다. 인간은 무수한 세포로 이루어져 있으며, 인간의 행동은 신경 세포들의 자극과 반응에 의해서 이루어진다. 머리와 등에는 중추 신경이 펴져 있으며 손과 발 및 피부에는 말초 신경이 뻗어 있다. 예컨대 우리들이 바다를 본다고 하자. 바다로부터 반사되는 광선이 우리들 눈에 부딪쳐 망막에 상이 맺어진다. 수많은 신경 세포들은 화학 물질을 분비하고 이 화학 물질에 의해 미소한 전기 작용이 이루어지면서 신경 세포들의 상호 작용과 결과가 형성된다. 망막에 맺어진 바다의 상은 다시 중추 신경에까지 전달되어 중추 신경에서는 "바다"라는 관념을 산출해낸다. 이 설명은 "바다"라는 관념이 생기는 과정을 행동주의 심리학의 견지에서 분석할 때 성립한다. 결국 행동주의 심리학이 경험론을 근거로 나타나는 것임을 안다면 경험론적인 앎의 문제와 행동주의 심리학의 앎의 문제가 큰 차이가 없다는 것을 알 수 있다.

하나의 대상이 있다고 하자. 우리는 그 대상이 장미꽃이라는 것을 안다. 장미꽃은 관념이다. 그러면 경험론의 입장에서는 장미꽃이라는 관념이 어떻게 생긴다고 보는가? 경험론에서는 일반적으로 자아의 존재를 인정하지 않는다. 이것은 이성적인 자아가 불변하게 있다든가 또는 직관적인 자아가 있다고 주장하는 입장과는 전혀 다른 차원에 서 있다. 우선 우리들은 어떤 대상을 눈으로 보고 손으로 만지며 코로 냄새를 맡거나 소리를 들으며 혀로 맛본다. 오감(五感)이 대상에 대하여 느끼는 상을 인상(印象)이라고 할 수 있다.* 인상은 대상과 가장 가까운 것이며 우리들에게는 매우 직접적이고 생생한 것이다. 그러나 아직 그 대상을 무엇이라고 딱 집어서 정의(定義)하는 단계는 아니다. 지금 막 한 대상을 보거나 만졌을 때 나타나는 상이 바로 인상이기 때문이다. 애인과 황홀경 속에서 지독한 연애에 빠져 있을 때 나는 내가 사랑한다든가 어떤가의 생각을 하지 못한다. 왜냐하면 나는 가장 직접적인 사랑의 상황에 처하여 있기 때문이다. 세월이 지나고 느낌이 점차로 약하여지면 나는 "지독하게 열렬히 그 여인을 사랑했었다"고 확실히 정의를 내리게 된다. 수영할 경우도 마찬가지이다. 나 자신을 잊고 물 속에서 헤엄칠 때 나는 직접적인 상황에서 생생하게 처하여 있으므로, 내가 수영하고 있다고 결정적으로 말할 수 없다. 그러나 점차로 나의 행동이 희미해지면 "내가 수영하고 있구나" 또는 "내가 헤엄치고 있었

* 나는 경험론적 인식론의 대표로 흄의 인식론을 택하였다.

구나"라고 분명하게 정의를 내린다. 눈으로 보고 냄새를 맡아본 다음 사물에 대한 인상이 점점 약해지면 나는 "이것은 장미꽃이다"라고 정의를 내린다. 눈으로 보고 손으로 만질 때의 사물에 대한 생생한 상을 인상이라고 한다면 인상이 약화되어 일정한 개념이 된 "장미꽃"은 관념이다. 그러므로 경험적인 앎을 지각(知覺)이라고 할 때 지각은 인상과 관념으로 구성된다고 말할 수 있다.

보다 상세하게 경험론의 입장에서 설명하는 앎의 성립을 묘사하면 다음과 같다. 어떤 대상이 내 앞에 있다. 나는 그 대상을 보거나 만진다. 이때 대상에 대한 생생한 인상이 생긴다. 이 인상은 아직 어떤 개념으로 말할 수 없다. 이 인상이 점점 약해지면 그 대상에 대한 개념이 생긴다. 그리하여 결국 "장미꽃"이라고 하는 말은 대상을 규정하는 관념이 된다. 경험론에서는 이성이나 정신을 인정할 수 없으며, 따라서 자아도 인정할 수 없다. 기껏 자아라고 한다면 관념을 형성하는 과정을 담고 있는 육체가 바로 자아일 수밖에 없다. 그러나 자아라고 하는 것은 언제나 변하지 않고 남아 있는 인간의 기초라는 의미에서만 의미있으며 이성과 정신을 소유한 주체를 자아라고 한다.

그러면 자유라든가 신이라든가 또는 자아와 같은 추상적인 관념은 감각 경험에서 생길 수 없는 것인데 어떻게 설명되는가? 이러한 물음은 당연히 나올 만하다. 그러나 감각 경험에서 생긴 관념을 기반으로 하여 간접적으로 연상 작용에 의해서 자유나 신과 같은 추상 관념이 생긴다고 주장할 수 있다. 그러므로 결국 앎은 관념으로 나타나며 모든 관념은 일상적인 습관의 산물에 불과하다는 결론이 나온다. 그러기에 습관에 따라서 사람들은 한 그루의 나무를 가지고 제각기 그것을 크다고 그리고 작다고, 아름답다고 그리고 추하다고 말할 수 있는 것이다. 따라서 경험론적인 입장에서의 앎은 이럴 수도 저럴 수도 있는 것이므로 상대적이다. 모든 학문의 지식도 상대적일 수밖에 없다. 또한 앎이 성립하는 확고 부동한 근거도 보장되지 않는다. 감각 경험에 의해서 앎이 성립한다고 주장하는 입장은 ① 물질적인 대상과 물질적인 인간의 인식 기능을 주장하므로 세계를 유물론(唯物論)의 차원에서 설명하려 하고 ② 수학적 개념이나 양심과 같은 인간 본래의 고유한 산물을 부인함으로 인하여 ③ 상대적인 앎을 인정하게 되어 ④ 결국에 가서는 앎의 근거를 습관에 돌림으로써 앎의 보편성에 대한 의심을 제기하지 않을 수 없다.

감각 경험을 근거로 하여 앎이 성립한다고 주장하는 경험론은 우리들에게 앎이 생기는 과정을 치밀하게 제공하여준다. 그러나 처음부터 감각만을 전제로 삼기 때문에 결과적으로 감각 경험에 의해서 알게 된다는 순환적인 주장에 빠지게 된다. 인간이 다른 동물과 달리 학문과 예술 및 종교를 추구하는 것 역시 감각 경험을 기초로 한다고 주장한다면 그것은 인간을 다른 동물이나 식물, 나아가서는 단순히 물질적인 돌멩이나 쇠조각과 똑같이 본다는 이야기가 되고 만다. 이러한 이야기는 콤퓨터가 극도로 세밀해지면 인간과 전혀 다를 것이 없다는 극단적인 결론에 도달하고 만다. 그러나 인간과 같은 차원에서 과연 콤퓨터의 자유, 콤퓨터의 사랑, 콤퓨터의 고민, 콤퓨터의 양심을 이야기할 수 있을까? 만일 그렇게 이야기할 수 있다면 그것은 기껏해야 인간이 콤퓨터로 하여금 인간을 흉내내도록 만든 프로그램에 지나지 않을 것이다. 콤퓨터도 인간과 마찬가지로 자유롭게 자기 결단과 자기 반성에 의하여 짝을 찾고 새끼 콤퓨터를 사랑에 의해서 출산할 수 있을 것인가? 경험론은 인간을 지나치게 단순하게 관찰하는 경향을 가지고 있으며 그렇기 때문에 앎 역시 기계적으로 성립한다고 주장한다.

인간은 지구상의 모든 존재자들 가운데서 가장 복잡하며 신비스러운 존재이다. 그렇기 때문에 그에게는 선과 악이 그리고 아름다움과 추함이 또한 있음과 없음 그리고 있음의 근원 및 참다운 앎과 거짓이 삶의 중대한 문제로 제기되는 것이다. 인간은 자신의 전체를 통하여 대상을 안다. 감각 경험은 인간이 대상을 아는 데 있어서 한 부분을 구성할 뿐이다.

5. 이성과 앎

"인간은 이성적 동물이다"라는 말에는 인간이라면 누구나 이성적으로 생각하고 행동하기 마련이라는 뜻이 포함되어 있다. 이성(理性)이라는 개념에는 사고(思考) 내지는 정신이라는 의미가 들어 있다. 그러므로 우리들은 이성을 감각이나 감정과 대립시킨다. 밤과 낮을 가리지 않고 정열적으로 그림을 그리는 화가를 가리켜서 우리들은 감정이 풍부한 열정적인 사람이라고 부른다. 앞과 뒤도 가리지 않고 자신을 모조리 망각한 채로 한 여인을 사랑하는 사람을 가리켜서 우리들은 열정적인 사람이라고 부른다. 그러나 상황을 차근차근 보살피며 조심스레 한걸음씩 걸어가는 사람을 일컬어 우리들은 이성적인 인간이라고 말한다. 장사하는 젊은이가 사이가 막연한 친구와 거래를 하면서도 조목조목 따지면서 한푼의 에누리도 없을 때 우리들은 그 젊은이를 냉정한 젊은이라고 말한다. 이성이라고 할 때 그것은 쉽사리 변하여 기복이 심한 감정과는 달리 질서와 체계를 가진다.

이성에 의해서 확실한 앎이 성립한다고 주장하는 사람들은, 감각 경험에 의한 앎을 주장하는 사람들과는 달리 인간의 본질이 자아에 있다고 보며 자아의 근본적인 특징을 이성에 둔다. 감각 경험을 앎의 근거라고 주장하는 사람은 우선 인간에게는 이성이라는 것이 없다는 사실을 증명한 다음에 오직 감각 경험에 의해서만 앎의 시초가 열리기 시작한다는 것을 입증하기 시작한다. 마찬가지 방법으로 이성에 의해서 확실한 앎이 이루어진다고 주장하는 사람은 감각 경험 및 이와 유사한 것들에 의해서는 명확한 앎이 성립될 수 없음을 밝힌 다음에 오로지 이성에 의해서만, 다시 말해서 확고 부동한 자아의 사고 능력에 의해서만 참다운 앎이 가능하다는 사실을 증명하고자 한다.

다음과 같은 질문을 살펴보기로 하자. "당신은 5+7=12라는 사실을 안다. 또한 $5^3 \times 7^3 = 42,875$ 라는 것도 안다. 그렇다면 당신은 이러한 수학 계산을 눈으로 보아서 아는가? 아니면 맛보거나 만지거나 들어서 아는가?" 단지 눈으로만 보고 머리 속으로 계산하지 않으면 아무런 답도 얻을 수 없다. 더우기 냄새 맡거나 소리를 들으려고 하면 그것은 불가능하다. 수학 계산은 분명히 정신적으로 사고(思考)하지 않으면 전적으로 불가능하다. 또 다음과 같은 질문을 살펴보기로 하자. "당신의 자유는 감각에 의해서 알려지는가 아니면 감정에 의해서 알려지는가? 그것도 저것도 아니라면 당신의 자유는 당신의 생각에 의해서 알려지는 것이 아닌가?" 우리는 손으로 만져서 자유를 알 수 없다. 손으로 만지면 보드라운 것, 껄껄한 것, 딱딱한 것, 물렁물렁한 것 등이 나에게 알려진다. 냄새를 맡아도 경우는 다르지 않다. 냄새 맡으면 향긋한 내음, 타는 내음, 싱그러운 풀내음, 구린내음 등을 알 수 있다. 자유 역시 생각에 의해서 나에게 알려진다. 그렇다면 감각 경험 및 이와 유사한 것들이 참다운 앎을 제시해주지 못하므로 결국 이성적인 사고에 의해서만 확실한 앎이 성립한다는 주장을 살펴보기로 하자.*

지금까지 내가 참되다고 여겨온 모든 것을 나는 감각으로부터, 혹은 감각을 통하여 받아들였다. 그런데 이 감각들은 가끔 속인다는 것을 나는 경험하였다. 그리고 한번이라도 우리를 속인 것에 대하여는 결코 전폭적인

* 여기에서 나는 데카르트의 이론을 중심으로 하여 이성적 인식을 주장하는 입장을 살펴보겠다.

신뢰를 하지 않는 것이 현명한 일이다.

그러나 아주 작은 것과 아주 먼 곳에 있는 것들에 관하여는 감각이 가끔 우리를 속이지만, 감각을 통하여 알게 된 것들 가운데도 도저히 의심할 수 없는 것이 많다. 가령 내가 지금 여기 있다는 것, 난로가에 앉아 있다는 것, 겨울 옷을 입고 있다는 것, 이 종이를 쥐고 있다는 것, 이 밖에 이와 비슷한 것은 도저히 의심할 수 없다. 나의 이 손과 이 몸이 내 것이라는 것을 어떻게 부정할 수 있을까? 이것을 부정하는 것은 마치 내가 미친 사람들 축에 끼어들어가려는 것이나 다름없다. 그들은 검은 담즙에서 올라오는 나쁜 증기 때문에 뇌가 아주 뒤집혀져서 알거지이면서 임금이라고 우겨대며, 또 벌거벗고 있으면서 자주빛 옷을 입고 있다느니, 머리가 진흙으로 되어 있다느니, 자기의 몸 전체가 호박이라느니, 유리로 되어 있다느니 하면서 고집하는 것이다. 그러나 그들은 미쳤을 따름이요, 나도 만일 그들의 흉내를 낸다면, 그들 못지 않게 미친 사람 취급을 받을 것이다.

하지만 나는 인간이다. 그래서 밤에는 으례 잠을 자고, 꿈속에서는, 미친 사람들이 깨어 있을 때에 머리에 그리는 것과 똑같은 것을 모두, 그리고 때로는 그보다 더 엉뚱한 것을 머리에 그린다. 밤에 잠들어 있을 때, 나는 옷을 벗고 침대에 누워 있건만, 깨어 있을 때처럼 내가 여기 있다고, 옷을 입고 있다고, 난로가에 앉아 있다고 몇 번이나 믿었던가? 그러나 지금 이 종이를 보고 있는 내 눈은 분명히 깨어 있다. 내가 움직이고 있는 이 머리는 잠들어 있지 않다. 나는 어떤 의도를 가지고 또 의식하면서 이 손을 펴며, 또 이것을 나는 감각하고 있다. 잠들어 있을 때에는 모든 것이 이렇게 판명하지는 않을 것이다. 그러나 여기 대해서 주의깊게 생각해 볼 때, 나는 잠들어 있을 때, 이와 비슷한 착각에 의하여 가끔 속았던 것이 생각난다. 이러한 생각을 곰곰이 하고 있노라면, 깨어 있는 것과 잠들어 있는 것을 확실히 구별할 수 있는 표적이 전혀 없음을 보고 나는 몹시 놀란다. 그 놀람이 어찌 큰지 나는 지금 꿈꾸고 있다고 믿을 지경이다.

그러면 지금 우리가 꿈을 꾸고 있다고 하자. 그리고 저 개별적인 것들, 즉 우리가 눈을 뜨는 것, 머리를 움직이는 것, 손을 펴는 것 및 이와 비슷한 것들은 참된 것이 아니라고 하자. 또 아마 우리는 손도 몸 전체도 전혀 가지고 있지 않다고 하자. 그러나 잠들어 있을 때에 보이는 것은 현실적으로 있는 것을 모방하지 않고서는 만들 수 없는 화상(畵像)과 같은 것이요, 따라서 적어도 이 일반적인 것들, 즉 눈·머리·손·몸 전체는 공상적인 것이 아니라 참된 것으로 현존한다는 것을 인정하지 않으면 안 된다. 왜냐하면 사실 화가들은 세이렌이나 사튀로스를 더할 나위 없이 기괴

한 모양으로 그리려고 노력할 때에도, 전혀 새로운 본성을 그것들에다가 부여할 수는 없고, 다만 갖가지 동물의 여러 가지 부분을 이리저리 뒤섞을 따름이기 때문이다. 혹은 설사 그들이 비슷한 것을 전혀 볼 수 없을 만큼 신기하고 따라서 전혀 허구요, 허위라 할 만한 것을 생각해낸다 하더라도 적어도 그것을 구성하는 빛깔들은 참된 것이 아닐 수 없다.

그리고 똑같은 이유에서, 비록 이 일반적인 것들, 즉 눈·머리·손 및 이와 비슷한 것들이 공상적인 것일 수 있다손 치더라도, 적어도 이보다 더 단순하고 보편적인 것들은 참되고 현존한다는 것, 그리고 우리들의 생각 속에 있는 사물의 상(像)들은 모두 참된 것이건, 거짓된 것이건, 위에 말한 신기한 것이 참된 빛깔로 구성되어 있는 것과 꼭 마찬가지로, 이와 같은 보편적인 것들로써 만들어져 있다는 것을 인정하지 않으면 안 된다.

이러한 종류에 속하는 것으로 생각되는 것은 물체적 본성 일반 및 그 연장, 그리고 연장을 가지고 있는 것들의 모양, 이것들의 양, 즉 이것들의 크기와 수, 또한 이것들이 있는 장소, 이것들이 지속하는 시간 등이다.

그러므로 이로부터 다음과 같은 결론을 내려도 무방할 것이다 — 자연학, 천문학, 의학 및 이 밖에 복합된 것들의 고찰에 의존하는 모든 학문은 매우 의심스러운 것들이지만, 대수학, 기하학 및 이런 성질의 학문들은 극히 단순하고 극히 일반적인 것들만을 취급하고, 또 이런 것들이 자연 속에 있는가 없는가 하는 것은 문제삼지 않기 때문에, 확실하고 의심할 수 없는 어떤 것을 내포하고 있다고. 왜냐하면, 내가 깨어 있건, 잠들어 있건 2에 3을 더하면 언제나 5요, 4각형은 4변밖에 가지지 못하며, 또 이와 같이 분명한 진리들이 허위의 혐의를 받을 수 있다고는 생각되지 않기 때문이다.

……

그러므로 나는 진리의 원천인 최선의 하느님이 아니라, 더할 나위 없고 유능하고 교활한 어떤 악한 영이 온갖 재주를 부려 나를 속이려 하고 있다고 가정하련다. 하늘·공기·땅·빛깔·모양·소리 및 모든 외적인 것은 악한 영이 내 쉽사리 믿는 마음을 움켜쥐기 위하여 사용하는 환영이요, 속임수일 따름이라고 생각하련다. 또 나 자신은 손도 없고, 눈도 없고, 살도 없고, 피도 없고, 아무 감각 기관도 없고, 다만 잘못하여 이 모든 것을 가지고 있다고 생각하는 것이라고 생각하련다. 나는 완강하게 이 생각을 견지하련다. 이렇게 하면 어떤 참된 것을 인식하는 것이 내 힘에 겨운 일이라고 할지라도 거짓된 것에 결코 동의하지 않는다는 것만은 확실히 내가 할 수 있는 일이다. 이런 까닭에 나는 저 기만자가 아무리 유능하고 교활하더라도 나에게 아무 것도 강요하지 못하도록 조심하련다.*

그러나 이제는 내가 오로지 진리 탐구에 몰두하고자 하기 때문에, 이와 아주 반대되는 일을 해야 한다고 생각하였다. 즉, 조금이라도 의심할 수 있다고 생각되는 모든 것을 절대로 거짓된 것으로서 버리고 이렇게 한 후에 전혀 의심할 수 없는 어떤 것이 내 신념 속에 남지 않을는지 보아야 한다고 생각하였다. 이리하여 우리의 감각이 때때로 우리를 속이기 때문에, 감각이 우리의 마음 속에 그려주는 대로 있는 것은 아무 것도 없다고 나는 상정하려 하였다. 그리고 기하학의 가장 단순한 문제에 관해서도 추리를 잘못하여 여러 가지 오류 추리를 하는 사람들이 있으므로, 나도 다른 누구 못지 않게 잘못에 빠질 수 있다고 판단하고서, 내가 전에 논증으로 보았던 모든 추리를 잘못된 것으로서 버렸다. 그리고 끝으로, 우리가 깨어 있을 때에 가지는 모든 생각과 똑같은 것이 우리가 잠들고 있을 때에도 우리에게 나타나는데, 이때 참된 것은 하나도 없음을 생각하고서 나는 여태껏 정신 속에 들어온 모든 것이 내 꿈의 환상보다 더 참되지 못하다고 가상(假想)하기로 결심했다. 그러나 금방 그 뒤에 그렇게 모든 것이 거짓이라고 생각하고 싶어하는 동안도, 그렇게 생각하는 나는 반드시 어떤 무엇이어야 한다는 것을 깨달았다. 그리고 **나는 생각한다, 그러므로 나는 있다**라는 이 진리는 아주 확고하고 확실하여, 회의론자들의 제아무리 터무니없는 상정(想定)들을 모두 합치더라도 이것을 흔들어 놓을 수 없음을 주목하고서 나는 주저없이 이것을 내가 찾고 있던 철학의 제 1 원리로 받아들일 수 있다고 판단하였다.

그 다음에, 내가 무엇인지를 주의하여 검토하고, 또 내가 신체를 전혀 가지고 있지 않으며, 도대체 세계도 없으며, 내가 있는 장소도 숫제 없다고 가상할 수 있으나, 그렇다고 해서 내가 전혀 없다고 가상할 수는 없고, 오히려 이와 반대로 다른 것들의 진리성을 의심하려고 생각하는 바로 이 사실로부터 내가 있다는 것이 아주 명백하게 또 아주 확실하게 귀결되며, 거꾸로, 만일 내가 생각하기를 그치기만 하면, 설사 내가 그때까지 상상해온 나머지 모든 것이 참이라 하더라도 내가 있다고 믿을 아무 이유도 없다는 것을 알았다. 여기서 나는 내가 하나의 실체요, 그 본질 내지 본성은 오직 생각하는 것이요, 또 존재하기 위하여 아무 장소도 필요없고, 어떠한 물질적인 것에도 의존하지 않는 것임을 알았다. 따라서 이 '나', 즉 나를

* 최명관 譯·著, 《방법서설·성찰·데까르뜨 연구》(서울 : 서광사, 1983), pp. 77~81.

나되게 하는 정신은 신체와 전혀 다른 것이요, 또 신체보다 인식하기가 더 쉬우며, 설사 신체가 없다 하더라도 어디까지나 온전히 스스로를 보존하는 것이다.*

위의 두 가지 긴 인용문에서 우리가 알 수 있는 것은 어떤 것인가? 우리들이 알 수 있는 것을 간단히 요약하면 다음과 같다. ① 감각적인 것, 꿈속의 사실과 같은 것 및 상상 등은 항상 변화하므로 확실한 앎의 대상이 못 되고 ② 따라서 정신적인 자아가 가장 확실하고 분명한 앎의 주체이므로 자아의 이성에 의해서 대상을 알지 않으면 안 된다.

그러나 위의 긴 인용문을 상세히 살펴볼 때, 차례로 의심을 하고 난 후에 확고 부동한 자아가 있는 것을 발견했는지 아니면 처음부터 확고 부동한 자아를 전제로 하고 편의상 감각이나 꿈을 의심했는지가 문제임을 알아차릴 수 있다. 물론 여기에서는 의심이 "방법적 의심"이기 때문에 처음부터 이성적인 자아를 전제로 하고 그 이외의 모든 것은 확실한 앎을 제시하지 못한다는 사실을 증명하고 있다. 이와 같은 합리론의 입장은 마치 경험론이 처음부터 감각 경험만이 참다운 앎을 제공할 수 있다고 전제하는 것과 하나도 다를 것이 없다. 경험론은 상대적인 감각 경험을 앎의 근거로 보므로 앎도 상대적일 수밖에 없다. 합리론은 보편적·필연적인 자아의 이성을 앎의 근거로 삼고 있기 때문에 앎 또한 필연적·보편적인 성격을 가질 수밖에 없다. 그러므로 합리론자들은 수학적 진리와 같은 이성적 사고의 대상은 보편적인 앎에 속하며 냄새나 맛과 같은 감각 경험의 대상은 상대적 앎에 속한다고 본다. 결국 불변하는 진리는 이성적인 사고(思考)에 의해서 파악된다는 말이 성립한다.

앞에서 우리들이 앎의 근거를 감각 경험에 두는 이론이 여러 가지 문제점을 안고 있음을 지적한 것과 마찬가지로 앎의 근거를 자

* 앞에서와 같은 책, pp. 29~30.

아의 이성에 두는 이론도 몇가지 문제점을 가지고 있다. 모든 것을 의심할 경우 의심하는 "나"는 과연 더 이상 의심할 여지없이 확고부동하게 명백한 자아라고 단언할 수 있을까? 왜냐하면 모든 것을 의심하는 "나"는 더 이상 의심할 수 있는 것이라고 하는 것 역시 하나의 가정에 불과할 수 있기 때문이다. 모든 것을 의심하는 "나"도 여전히 의심의 대상이 된다.*

수학적인 앎은 불변하는 명백한 것이라는 주장도 다른 관점에서 보면 정당성을 상실한다. 아마존 밀림 속의 어떤 토인들은 5 이상의 수에 관해서는 전혀 알지 못한다고 한다. 이들에게 5 더하기 7은 12 라는 것이 자명(自明)한 진리가 아니냐고 말한다 해도 그것은 무의미하다. 그런가 하면 그들에게 수 개념도 경험에 의해서 성립한다고 주장하여 5 더하기 7 이 12 라는 것을 가르치려 하여도 그것은 힘든 일이다. 이는 마치 1800 년대 외국 선교사들이 그들에게 자명한 하느님을 우리들에게 알리려 하여도 전혀 불가능했던 것과 마찬가지이다. 외국 선교사들에게는 성부·성자·성신의 삼위 일체인 하느님이 자명했겠지만, 산신이나 부처님 또는 하느님 등에 익숙했던 우리들은 외국인들의 그러한 이상한 하느님을 이해할 수 없었다.

그러고 보면 오직 이성적인 자아에 의해서만 명백한 앎이 보장된다고 하는 주장 또한 극단적이라고 하지 않을 수 없다. 이성적인 앎만이 참되다면 감각 경험에 의한 앎은 참되지 못하다는 것인가? 그리고 인간에게는 누구에게나 이성적 사고라고 하는 명백한 기능이 주어져 있고 우리가 확실한 앎을 가지지 못하는 것은 감각의 방해 때문인가? 그렇다면 감각 경험은 앎에 있어서 단순한 방해물에 지나지 않는다는 말인가?

인간은 지상에서 가장 복잡하고도 미묘한 존재이다. 인간은 감각

---

* 이 점을 가장 날카롭게 지적한 사람은 A.J. Ayer 이다.

적으로 경험하면서 동시에 이성적으로 생각한다. 지금 창 밖에 버드 나무가 바람에 흔들리는 것을 눈으로 보면서 동시에 생각한다. 우리는 무엇인가 확고한 바탕을 성급히 소유하려고 하는 그리고 그러한 바탕을 믿으려는 의지를 가지고 있다. 그리하여 앎의 근거를 감각 경험이라고 믿으면 그것을 전제로 하여 앎의 모든 문제를 체계화하려는 경향을 가진다. 반대로 앎의 근거를 이성적 자아라고 믿으면 그것을 전제로 하여 앎의 온갖 문제를 체계화하려는 경향을 지닌다.

앎의 문제를 오직 인식론(認識論)의 한계 안에서 밝히려는 것은 오히려 앎의 문제를 은폐시키는 결과를 가져온다. 예컨대 여성이란 무엇인가라는 문제를 밝히기 위해서 오직 여성만을 대상으로 삼는다면 참다운 의미의 여성이 은폐될 것이다. 남성과의 상호 관계 속에서 비로소 밝혀지는 것이 여성의 의미인 것이다. 마찬가지로 앎의 문제도 존재의 문제 및 세계 근원에 관한 존재론적(存在論的) 물음과 긴밀한 관계 안에서 밝혀질 때 독자적인 고유한 위치를 발견할 수 있을 것이다.

6. 감성과 오성과 이성

철학에서 앎의 문제를 다루는 분야를 인식론이라고 한다. 인식론에서는 앎이란 무엇이며 어떻게 앎이 성립하는가를 밝히려고 한다. 역사적인 맥락에서 보면 인식론에는 두 가지 커다란 흐름이 있으니 하나는 감각 경험에 의하여 앎이 이루어진다고 주장하는 경험론이고 또 하나는 이성적 자아에 의하여 앎이 성립한다고 주장하는 합리론이다. 그러나 이들 양자의 극단적인 입장을 파악하여 종합적이고도 통일적인 앎의 이론을 전개하는 사람이 등장하게 되었다.

나는 이 절에서 앎의 문제에 있어서 경험론과 합리론을 통일하는 칸트의 인식론을 비교적 간략하게 살펴보고자 한다. 그가 사용하는 개념들은 철학에 낯선 사람들에게 매우 거리가 먼 것으로 느껴진다. 그럼에도 불구하고 그가 철학을 비롯하여 학문 일반에 끼친 공로는 지대하다. 그것은 그만큼 그의 사상이 내면적으로 심오하고 풍부하다는 증거이다. 그의 사상의 핵심은 앎, 가치, 아름다움으로 구성되지만 가장 기본적인 것은 앎의 문제이다. 왜냐하면 앎의 문제를 기초로 하여 가치 및 아름다움의 문제가 전개되기 때문이다.*

칸트의 앎의 문제에서 중요한 의미를 가지는 낱말들은 감성과 오성(悟性)과 이성이다. 감성은 감각의 성질로 그리고 이성은 이치에 맞는 성질로 쉽사리 파악할 수 있다. 그러나 오성이라는 말은 일상언어에서는 거의 사용하지 않는 낱말이므로 철학 용어에 낯선 사람에게는 이해되지 않는 말이다. 오성은 이해력 내지는 분별력이라는 말로 대치되어야 이해하기 쉽다. 서구 사상에서 사용하는 용어들은 상당수가 일본 사람들이 번역한 후 일제하에 우리들에게 그대로 소개되었으므로, 우리 스스로가 번역하여 우리 몸에 배인 말이 아니기 때문에 우리에게는 어색할 뿐만 아니라 심지어는 이해하기 곤란한 것들이 있다. 그 가운데 하나가 오성이라는 개념이다.

여하튼 감성과 오성 및 이성이라는 개념을 보더라도, 우선 감성은 경험론 쪽에서 앎의 성립 근거로 보는 개념이고 이성은 합리론 쪽에서 앎의 성립 근거로 보는 개념이므로, 감성과 오성과 이성의 개념을 종합적으로 내세우는 칸트가 경험론과 합리론의 앎의 이론을 통일시키려는 시도를 행하고 있음을 알 수 있다.**

감성이 부여하는 것은 지각(知覺)이고 오성이 부여하는 것은 판단

* 칸트는 《순수 이성 비판》에서 앎의 문제를 《실천 이성 비판》에서 가치의 문제를 그리고 《판단력 비판》에서 아름다움의 문제를 다룬다.

** 칸트의 인식론에 대한 설명은 S. 쾨르너, 《칸트의 비판 철학》, 강영계 옮김 (서울 : 서광사, 1983)을 참조할 것.

이다. 판단에 의해서 비로소 개념이 성립한다. 지각에 의해서 성립하는 것은 표상(表象)이다.

앞에서 설명한 이론은 쉽사리 이해되기 어려울 것이므로 간단한 예를 들어보기로 하자. 지금 내 앞에 한 그루의 소나무가 있다고 하자. 나는 소나무를 지각한다. 다시 말하자면 내 앞에 어떤 대상이 있다는 것을 나는 눈으로 보게 된다. 곧 감성으로 그 대상을 일단 파악한다. 이때 마치 거울에 대상의 모습이 비추어지는 것과 같이 나에게 상이 생긴다. 내가 감각적 성질에 의해서 지각할 때 생기는 것은 어떤 대상에 대한 표상이다. 아직 내가 그 대상을 "소나무"라고 개념화하지 않고 있는 상태의 상이 바로 표상이다. 이것은 감각 경험에 의해서 앎이 성립한다고 주장하는 경험론의 입장과 일치하지만 앎의 전체적인 문제에서 완전히 일치하는 것은 아니다.

칸트는 경험론적인 앎의 이론을 보충하면서 확장시키고 있다고 말할 수 있다. 왜냐하면 그는 감각 성질이 상대적인 감각 경험뿐만 아니라 보편적인 형식들을 가지고 있다고 말하기 때문이다.* 이렇게 보면 감성(感性)은 이중적인 특징을 가진다. 그 하나는 감각 경험이며 또 하나는 감성 형식이다. 소나무를 볼 때 직접 소나무를 대하는 것은 시각이라고 하는 감각 경험과 동시에 감성 형식이다. 대상에 대한 우리들의 상은, 대상이 얼마만한 크기이며 또한 얼마만한 속도로 움직이는가를 우리들 내면의 고유한 틀로 움켜잡을 때 비로소 이루어진다. 소나무에 대한 상은 소나무의 크기가 얼마만하다는 것이 틀에 잡힐 때 그리고 그것이 정지해 있는지 아니면 얼마만한 속도로 움직이는지가 우리들의 틀에 잡힐 때 비로소 성립한다. 개미나 고양이도 감각 경험을 하지만 그들에게는 감성 형식이 없으므로 그들은 대상을 본능적으로 대하고 지각하지는 않는다고 말할 수

* 더 상세히 말하면 감각 성질의 보편적인 형식은 선험적(先驗的) 감성 형식이라고 부른다.

있다. 감성 형식은 인간의 감성에 고유한 틀이다. 새나 물고기를 잡을 때 우리들은 그물을 사용한다. 감성 형식은 감성의 그물로서 그것은 일정한 틀을 가지고 있다. 소나무의 크기는 공간이라는 틀에 의해서 그리고 소나무의 움직임은 시간이라는 틀에 의해서 붙잡혀서 결국 소나무의 상이 맺어진다.

경험론에서는 감각 경험에 의해서 인상이 생긴다고 했는데 그렇다면 다른 동물이나 인간이나 모두 인상을 가져야 한다는 결론이 나온다. 그러나 인간만이 대상에 대한 인상을 가진다면 다른 동물의 감각 성질과 인간의 감각 성질에는 차이가 있음이 밝혀지지 않으면 안 된다. 이러한 차이를 밝힌 점에 있어서 칸트는 경험론을 보완한다고 볼 수 있다. 또한 감성 형식만을 중심으로 지각이 성립하는 것을 해명하지 않고 감각 경험과 감성 형식의 결합에 의해서 지각의 표상이 성립한다는 것을 밝힌 점에서는 합리론을 보완한다고 말할 수 있다.

칸트에게 있어서는 공간과 시간이라는 관념이 경험에서 생기지 않는, 인간에게 본래부터 고유한 지각의 순수한 형식으로서 그것들은 지각으로부터 추상된 것이 아니다. 감성이란 시간이나 공간 아니면 시·공간에 주어진 개별적 대상을 움켜잡는 능력이다. 그리고 또한 감성은 공간과 시간 자체를 붙잡는 능력이므로 공간과 시간은 순수한 감성 형식이라고 일컬어진다.

지금까지 우리는 감성이라는 용어의 뜻을 그것도 칸트의 인식론을 중심으로 살펴보았다. 그러면 이제 오성(悟性)이란 무엇을 뜻하는지를 살펴보기로 하자. 감성에 의해서 어떤 대상에 관한 상이 생기면 우리들의 분별력 내지 이해력은 그 상을 "한 그루의 소나무"라는 개념으로 만든다. 감각적으로 주어진 상을 특정한 의식의 틀로써 확정시키는 능력을 우리는 오성이라고 부를 수 있다.

판단의 논리적 형식에 관한 전통적인 분류와 칸트의 차이를 논의하지 않은 채 나는 여기에서 칸트 자신의 분류를 규정하고 그것에 관하여 간단히 언급하고자 한다. 칸트에게 그러한 분류는 궁극적인 것으로 여겨졌으며 그는 인식론의 피안에 놓여 있는 사고 영역에서 예컨대 자신의 도덕 철학, 목적론 철학 그리고 종교 철학에서까지도 그것을 사용하였다.

(1) 양(量)이라고 일컬어진 것에 따르면 모든 판단은 형식상 "모든 사람은 죽는다"에서처럼 전칭적(全稱的)이거나 "일부의 사람은 죽는다"에서처럼 특칭적(特稱的)이거나 아니면 "소크라테스는 죽는다"에서처럼 단칭적(單稱的)이다.

(2) 질(質)이라고 일컬어지는 것에 따르면 모든 판단은 예컨대 "모든 사람은 죽는다"처럼 긍정적이거나 또는 예컨대 "소크라테스가 죽는다는 것은 사실이 아니다"처럼 부정적이거나 또는 "소크라테스는 죽지 않는다(는 것은 사실이다)"처럼 제한적(무한적)이다. 부정 판단과 제한 판단 사이의 구분은 또다른 구분에 의해서, 말하자면 긍정적인 개념과 그 보어(補語), 예컨대 "죽는다", "죽지 않는다"와 "초록이다", "초록이 아니다"의 구분에 의해서 설명된다. 부정 판단에 있어서 우리들은 어떤 사물이나 또는 어떤 사물의 계층이 특정한 긍정적 개념에 속하는 것을 부정하며, 여기에 비해서 제한 판단에서 우리들은 어떤 사물이나 또는 어떤 사물의 계층이 그러한 개념의 보어에 속하는 것을 긍정한다. 형식 논리학의 관점에서 볼 때 이러한 방법의 판단은 부당한 것으로 여겨진다.

(3) 관계라고 일컬어지는 것에 따르면, 모든 판단은 "소크라테스는 사람이다"처럼 정언적(定言的)이거나 또는 "만일 완전한 정의가 존재한다면 지속적으로 사악한 자는 벌을 받을 것이다"처럼 가언적(假言的)이거나, 아니면 "세계는 맹목적인 우연에 의해서이거나 또는 내적 필연성에 의해서이거나 아니면 외적 원인에 의해서 존재한다"처럼 선언적(選言的)이다. 정언 판단이 아니라 가언적 및 선언적 판단에서 우리는 명제들간의 관계를 주장한다. 선언 판단에서 우리들은, 두 가지 또는 그 이상의 명제들은 상호 모든 가능성을 배제하며 또한 모든 가능성을 공동으로 소멸시킨다고 주장한다. 칸트는 그의 논리학에서 다음과 같이 믿는 일부 논리학자들의 견해에 분명히 반대한다. 이들 논리학자들은 "가언 판단 및 선언 판단은 정언 판단에 관한 상이한 기만일 뿐이고 따라서 예외없이 정언 판단은 환원 가능하다." 칸트가 분석 판단과 종합 판단 사이의 기본적인 구분에서 그와 같은 환원의 불가능성을 무시하는 것은 유감스러운 일이다.

(4) 양태(樣態)라고 일컬어지는 것에 따르면 모든 판단은 형식상 개연적

(蓋然的), 즉 논리적으로 가능적이거나 또는 단정적(斷定的), 즉 참다웁거나 또는 옳은 것으로 주장될 수 있다. 아니면 그것은 필연적이다. 즉 그것은 필연적이거나 또는 선험적인 근거에서 주장될 수 있다. 달이 초록빛 치즈로 만들어졌다는 것은 논리적으로 가능하다. 그것은 예컨대 연역 추리의 본질을 설명하고 이 본질을 어떤 사례(事例)의 전제로 사용하는 논리학 교사에 의해서 생각될 수 있다. 쇠가 자석의 성질을 가진다는 것은 사실이다. 그것은 옳게 주장될 수 있다. 2+2=4라는 것은 필연적이다. 그것은 선험적인 근거에서 주장될 수 있다.*

한 그루의 소나무를 볼 때 하나라고 하는 것은 단칭적이다. 한 그루의 소나무라고 하는 말은 "한 그루의 소나무가 있다"는 의미를 가지므로 이 말은 바로 긍정적이다. "한 그루의 소나무"라는 것은 "이것은 한 그루의 소나무이다"로 고칠 수 있으므로 정언적이다. "한 그루의 소나무가 있다"는 것은 참다웁게 주장되므로 단정적이다.

칸트에 의하면 감성이 형식을 가지는 것과 마찬가지로 오성도 형식을 가진다. 감성 형식인 시간과 공간은 수동적인 틀로서 대상이 이 틀에 붙잡히는 데 비하여 오성 형식은 능동적인 틀로서 이 틀은 감성 형식에 의해서 생긴 상을 자발적으로 붙잡는다. 오성의 틀을 범주라고 부르며 칸트의 경우 범주는 다음과 같은 12가지가 있다. 단일성, 수다성, 전체성, 실재, 부정, 제한, 실체와 우연, 원인과 결과, 상호 작용.** 감성에는 시간과 공간이라는 틀이 있으며 오성에는 12가지의 틀이 있다. 이 틀들은 경험과는 상관없이 인간에게 있는 것이다. 앎이란 결국 ① 대상 ② 감각 ③ 시간과 공간이라는 감성 형식 ④ 12가지 오성의 틀인 범주에 의해서 성립한다. "한 그루의 소나무"를 놓고 볼 때 이 "한 그루의 소나무"라는 개념이 우리에게 생길 경우 우리는 "한 그루의 소나무"를 알게 되는데 이러한 앎은 결국 어떤 대상과 우리의 눈과 시간과 공간이라는 형식 및 능

* S. 쾨르너, 《칸트의 비판 철학》, 강영계 옮김, pp. 58～60.
** Kant, *K.d.r.V.* B판, S. 106.

동적인 오성 형식(이해력의 형식)에 의해서 이루어진다는 것을 생각할 수 있다.

그렇다면 이성(理性)이라는 것은 무엇인가? 우리들이 인간은 이성적인 동물이라고 말할 때의 이성은 사고하는 능력을 일컫는다. 이성이란 이념(理念)을 사용하는 능력이다. 칸트에 의하면 이념이란 신이나 자유 및 영혼 불멸을 가리킨다. 지각에서 추상되지도 않았으며 지각에 적용 가능하지도 않은 종류의 일반적인 개념을 일컬어 이념이라고 한다. 보통 우리가 말하는 대상들은 지각(知覺)에 의해서 표상이 만들어지고 이 표상은 능동적인 오성 형식(범주)에 의해서 개념으로 성립됨으로써 우리의 앎이 이루어진다. 따라서 오성도 지각에 관계한다. 그러나 지각과는 관계없는 개념들이 있다. 신, 자유 및 영혼 불멸의 개념은 감성적인 지각의 대상이나 오성 대상이 될 수 없다. 신과 자유와 영혼 불멸을 우리들은 눈으로 보거나 손으로 만져서 알 수 없다. 또한 범주로 파악할 수도 없다. 오성의 한계 안에서는 신, 자유 및 영혼 불멸이 있다고도 할 수 있고 없다고도 할 수 있으므로 스스로 모순에 빠진다. 따라서 신, 자유 그리고 영혼 불멸은 오성으로서 알 수 있는 것이 아니다. 신, 자유 및 영혼 불멸은 이론적인 영역에서는 해결될 수 없고 오히려 실천의 영역에서 가치를 지닌다. 이론의 영역은 고유하게 특정한 범위를 가지고 있음에 반하여 이론 영역을 넘어서서 이론 영역에 의미를 부여하고 방향을 부여하는 것이 실천 영역이다. 그러므로 엄밀한 자연 과학자도 그리고 자유 분방한 예술가도 교회에 함께 나갈 수 있는 것이다. 오성을 이론 이성이라고 한다면 이념을 다루는 이성은 실천 이성에서만 가치를 차지한다. 그러므로 칸트에 의하면 실천 이성은 이론 이성을 능가하며 동시에 초월한다.

물론 칸트는 이성을 두 가지 의미에서 사용한다. ① 넓은 의미에서의 이성은 감성, 오성 및 이념을 사용하는 이성 모두를 가리킨다.

② 좁은 의미의 이성은 이념을 사용하는 이성만을 말한다.

우리들은 지금까지 칸트의 앎의 문제를 대체적으로 살피면서 그의 감성, 오성 및 이성이라는 개념이 어떤 의미에서 쓰여지고 있는가를 검토하였다. 여기에서 우리들은 칸트가 ① 앎의 문제에 있어서 경험론과 합리론의 이론을 종합·통일하고 있으며 ② 앎의 이론은 필연적으로 행동의 문제와 관계를 맺게 된다는 것을 알 수 있다. 왜냐하면 엄밀한 수학 계산을 하더라도 우리들은 일정한 사회적·예술적·종교적 또는 정치적인 행동 안에서 그러한 계산을 하기 때문이다. 다시 말해서 앎의 문제는 가치 문제와 직결되며, 비록 앎은 감성과 오성의 한계에서 결정될지라도 앎의 전체적인 방향을 이끌어주는 것은 가치를 동반하는 행동이기 때문이다.

여기에서는 칸트의 앎의 이론에 대한 비판은 보류하기로 하겠다. 왜냐하면 이곳의 목적은 앎의 이론에 관한 고전적인 하나의 예를 살펴봄으로써 감성과 오성과 이성이 어떤 의미를 가질 수 있는가를 음미해보는 것이기 때문이다. 일상적인 개념이 철학함이라는 작업에 직면하게 되면 그것은 자연적으로 변화하지 않을 수 없다. 왜냐하면 일상적인 개념은 삶의 전체성에서 고찰되기 때문이다. 안개 자욱히 낀 새벽길을 산책하노라면 주변의 모든 것은 구별하기 어려우리만치 희미하다. 그러나 차차 안개가 걷히고 햇살이 찬란하게 빛나면 모든 대상은 확실한 모습을 나타내기 마련이다. 앎의 문제도 이와 마찬가지라고 할 수 있다. 일상적인 앎의 세계는 모호함에 쌓여 있다. 철학함이란 햇살이 비치는 동적인 작업이다. 철학함의 길을 따라갈 때 감성, 오성 및 이성의 개념이 앎의 전체적인 문제에서 어떻게 전개되며 또한 상호 연관성을 가지고 있는지가 점차로 밝혀지게 된다.

7. 구성으로서의 앎

겨울이 지나고 봄이 오면 산과 들에는 새싹이 돋아나며 버러지들도 땅속에서 기어나오고 사람들도 활기를 되찾고 화사한 옷차림을 한다. 산과 나무와 나비와 새와 구름과 사람은 어떻게 보면 세계 자체가 스스로를 표현하는 대상이라고 볼 수 있다. 세계를 대우주라고 한다면 인간은 소우주라고 말할 수 있다. 세계는 스스로 표현하지만 인간은 자신을 표현하면서 동시에 세계를 표현한다. 인간만이 자신과 아울러 세계를 구성한다. 그러한 의미에서 인간은 세계를 구성하는 동물이다.

칸트도 이미 말했지만 인간의 앎은 인간 스스로가 구성하는 것이다. 그러나 나의 앎은 형식적인 틀에 의해서 구성되는 것이 아니라 동적이며 창조적인 사고(思考)에 의해서 구성된다. 칸트는 앎의 보편성이 감성 형식과 오성 형식이라는 틀에 의해서 형성된다고 보았지만, 앎의 보편성은 창조적인 사고에서 찾아져야 할 것이다.

그러나 여기에서 ① 자아라는 것은 과연 있는 것인가? ② 있다면 그것은 물질적인가 아니면 정신적인가? ③ 인간이 창조적인 존재라면 당연히 정신적이어야 하지 않는가라는 물음이 제기되기 마련이다.

물음들의 순서에 맞게 우선 첫번째 물음, 자아라는 것은 과연 있는가라는 문제를 살펴보기로 하자. 자연 과학이나 감각 경험을 바탕으로 삼는 사람들은 인간의 고유한 자아를 인정하지 않는다. 여기에 비하여 인간에게 이성 능력을 부여하는 사람들은 각 인간에게 고유한 자아를 인정한다. 얼른 생각할 때 누구나 "나"를 주장하는 것을 보면 자아라는 것이 있다고 여기기 싶고, 또 한편으로는 인간도 다른 동식물처럼 자연적으로 성장한다면 인간 역시 물질의 합성 및 그 작용에 불과할 것이라는 생각이 든다.

그러나 나는 여기에서 인간에게는 자아가 있다는 입장을 지지한다. 물론 그것은 인간에게만 고유한 이성을 인정해서 그런 것이 아니다. 생리학자들은 말초 신경과 중추 신경, 다시 말해서 손과 발 그리고 두뇌의 상호 작용의 결과로 인간의 행동이 이루어지며 그러한 작용의 결과 중 하나를 우리들이 자아라고 부른다고 주장한다. 그렇다면 인간에게 고유한 자아라는 것은 인정되지 않고 물질적인 작용과 결과만이 중요시되는 것 같다. 말하자면 《장글 북》에 등장하는 늑대 소년과 같은 경우에는 인간으로서의 자아가 인정되지 않는다는 말이 성립한다. 그러나 인간을 삶 전체로 볼 경우 삶의 주체가 있는 것은 분명하다. 행동의 주체, 양심과 자유 및 앎의 주체가 있다면 그러한 주체야말로 인간의 자아가 아닐 수 없다.

늑대 소년이 달밤이면 늑대처럼 울부짖고 짐승을 날로 먹고 네 발로 기어다닌다고 해서 늑대 소년을 늑대라고 할 수는 없을 것이다. 생물학적으로 우리들이 유(類)와 종(種)을 구분하며 특히 인류(人類)를 다른 유(類)와 구분하는 것은 ① 인간의 생물학적인 복잡성과 동시에 ② 인간만이 소유한 창조적이며 구성적인 능력을 인정하기 때문이다. 인간은 다른 존재와 달리 달과 별을 그리고 소나무와 장미꽃을 노래한다. 다시 말해서 인간은 대상을 창조적으로 구성한다. 자연 과학적인 입장과 이성적인 입장은 모두 극단적인 입장이라고 하지 않을 수 없다. 왜냐하면 이들은 모두 인간의 창조성에 관심을 기울이지 않기 때문이다.

인간이 창조적 존재라고 할 때 그것은 무엇을 의미하는가? 인간은 자신을 창조하며 동시에 세계를 창조한다. 창조한다는 것은 기독교에서 흔히 말하듯이 하느님이 없는 것에서 있는 것들을 만들었다는 의미와는 다르다. 창조한다는 것은 구성한다는 말이다.

식물이나 동물들은 봄·여름·가을·겨울에 따라서 자연의 일부를 이룬다. 그러나 인간은 벌써 자연을 자신과 대립하는 대상으로 구성한다. 더 나아가서 인간은 자신의 자아를 둘로 나누어서 하나는 대상으로(생각되는 나로) 또 하나는 주체로(생각하는 나로) 생각한다. 그러므로 인간의 앎은 창조적인 자아의 자기 구성이라고 말할 수 있다. 모든 인간은 창조적으로 대상이나 사태에 대한 앎을 구성하므로 각자는 인격을 바탕으로 한 자신의 고유성 속에서 앎과 삶의 상호 관계를 끊임없이 구성해나갈 수 있는 것이다.

제 5 장
행복을 찾아서

1. 착한 사람과 악한 사람

우리는 매일매일 신문과 텔레비젼을 대하며 살아가고 있다. 사실 현대는 매스콤의 시대라고 해도 지나친 말이 아닐 것이다. 신문과 텔레비젼에는 언제나 착한 사람들과 악한 사람들이 함께 등장한다. 신문의 사회면에는 하루도 빠짐없이 강도, 살인, 사기, 밀수 등에 관한 기사가 실리며 그러한 기사의 주인공 등은 악한 사람으로 등장한다. 이보다 적은 양이기는 하지만 신문에는 또한 이웃을 도와준 이야기, 심장병 어린이를 치료해준 이야기, 불우한 학생에게 장학금을 지급한 이야기 등이 실리며 이러한 선행의 주인공들은 착한 사람으로 등장한다. 텔레비젼의 경우도 신문과 유사하다. 특히 매일 연속극에는 악한 사람과 선한 사람이 오랜 기간 동안 갖은 사연을 지닌 채 관계를 유지해오다가 결국에 가서는 내용적으로 선한 사람이 승리하게 된다.

왜 우리는 사람들을 착한 사람과 악한 사람으로 구분하며 또한 행동을 착한 행동과 악한 행동으로 구분하는가? 우선은 습관적으로 악한 행동과 착한 행동을 구분한다. 일상 생활 속에서 우리들은 거의 습관적으로 살아간다. 번화한 길거리에서 몇 사람이 짜고서 아무 일도 없는데 갑자기 하늘을 보면 다른 사람들도 무슨 일이 없는가 하고 하늘을 쳐다본다는 것은 누구나 인정하는 심리적인 사실이다. 대화를 나누고 있는 좌석에서 어떤 친구가 나는 전혀 알지 못하는 사람을 가리켜서 "그 김씨라는 인간은 아주 나쁜 놈이고 악한 놈이야! 그 인간은 남을 배신만 하고 그뿐만 아니라 남을 이유없이 해치고 자기 이익밖에 생각하는 것이 없는 놈이야!"라고 말했다고 하자. 그 후 우연한 기회에 친구가 이야기했던 김씨를 만날 경우 나는 김씨가 아마도 나쁜 사람일지 모를 거라고 경계하게 되기가 십상이다. 그러나 모든 것이 습관적으로만 이루어진다고 보기는 힘들다. 왜냐하면 나는 김씨와 사귀면서 점차로 나 자신의 판단에 의하여 김씨가 과연 선한지 아니면 악한지를 스스로 생각하게 되기 때문이다.

이제 내가 교실에서 가끔 학생들과 나누는 대화를 돌이켜보기로 하겠다.*

"최양, 자네는 오늘 아침 버스를 타거나 아니면 걸어서 학교에 왔겠지? 물론 내일도 그렇게 하겠지?"

"예."

"자네 집이 수유리 쪽이니까 아마 버스를 타고 왔을 거야. 왜 버스를 탔다고 생각하는가? 내 물음이 너무 어처구니 없겠지만 대화를 이끌어나가기 위해서 진지하게 답해 주기 바라네."

"그거야 물론 학교에 오기 위해서지요."

"여러분, 정신 이상이 아니고 정상적인 사람이라면 버스를 탈 경우 직장에 가거나 놀러가거나 아니면 학교에 오기 위해서 버스를 탑니다. 그렇다면 최양, 학교에는 왜 와서 앉아 있는가?"

"마찬가지 질문인 데요. 공부하러 와서 앉아 있습니다."

---

* 아리스토텔레스 윤리학의 주제인 행복을 염두에 두기 바란다.

"그렇다면 공부는 왜 하는가?"

"보다 좋은 직장도 얻고 많은 것을 배우기 위해서 공부합니다."

"자, 최양, 시간 여유를 가지고 좀더 생각해보세. 왜 공부를 하는가?"

"훌륭한 사람이 되기 위해서입니다."

"좋네. 우리들은 일반적으로 사회에서 권력을 가진 사람이나 돈을 많이 가진 사람을 훌륭하게 된 사람들이라고 부르고 있네. 최양, 자네가 원하는 훌륭한 사람은 그러한 사람인가 또는 어떤 다른 유형의 사람인가?"

"제가 생각하는 훌륭한 사람은 사회에서의 위치가 어떻든간에 선하게 사는 사람입니다."

"최양, 자네는 이제 우리들이 대화하는 문제의 핵심에 거의 다 와 있다고 생각하네. 선한 사람은 다시 말해서 어떤 사람일까?"

위의 대화에서 우리는 무엇을 알 수 있을까? 인간은 행복을 찾아서 살아가고 있다는 사실을 알 수 있다. 사람들이 살아가고 있는 모습은 너무나도 가지각색이어서 간단히 이야기하기란 힘들다. 어떤 사람은 돈을 벌면 행복하리라고 생각한다. 어떤 사람은 자신이 하는 일에 정성을 쏟으면 행복하리라고 생각한다. 또 어떤 사람은 권력에 대한 욕망을 충족시키면 행복해지리라고 믿는다. 그러나 앞의 대화에서 알 수 있는 것과 마찬가지로 사회에서 어떤 위치에 있든지간에 선하게 사는 것이 행복하리라는 것에 많은 사람들이 동의할 것이다. 그렇다면 선하게 사는 것은 무엇인가 하는 물음이 당연히 제기되기 마련이다. 뿐만 아니라 선(善)이란 무엇인가 하고 묻게 된다. 선과 악이 무엇이며 그 관계는 어떤가에 관해서는 동서고금을 막론하여 매우 많은 이론들이 전개되어 왔다. 나는 여기에서 그러한 이론들을 일일이 살펴보는 일은 피하고 지금까지 논의하여온 맥락에 따라서 선과 악의 문제를 이야기하고자 한다. 선과 악은 도덕의 문제이자 윤리의 문제이다. 선과 악은 또한 가치있음과 가치없음으로도 이야기될 수 있다. 나보다 헐벗고 굶주린 사람에게 공감하여 내가 가진 것을 나누어줄 때 나의 행위는 가치있을 것이다.

그러나 내 욕망을 만족시키기 위하여 친구에게 꾼 돈을 갚지 않을 때 내 행동은 가치가 없을 것이다. 이렇게 보면 선과 악은 행동의 문제이다. 앎의 문제가 참다움과 거짓됨으로 나뉜다면 윤리적인 문제는 선과 악으로 나뉘어진다고 말할 수 있다.

일상 생활에서의 반성되지 않은 선과 악은 실상 나 개인의 직접적인 이해에 깊이 상관된다. 어떤 사람이 피해를 입으면서도 나를 위해서 헌신하거나 나에게 도움이 될 때 나는 "그 사람은 참으로 착한 사람이야"라고 말한다. 또 내가 부당한 이익을 몰래 취하려고 했을 때 정당하게 그것을 지적하고 시정하려고 하는 사람이 있으면 나는 "그 사람은 나쁜 사람이야"라고 말한다. 매일매일의 삶에서는 어리숙한 사람이 착한 사람으로 그리고 정당하게 합리적으로 행동하려는 사람이 나쁜 사람으로 일컬어지기가 일쑤이다. 이렇게 선과 악을 구분하는 것은 습관적인 구분에 지나지 않는다. 반성된 의미의 선과 악은 이와는 전혀 다르다. 만일 "당신의 이익 추구에 도움이 되는 사람이 과연 착하고, 방해가 되는 사람은 악한가?"라고 물을 때 우리는 어떻게 답할 수 있을까? 마땅히 행하여야 할 것, 곧 당위(當爲)를 행하면 그러한 행동을 선하다고 하며 그렇지 않으면 악하다고 한다. 다시 말해서 행동이 조화를 이루면 그것은 선이요, 조화를 이루지 못하면 악이다.

그러한 뜻에서 최상의 선은 곧 행복이라는 말이 성립한다. 물론 나는 여기에서 절대적인 선이나 절대적인 행복을 전제로 하지 않는다. 삶에 있어서 어느 정도의 지속성이 있으며 조화를 이루는 행동을 할 때 그 행동은 선하다. 그 반면에 순간마다 변화하며 조화를 이루지 못하는 행동은 악하다.

쉽게 말해서 선이란 행동의 충만함이며 삶 전체와의 일치이다. 예컨대 내가 어떤 여인을 사랑한다고 하자. 만일 내가 그 여인의 돈을 탐내어 사랑한다면 그 행위는 선한 것인가? 내가 몸매만을 탐내어 그 여인을 사랑한다면 내가 사랑하는 행위는 선한 것인가? 내가 어리숙하고 그 여인이 총명하므로 그것을 이용하려고 그 여인을 사랑한다면 그 행위는 선한 것인가? 한 남성과 한 여성이 인격과 인격으로서 이해하며 공감할 때라야만 그 여인에 대한 나의 사랑은 선할 것이다. 그러기에 선이란 삶 전체와의 일치라고 할 수 있는 것이다.

그렇다면 악이란 무엇일까? 기독교나 불교와 같은 종교에서는 착한 일을 한 사람은 죽어서 천국으로 가고 악한 행동을 한 사람은 지옥으로 간다고 흔히 가르친다. 이러한 가르침은 사회 질서를 유지하고 인간의 착한 심정을 기르려는 목적을 가지고 있다. 이러한 가르침에서는 천국이 왜 선한 세계이고 지옥이 왜 악한 세계인가 하는 이유에 대한 설명이 충분하지 못하다. 우리는 앞에서 선이 삶 전체의 조화라고 하였다. 다시 말하면 행동의 완전함을 선이라고 할 수 있다. 어떤 사람이 선행을 했을 때 학교나 사회 단체에서는 그 사람에게 보상을 주며 어떤 사람이 범죄를 저질렀을 때에는 형벌을 가한다. 선을 행동의 완전함이라고 한다면 악은 행동의 부조화요 불완전함이다. 나의 삶이 충만할 때 나는 정신적·육체적으로 건강하다. 그러나 나의 삶이 결핍되었을 때 나는 정신적·육체적으로 병들어 있다.* 선과 악도 이와 마찬가지라고 볼 수 있다. 일상적인 종교에서 가르치는 것처럼 선은 천국에서 내려오고 악은 지옥에서 오는 것이 아니다. 선과 악은 우리들의 삶 자체에 같이 있는 것이다. 우리들의 행동이 조화롭고 충만할 때 그것은 선이라고 일컬어지며 조화를 이루지 못하고 결핍될 때 그것은 악이라고 일컬어진다. 따라서 범죄를 저질렀을 때, 곧 악한 행동을 했을 때 그 행동은 결핍된 행동이므로 그 행동을 충만하게 해주어야 선의 실행이 가능할 수밖에 없다. 죄인을 처벌한다는 생각은 원한 감정이나 복

* 아리스토텔레스의 윤리설을 상기하기 바람.

수 감정에서 나온다. 죄인은 결핍된 행동을 행하였으므로 처벌할 것이 아니라 행동을 수정시키거나 개선시킴으로써 행동을 조화롭게 그리고 충만하게 만들어주어야 할 것이다. 따라서 우리들은 범죄를 범한 사람의 행동을 교정하는 장소를 형무소가 아니라 교도소라고 부르는 것이다.

선과 악이 삶 자체에 있으므로 선한 사람이 악하게도 되고 악한 사람이 선하게도 된다. 만일 선과 악이 전혀 별개의 것이라면 선한 사람은 어디까지나 선한 것이고 악한 사람은 어디까지나 악한 것이므로 교육은 전적으로 무의미해질 것이다.

선은 삶의 충만함이다. 선과 앎과 아름다움은 하나의 지혜를 구성한다. 지혜는 결국 삶의 행복에 일치하는 인간의 궁극적인 존재방식이 아닐 수 없다.

2. 이론과 실천

일반적으로 말재주가 뛰어난 사람을 이론가라고 부르고 묵묵히 할 일만 하는 사람을 실천가라고 부른다. 고금동서를 통하여 이론과 실천의 문제는 학문뿐만 아니라 삶 자체에서 중요한 문제로 거론되어 왔다.

우리 나라 이씨 조선 때 4번에 걸쳐서 많은 목숨을 처참하게 희생시킨 사화(士禍)들은 공리공담이 빚어낸 결과이다. 물론 이기론(理氣論)의 근거는 철학적임이 명백하지만, 그것이 개념의 유희에 극단적으로 빠지게 되면 공허한 이론에 흐르게 되어 사람들을 무리짓게 하여 현실적으로 서로 모함을 하게 되고 실천적인 삶의 건설은 전혀 무의미해진다. 공허한 이론을 배격하고 이론과 실천의 조화를 꾀하는 것이 선한 삶을 구축하는 최선의 방책이라고 보아 양지양능

(良知良能)을 주창하는 입장이 중국에서 일어났으며 그것은 우리 나라에도 큰 영향을 미치기도 하였다. 양지(良能)는 참다운 이론이며 양능(良能)은 선한, 곧 가치있는 실천적 행동이라고 말할 수 있다.

오늘을 살아가고 있는 우리들이 현대를 진단할 때 현대는 극단적으로 이론이 우세한 느낌을 주고 있다. 그것은 서구적인 분석적 사고가 오늘날의 세계를 지배하고 있기 때문이다. 이론적 분석의 결과 ① 자연 과학이 극도로 발달하여 자연 과학 만능의 시대가 만들어졌고 ② 종래에는 통일을 이루었던 예술·종교·학문 등이 극단적으로 세분화되었으며 ③ 사회마저 분업화되어 극심한 계층 형성이 이루어지게 되었다. 따지고보면 오늘날 우리가 직면하고 있는 산업 공해라든가 전쟁의 위험 등은 분석적 이론, 다시 말해서 자연과학이 극단적으로 발전한 결과에서 생긴 것이다. 이론이 실천을 도외시할 때 나타나는 결과는 이처럼 부정적이지 않을 수 없다. 바람직한 삶은 이론과 실천의 조화에서 기대되기 마련이다.

서구적인 삶의 방식이 다분히 이론적이라면 전통적으로 동양적인, 특히 한국적인 삶의 방식은 실천적이다. 자연과 하나가 되어 4계절에 맞추어 사는 태도는 추상적인 이론적 삶과는 거리가 멀다. 그러나 근대 이후 서구 문물이 쏟아져 들어올 때 우리들은 당황하지 않을 수 없었다. 분석적 사고 방식을 결여하고 있던 우리들에게 거의 강압적으로 분석적 이론이 밀려들어왔으며 드디어는 우리들의 삶의 방식이 분석적인 사고에 물들게 되었다. 우리는 결국 극에서 극으로 전환하지 않았는가 하는 생각이 든다. 결혼관 하나를 예로 들어보기로 하자. 전통적인 결혼관에서는 신랑과 신부가 두 사람보다는 두 집안을 우선적으로 생각하였다. 그러나 오늘날에는 일반적으로 결혼하는 두 사람만의 삶을 염두에 두는 것이 보통이다.

삶에 있어서 실천만을 중시한다면 비록 전체는 조용히 바라본다고 할지라도 발전이라는 것을 기대할 수 없으며, 이론만을 중시한다면 부분적이고도 극단적인 발전은 보장된다고 할지라도 삶 전체에 대한 안목을 상실하기 마련이다. 그러므로 실천없는 이론은 극단적이며 이론없는 실천은 답보적이라고 말할 수 있다. 이론과 실천이 조화될 때 비로소 이론은 실천의 근거를 제시하고 실천은 이론을 현실화시킴으로써 조화로운 삶의 전체성이 구성될 수 있다. 조화로운 삶의 전체성이 구성될 때 선한 삶이 의미를 가지며, 따라서 우리들은 행복을 찾아서 한 걸음 더 가까이 다가갈 수 있을 것이다.

이제 여기에서 행복에 도달하기 위해서 이론을 중시하는 입장과 실천을 중시하는 입장을 각각 살펴보기로 하자. 아리스토텔레스는 행복에 도달할 수 있는 인간의 성품을 덕(德)이라고 한다. 그에 의하면 실천적인 덕을 통하여 인간은 행복에 이를 수 있다. 사실 가정이나 직장에서 우리들은 실천적인 행동을 통하여 인간 관계의 조화를 꾸미며 스스로 평온함을 찾는다. 그러나 아리스토텔레스는 실천적인 덕이란 이성적인 사고(思考)를 통해서만 가치를 발휘할 수 있다고 본다. 왜냐하면 실천적인 덕에 의해 선한 행동이 이루어지기 위해서는 신중하게 생각하는 것이 필연적으로 앞서야 하기 때문이다. 따라서 아리스토텔레스는 실천적인 덕에 선행하여야 하는 것은 이론적인 덕이라고 주장한다. 이것은 간단히 말해서 행복에 도달하기 위해서 가장 기본적인 것은 이론이라는 이야기이다. 이론과 실천을 하나의 삶으로 보지 않고, 삶을 분석하여 볼 때 이론과 실천이 나뉘어지며 여기에서 실천보다는 이론이 행복에 도달할 수 있는 가장 근본적이라고 하는 주장이 성립한다. 이러한 이론은 서구적인 전통을 대변한다고 볼 수 있다. 공리주의라든가 마르크스주의도 부분적·현실적인 삶을 분석하여 모든 사람의 이익 또는 공동생산이 행복을 실현시킬 수 있는 기초라고 주장하지만(이들도 서구적인 전통에 충실히 서 있으므로) 동양에서는 실천적으로 행복에 도달하려고 하지 특정한 이론을 내세워서 행복을 실현시키려고 하지는 않았다고 말할 수 있다.

실천을 중시하는 대표적인 입장은 칸트에게서 찾아볼 수 있다. 앞의 장(章)에서 칸트의 인식론과 윤리관을 어느 정도 언급했으므로 여기에서는 핵심적인 것만을 간략히 살펴보기로 하겠다. 칸트에 의하면 감성의 틀과 오성(悟性)의 틀에 의해서 우리의 앎이 형성된다. 그러나 실천적인 행동은 이러한 형식적인 틀과는 직접적으로 상관이 없다. 앎은 일정한 틀과 제한 속에서 이루어지지만 행동은 이 틀을 넘어선다. 결국 실천적인 것은 앎의 방향을 이끌어준다는 이야기가 성립한다. 따라서 실천은 이론보다 앞선다는 결론이 성립한다. 이 입장은 아리스토텔레스의 입장과는 다르지만 역시 실천과 이론을 분리된 것으로 보기 때문에 나타나는 것이다. 앎의 세계와 행동의 세계를 서로 전혀 다른 것으로 볼 경우 어떤 것이 행복에 도달하기 위하여 우선적인 것인가를 결정하지 않으면 안 된다. 그러나 앎과 행동이 인간의 삶에서 전체적인 하나를 이루고 있으며 이것들이 서로 분리된 것이 아니라 유기적인 관계를 유지하는 것이라고 생각한다면, 실천과 이론 중에서 어떤 것이 행복에 도달하기 위해서 우선하여야 한다고 주장하지는 않을 것이다. 이론과 실천의 조화가 이루어지는 곳에서만 비로소 삶 자체가 윤택해질 수 있으며 행복을 기약할 수 있을 것이다.

3. 의무와 자율

인간(人間)이라고 하는 낱말은 "사람들 사이"를 가리킨다. 이것은 인간이 상호 긴밀한 관계를 가지고 삶을 영위하여 가고 있음을 뜻한다. 인간이란 한마디로 "관계 존재"이다. 우리들은 서로서로 관계를 맺지 않으면 살아갈 수 없다. 인간이 세계를 살아간다는 것은 인간과 인간이 관계를 맺는 것을 뜻한다.

예컨대 한 학생이 있다고 하자. 이 학생의 의무는 무엇인가? 학생의 의무는 물론 공부하는 것이다. 어떤 회사의 사무원이 있을 때 이 사무원의 의무는 사무를 충실히 보는 것이다. 학교라는 사회를 전제로 할 때 학생의 의무는 공부하는 것이지만 이 학생 편에서 보면 공부하는 것은 동시에 이 학생의 자율이라고 말할 수 있다. 사무원의 편에서 볼 때 사무를 충실히 보는 것은 이 사무원의 자율이다. 의무는 사회 안에서 개인이 마땅히 하여야 하는 일을 하는 것이고 자율은 한 개인이 인격체로서 자발적으로 행동하는 것이다. 그러므로 의무와 자율은 똑같은 것으로서 어느 편에 서서 보는가에 따라서 의무라고 하기도 하고 자율이라고 부르기도 한다. 그러므로 자율을 동반하지 않는 의무는 참다운 의무가 될 수 없으며 의무를 동반하지 않는 자율 역시 참다운 자율이 될 수 없다. 자율을 동반하지 않는 의무는 구속이다. 마찬가지로 의무를 동반하지 않는 자율은 방종에 지나지 않는다. 국민 학교 3 학년에 다니는 딸에게 "너는 하루에 꼬박 4 시간씩 네 방에서 공부를 해야만 한다. 그것은 너의 의무이다"라고 말한다면 그것은 명령이자 구속이다. 그렇게 말하는 어머니나 아버지는 자신이 공부를 잘하지 못한 과거의 콤플렉스를 어린 아이를 통하여 보상받으려고 하거나 아니면 다른 특정한 동기를 가지고 있을 것이다. 만일 국민 학교 3 학년 아이가 그러한 명령을 따른다면 그것은 또한 복종이자 맹목적인 굴종에 지나지 않는다. 이러한 맥락에서 볼 때 이론과 실천의 조화가 윤리적인 행위에 있어서 얼마나 중요한가를 알 수 있다. 이성적으로 반성되지 않은 명령이나 또는 실천은 맹목적이므로 그러한 명령이나 그 명령의 실천은 구속과 맹종에 불과하다.

사회 윤리적으로 볼 때 역사적 의식이 아직 제대로 꽃피지 못한 후진국 사회라든가 사회주의 국가에서 우리들은 구속과 굴종이 마치 윤리적인 척도인 양 실행되고 있는 사실을 접할 수 있다. 우간다, 필리핀, 페루, 아르헨티나 같은 곳에서는 어떤 개인이 마치 홀로 국가를 이끌어가는 것과도 같은 행동을 하면서 국민들로 하여금 이 개인을 숭배하는 것이 참다운 의무라고 믿게 하려고 하였다. 이러한 사태는 국민의 자발성을 전적으로 무시하기 때문에 생긴다. 대부분의 사회주의 국가에서는 특정한 당, 예컨대 사회당이나 공산당의 명령에 절대적으로 따르는 것이 국민의 참다운 의무라고 가르친다. 후진국 사회에서와 마찬가지로 이 또한 국민의 자발적인 사고와 행동을 도외시하는 처사임에 틀림없다.

"너 자신을 알라"라는 말은 인간의 자발성을 일깨우기 위한 말이다. 자발성은 자기 반성을 포함한다. 자기 반성이 결여된 의무란 헛된 의무이며 어떤 특정한 개인이나 집단이 단지 이익 추구를 위하여 이용하기 위한 위장된 의무에 불과하다. 한 인간이 인격체 및 주체로서 "이 일은 인간 관계에 있어서 내가 마땅히 행하지 않으면 안 된다"라고 스스로 결단하여 행위할 때 우리들은 그 사람이 자신의 의무를 행한다고 말할 수 있다.

인간은 인간 상호 관계 안에서만 자신의 삶의 의미를 발견한다. 그것도 그 관계에 있어서 자신의 행동을 스스로 결단할 때 그는 사회적인 의무를 이행하며, 동시에 인격체로서의 자율을 달성함으로써 스스로 반성하며 자신의 삶을 책임지고 구성하는 삶을 이끌어나갈 수 있다. 그렇게 함으로써 한 인간의 행위는 결핍으로부터 충만함으로 전환될 수 있고 그렇게 함으로써 비로소 인간적·사회적인 선(善)이 보장될 수 있다.

4. 중용의 미덕

우리들은 보통 선한 삶은 덕있는 삶이라고 말한다. 의무와 자율이 조화된 삶을 선한 삶이라고 한다. 그러면 구체적으로 의무와 자율의 조화를 무엇이라고 부를 수 있을 것인가? 그것은 다름 아닌 중용(中庸)이다. 실천적인 가치의 절정을 우리는 중용이라고 부른다. 중용이란 다시 말해서 조화된 삶의 상태라고 말할 수 있다.

> 천명(天命)을 일컬어 성(性)이라고 한다. 성(性)을 따르는 것을 일컬어 도(道)라고 한다. 도를 닦는 것을 일컬어 교(敎)라고 한다.*

위의 인용문을 보면 조화로운 삶이 과연 어떻게 이루어질 수 있는가를 미루어 알 수 있다. 천명이란 하늘이 명령한 것이니 세계의 근원이라고 말할 수 있다. 유교의 입장에서 보면 천명(天命)은 곧 천일 것이고, 불교적인 의미에서는 불법(佛法)이요, 도교적인 입장에서 보면 무위자연(無爲自然)이나 도(道)이고, 기독교적인 입장에서 보면 그것은 하느님이다. "천명을 일컬어 성(性)이라고 한다"에서 성이란 원리를 말한다. 세계의 근원은 다름 아닌 세상의 원리이다. 해가 지고 달이 뜨는 것, 봄이 오면 만물이 소생하고 겨울이 오면 만물이 동면하는 것, 인간이 살고 죽는 것, 이러한 모든 것들이 제멋대로 아무렇게나 행하여지는 것이 아니라 세상의 원리, 곧 성(性)에 의한다는 내용이 이 말 속에 들어 있다. 이것은 세계에 대한 존재론적인 설명이다.

다음으로 "성을 따르는 것을 일컬어 도라고 한다"라는 귀절을 살

---

* 《중용》 첫머리의 말. 天命之謂性, 率性之謂道, 修道之謂敎.

펴보자. 인간의 입장에서 볼 때 세계의 원리를 따른다는 것은 세계 원리에 맞추어 행동한다는 것을 의미한다. 이 말을 다시 해석한다면 세계 원리에 따르는 인간의 행동이 선한 것이라는 의미가 성립한다. 따른다는 것은 동적인 행동을 뜻하고, 동적인 행동이 세계 원리를 따를 때 그것은 "참다운 길"이 되지 않을 수 없다. 이 부분은 인간의 삶에 관한 윤리학적인 의미를 밝혀준다. 따라서 존재론과 윤리학이 아무런 관계도 없이 따로따로 이야기될 수 없다는 것이 여기에서 드러난다. 왜냐하면 세계 원리를 따를 때 비로소 인간의 행동은 참다운 길을 찾아서 선할 수 있기 때문이다.

다음으로 "도를 닦는 것을 일컬어 교(敎)라고 한다"는 귀절을 살펴보기로 하자. 이 말은 행위와 앎이 서로 걸맞아야 한다는 것을 뜻한다. 도를 닦는 것은 행위이지만 이것은 바로 가르침(敎)이다. 따라서 실천과 이론이 조화되지 않으면 안 되는 점이 여기에서 밝혀진다. 위에서 인용한 《중용》 첫머리의 글을 알기 쉽게 풀이하면 다음과 같이 말할 수 있을 것이다. "세계의 근원을 일컬어 세계 원리라고 한다. 세계 원리를 따르는 것을 일컬어 참다운 길이라고 한다. 참다운 길을 닦는 것을 일컬어 참다운 가르침이라고 한다." 이 말 전체를 통하여 보면 존재론과 윤리학과 인식론이 유기적으로 전체적인 조화를 구성하고 있음을 알 수 있다. 그렇다면 그러한 조화를 이루게끔 하는 핵심은 무엇인가?

삶의 전체적인 조화를 이루게 하는 행위의 핵심은 중용(中庸)이다. 우리는 보통 중용을 ① 어떤 상황을 적당히 마무리짓는 것 ② 어떤 상황에서 극단과 극단의 가운데에 위치하는 것 ③ 가치론적인 절정 등으로 이해할 수 있다. 그러나 어떤 상황을 적당히 마무리짓는 행위라든가 어떤 상황의 극단과 극단에서 중간에 해당하는 입장을 취하는 행동은 단지 약삭빠른 처신에 지나지 않는다. 그와 같은 행위는 오직 개인만의 편익을 위한 것이기 때문에 의무와 자율을 무시한다.

그러므로 자기 반성과 자기 결단에 의한 행위는 모름지기 가치론적인 절정과 일치하지 않으면 안 될 것이다.* 흔히 중용을 "극단에 치우치지 않는 것" 또는 "산술적인 중간이 아니라 가치론적인 정점"이라고 말한다. 예컨대 전쟁이 일어나서 내가 병사로서 전쟁에 참여했다고 생각해보자. 이때 참다운 용기는 어떠한 것일까? 만일 참다운 용기를 산술적인 중간의 중용이라고 한다면 이때의 용기는 몸을 바쳐 싸우는 것과 비겁하게 도망가는 행동의 중간이라고 말할 것이다. 그러나 참다운 용기는 결코 산술적인 중간일 수 없다. 전쟁터에서는 전진해야 할 상황에서는 몸을 바쳐서 돌진하며 후퇴하여야 할 상황에서는 지혜롭게 후퇴하는 것이 참다운 용기이자 가치론적인 절정으로서의 중용이다.

따라서 중용은 삶의 전체적인 조화를 구성하며 또한 인간의 삶을 선하게 하는 미덕이다. 중용의 미덕에 의해서 인간은 행복에 도달할 수 있는 길을 발견하게 된다.

5. 양 심

앞에서 나는 인간의 행동은 중용을 통하여 결핍을 충만으로, 곧 악을 선으로 전환시킴으로써 행복에 도달할 수 있다고 말하였다. 그러면 중용을 이루는 행위를 가능하게 하는 인간의 내면적인 요소는 무엇일까? 그것은 바로 양심이다.**

인간은 무엇을 살아가는가? 인간은 스스로 매일매일의 삶을 살

---

* 아리스토텔레스의 중용의 의미를 참조할 것.
** 나는 이 절에서 하이데거의 《존재와 시간》 2부 2장의 많은 내용을 참조로 하였다.

아간다. 인간은 세계를 살아간다. 그러면 인간의 의식이 최초로 전개되는 세계는 어떠한 세계인가? 성숙하지 못한 의식에 최초로 등장하는 세계는 일상성이다. 일상성의 특징은 자기 반성이 결여된 무의미한 반복이다. 일상성의 가장 대표적인 예를 들어보기로 하자. 그저께 아침 나는 밥을 먹었다. 매우 맛있게 먹었다. 어제 아침에도 나는 밥을 먹었다. 감기 기운 때문에 별로 맛있게 먹지 못하였다. 오늘 아침에도 나는 밥을 먹었다. 출근 시간에 쫓기었으므로 맛을 별로 느끼지 못한 채 밥을 먹었다. 이처럼 일상성이란 아직 자기 의식의 과정으로 지양되지 못한 삶의 상태이다. 일상성의 특징은 반복이며 그것은 "지껄임"에서* 가장 잘 나타난다. 지껄임은 "지나침"이다. 일상적인 삶에서 우리는 "나"의 내면이나 세계의 원리를 깊이 음미하지 않고 매일매일을 "지나치며" 살아가고 있다.

일상성은 매일매일을 살아가는 우리들의 가장 눈에 띄는 존재 방식이다. 그러나 일상성은 현실성이 아니라 단지 가능성이다. 왜냐하면 일상성 속에서는 인간의 삶 전체가 현실적으로 드러나지 않기 때문이다. 창조적 의식과 행위가 가미된 음식이 아니라 단순한 "먹이"로서의 음식을 먹는 행위는 반복하기 마련이므로 일상적이고 가능적일 뿐이다.

여기에서 말하는 양심 역시 인간의 존재 방식 중 하나이다. 일상생활에서 나타나는 양심의 형태를 몇가지 살펴보기로 하자. 일상성 속에서 나타나는 양심 역시 피상적이며 반복적이어서 무의미한 것이다. "나는 가난하기 때문에 다른 사람의 물건을 조금 훔친다고 해도 양심에 거리낄 것이 없다", "나는 권력이 있으므로 다른 사람들의 소유물을 어느 정도 가져도 그것은 내 양심에 거슬리지 않는다", "나는 상인이므로 상품에 가능한 많은 이익을 붙여서 판다고 할지라도 내 양심에 위배되는 것은 아무 것도 없다." 일상 생활에

* 하이데거는 일상성을 지껄임, 호기심, 근심 등에서 찾는다.

서 우리는 양심을 인간의 가장 내면적이고도 본질적인 품성으로 생각한다. 비록 "너는 양심도 없는 인간이다"라고 표현하는 경우일지라도 이 말은 양심이 없다는 것을 주장하는 것이 아니라 "너의 태도는 양심에 어긋난다"는 표현을 일상적으로 묘사한 것에 지나지 않는다. 그러므로 우리들은 양심의 존재를 절대적으로 가정하여 "어떻든 내 양심은 떳떳하다", 양심에 심한 가책을 받는다"라는 말을 흔히 반복적으로 내뱉는다.

우리들은 그러나 다음과 같은 물음을 던져볼 수 있다. 양심은 과연 인간의 내면에 실재하는 것인가? 일상성으로서의 양심은 신념으로서 존재한다. 일상성으로서의 양심이 실재한다고는 말할 수 없다. 왜냐하면 일상성 자체가 실재하는 것이 아니라 현상하는 것이기 때문이다. "나는 권력이 있으므로 다른 사람의 소유물을 내가 차지하더라도 내 양심은 떳떳하다"라고 할 때의 양심은 마치 사막의 신기루와 같이 껍질만 있는 것이다. 그것은 내면적·본질적인 양심이 아니라 자기 변명이자 합리화이며, 자기 기만에 불과하다. 이렇게 볼 때 우리는 양심의 이중성(二重性)을 엿볼 수 있다.

양심은 그것이 일상적인 것이든 실존적이든간에 "부름"이다.* 일상성으로서의 부름은 지껄임이다. 지껄임은 아직 말이 되지 못한 것으로서 소리라고 할 수 있다. 지껄임은 지나쳐가는 피상적인 소리임에 비하여 말은 인간과 인간의 그리고 한 인간의 내면적인 대화를 그 안에 간직하고 있다. 앞에서 말한 것처럼 소리 및 지껄임으로서의 양심은 자기 변명·자기 합리화의 형태를 취하기 마련이다.

자기 변명은 "자기 자신을 향한 부름"을 망각한 허위와 가면이다. "자기 자신을 향한 부름"은 스스로의 삶을 결단하는 행위이다. 스

---

* 하이데거는 양심을 Ruf 로 본다. 실존적 양심이란 내면적 양심을 말한다.

스로의 삶을 결단한다는 일은 인간을 인격체이게끔 하며 인간의 실존적인 의미를 부여한다. 자기 자신을 향한 부름은 결국 "자유의 부름"이 아닐 수 없다. 그러나 자기 자신의 삶을 결단하는 행위는 물질 문명이 판을 치는 오늘을 살아가는 우리들에게는 너무나도 무거운 짐이다. 그러기에 우리들은 너나 할 것 없이 자유로부터 도피하고자 한다. 일상적인 양심은 한낱 자기 변명이다. 자기 변명은 "자기"로부터의 도피이기도 하다. 인간에게 가장 어렵고 고통스러운 것은 자신의 삶에 책임을 지며 자기 자신을 적나라하게 응시하는 일이다. 그러므로 누구든지 이러한 고통을 피하고 망각하려는 경향을 가지고 있다. 인간은 자기 자신을 응시하는 고통을 피하기 위하여 "호기심"을 가지고 "애매함" 속에 "던져진" 채로 "지껄인다."

"그러나 우리들은 이 말의 언표된 것을 어떻게 규정해야 하는가? 양심은 불려진 것에 대하여 무엇을 부르는가? 엄밀히 말해서—아무 것도 부르지 않는다. 부름은 아무 것도 말하지 않으며, 세계의 사건에 관하여 아무런 정보도 제공하지 않고, 아무 것도 설명할 것을 가지지 않는다. 적어도 부름은 불려진 자신 안에서 '자기 대화'를 개방하고자 한다."* 지껄임으로서의 양심은 아직 자기 자신을 의식하지 못한 일상성에 물들어 있다. 그것은 오로지 자기 변명으로서 삶의 수단과 목적을 구분하지 못한다. 수단과 목적을 구분하지 못하는 자기 변명은 상대적이자 우연적이다. 우리들은 사실이 그렇지 않음에도 불구하고 "나는 일류 대학을 나왔고 우리집은 경제적으로 부유하며 내 장래는 탄탄하다"라고 지껄이는 사람들을 대할 수 있다. 이러한 일반적인 지껄임과는 전혀 다르게 "나는 나이를 먹었고 지위가 높으니 나이 어린 자는 내 말을 들어야 하고 지위가 낮은 자는 내 말을 따르지 않으면 안 된다"라고 지껄이는 사람들도 볼 수 있다. 이런 경우 우리들은 다시 한번 "과연 양심이란

* M. Heidegger, *Sein und Zeit* (Tübingen 1972), S. 273.

무엇인가? 그리고 양심이 실로 존재하는 것인가?라고 자문하지 않을 수 없다. 일상적인 양심은 흔히 권위로 또는 경제적 부(富)로 아니면 지식의 축적으로 대치되고 있으며 그렇지 않은 경우에는 각 개인의 이기적인 편익을 위한 "동굴"로 대치되고 있다. 다시 말해서 일상적인 차원의 양심은 습관적인 신념 이외의 아무것도 아니다.

그러나 인간이 한걸음 한걸음 자기 자신의 내면을 응시하기 시작할 때 그리고 자기 자신의 "존재 가능성"을 스스로 물을 때 지금까지의 지껄임으로서의 양심은 "자기 자신을 향한 부름"으로 전환한다. 자기 자신을 향한 부름의 형태는 침묵이다. 자기 변명과 자기 합리화가 자기 자신을 응시하기 시작할 때 자기 변명과 자기 합리화는 자기 자신을 바라보는 고통과 고뇌 앞에서 서서히 무화(無化)하고 침묵으로 전환한다. 침묵이 가면을 쓸 때 자기 변명으로 변하며, 침묵이 허위로 물들 때 그것은 자기 합리화로 변한다. 자기 합리화를 시키는 절도범의 예를 들어보기로 하자. 수년 전에 잠깐 실수로 교도소에 들어갔다는 사실로 인하여 취직이 어려워지자 다시 범행을 저지르는 사람이 있다. 이 사람은 "사회가 나를 냉대하므로 내가 먹고 살기 위해서는 어쩔 수 없이 작은 절도 행각을 하지 않을 수 없다"라고 지껄이게 된다. 그는 자신의 양심에 그러한 절도 행위가 위배되지 않는다고 믿는다. 그러나 그가 한 인격체로서의 자신을 반성하여 자신의 조화로운 삶을 결단한다면, 그는 지금까지의 헛된 양심을 벗어 던지고 침묵에 직면할 것이다. 지껄임은 삶을 지나쳐버리게 하지만 침묵은 삶을 결단하게 해준다. "침묵은 금이다"라고 하는 말의 참다운 의미는 바로 이 점에서 찾지 않으면 안 될 것이다.

침묵으로서의 양심, 그것은 지껄임으로서의 양심을 "자기 자신을 향한 부름"으로서의 양심으로 전환시켜주는 동적인 양심의 계기이다. 침묵으로서의 양심은 아직 내면적인 양심을 개방시켜 주지는 않을지라도 한 인간이 자기 존재의 가능성을 전체적인 현실성으로 전환 가능하게 해주는 힘이다.

의식은 매일매일을 지나쳐 버리는 의식이기를 그치고 스스로를 투시하는 자기 의식으로 전환할 때라야만 내면적인 양심의 힘이 움직일 수 있다. 그러므로 의식의 경악과 침묵의 힘이 없다면 지껄임은 무한히 반복하는 순환의 잠에서 깨어날 수 없다. 따라서 내용적으로 "양심은 유일하게 그리고 끊임없이 침묵의 양식으로 말한다."* 침묵으로서의 양심은 더 이상 "호기심"을 가지고 "애매함" 속에서 "던져진" 채로 지껄이지 않는다. 앞에서 몇 차례 말한 것처럼 지껄이는 것은 가면과 허위이며 자기 변명과 자기 합리화이다. 침묵으로서의 양심은 더 이상 지껄이거나 소리지르지 않고 "말한다." 무엇을 말하는가? 그것은 침묵 속에서 자기 자신의 존재 가능성을 응시하며 말한다.

인간의 자기 자신의 존재 가능성은 무엇을 의미하는가? 더 이상 가면과 허위가 아닌 존재, 자신의 결단에 의하여 행위하는 실존, 자기 변명과 자기 합리화를 무화(無化)시키며 경악하는 존재, 이것이 바로 인간의 자기 자신의 존재 가능성이 아닌가? 그러나 존재 가능성은 아직도 개방된 존재가 아니다. 의식이 무(無)에 직면하여 있을 때 의식은 곧 존재 가능성에 직면한다. 다시 말해서 의식이 매일매일의 일상성을 무의미한 것으로 발견할 때 의식은 곧 삶의 전체성 앞에 서게 된다. 존재 가능성에 직면한 의식은 갈등하는 양심이다. 양심은 이중성(二重性)을 가지고 여전히 허위와 가면의 탈을 쓸 것인가 아니면 본래의 내면적인 모습을 드러낼 것인가의 갈등을 체험하지 않으면 안 된다. 일상성과 "자신의 삶"의 갈등 속에서 양심은 지껄임을 던져버리고 자기 자신을 부른다. 이제 양심이 부르는 것은 내면적 자아이고, 조화로운 삶이며, 행복이 아닐 수

---

* *Sein und Zeit* (Tübingen 1972), S. 273.

없다. 양심은 한 인간의 내면적 완성을 부른다.

그러나 인간은 자기 스스로를 부르는 양심의 고뇌를 망각하기 위하여 때로는 종교적인 신을 갈구하고 때로는 생물학적인 본능에 호소하기도 한다. 그리하여 많은 사람들이 "양심은 전능하신 신이 부여한 것이니 신의 말씀을 따르자"라든가 아니면 "인간은 생물학적 존재이므로 양심이란 가장 기본적인 생물학적 충동에 불과하다"고 외친다. 외침과 지껄임 사이에는 아무런 질적인 차이가 없다. 외침이란 오직 시끄러운 소리이며 지껄임은 단지 지루한 소리일 뿐이다. 외침과 지껄임은 둘 다 똑같이 우연성·반복성·상대성에 물들어 있다.

그러나 침묵으로서의 양심이 자신의 갈등을 의식할 때 "부름은 나로부터 나와서 나를 넘어서며 나에게로 다가온다." 자기 자신을 향한 부름은 바로 나를 향한 부름이다. 침묵 속에서의 부름은 나의 안과 나의 밖에 울려퍼지는, 삶 전체를 향한 부름이 아닐 수 없다. 더 나아가서 "양심은 관심의 부름으로서 스스로 나타난다."* 일상성과 내면적 양심 사이의 갈등은 곧 인간의 관심이다. 관심은 침묵 안에서 말한다. 관심은 "애매함" 속에 전락하여 "호기심"을 가지고 지껄이는 일상적인 개인을 지시하며 나아가서 동시에 자유에 의하여 결단하는 주체로서의 인간을 말하기도 한다. 양심의 이중성은 곧 관심의 이중성을 암시하여 준다. 그러므로 침묵으로서의 양심은 갈등이며 동시에 갈등은 "관심의 부름"이다. 만일 갈등이 전혀 없는 양심이 있다면 그것은 의미가 없다. 왜냐하면 양심이란 결단하는 힘이며 그와 같은 힘은 언제나 갈등 앞에서 결단하지 않으면 안 되기 때문이다. 따라서 갈등은 애매함을 명백함으로 전락을 상승으로 그리고 호기심을 명상으로 전환시키는 힘이다. 그러므로 갈등과 모순의 극복은 오로지 갈등의 힘에 의해서만 가능하다.

---

* 이상에서의 몇가지 인용에 관해서는 *Sein und Zeit* 중 제 2 부, 제 2 장을 참조할 것.

갈등이 없는 세계는 유토피아에 지나지 않는다. 유토피아와 같은 이상향은 공상 속에서 그리고 인형과 기계의 차원에서만 가능하다.

앞에서 나는 양심은 관심의 부름이자 갈등이라고 말하였다. 왜냐하면 양심은 항상 죄책감을 동반하기 때문이다. 양심이 떳떳할 때나 떳떳하지 못할 때나 양심은 죄책감에 직면한다.

이른 새벽 안개 자욱한 호수가를 거닐면서 나는 무엇을 듣는가? 가벼운 바람 소리와 갈매기의 날카로운 울음을 듣는다. 대낮의 평화 시장 좁은 골목을 지나면서 나는 무엇을 듣는가? 장사꾼들의 드높은 목소리를 듣는다. 눈 쌓인 겨울 해변을 산책하면서 나는 무엇을 듣는가? 파도 소리와 눈망울이 큰 연인의 다정한 음성을 듣는다. 그러나 호수가에서, 시장 골목에서 그리고 겨울 해변에서 내가 듣는 것이 과연 바람 소리, 장사꾼의 목소리, 파도 소리인가? 내가 가장 깊숙한 내면의 침묵으로 침잠할 때 나는 아무 것도 듣지 않는다. 호수가에서 시장에서 그리고 겨울 해변에서 나는 무엇을 듣는가? 나는 오직 나 자신만을 듣는다. 참다운 양심은 다른 어떤 것도 아닌 "자기 자신의 부름"이며 "자기 자신의 들음"이다.

나 자신의 부름이 나 자신을 제대로 부르지 못할 때 죄책감이 생긴다. 사실은 그렇지 않음에도 불구하고 "송모씨는 제 분수를 모르고 좌충우돌하며 지껄이고 돌아다닌다" 라거나 "기모씨는 어떤 지위에 올랐다 하면 작은 지위라도 굉장한 것으로 생각하여 그 지위를 휘두른다"라거나 "박모양의 성적이 탁월한 것은 그녀가 시험 때마다 남몰래 부정 행위를 하기 때문이다"라고 말할 경우 이렇게 말하는 사람은 당연히 죄책감을 느끼기 마련이다. 우리가 스스로의 경험을 되살려볼 때 우리들 자신이 앞에서 말한 이야기를 지껄일 때가 많음을 알 수 있다. 여기에 비해서 어떤 사태에 대한 죄책감이 있을 수 있다. 사실과는 전혀 달리 나의 아버님은 괜찮은 회사의 사장님이시다"라거나 "내 조상은 양반이다"라고 말할 경우 다른 사람보다는 오히려 어떤 사태를 가면화하여 자기 변명을 함으로써 우리는 죄책감을 느낀다. 그렇다면 양심과 죄책감은 서로 모순되는 것인가 아니면 일치되는 것인가? 죄책감은 양심의 한 계기이다. 죄책감으로 인하여 양심은 스스로를 확인한다. 물론 일상성 안에서는 이와 같은 말이 성립할 수 없다. 왜냐하면 일상성으로서의 양심은 죄책감을 은폐시키기 때문이다.

그러므로 비본래적인 행동 방식에 대한 반성 내지 판단력은 곧 죄책감이다. 죄책감은 나 자신의 부름을 내가 듣지 못할 경우 나 자신이 들을 수 있게 해주는 의식의 힘이다.

죄책감은 양심의 본래성을 개방시켜 준다. 죄책감이 없다면 나의 존재는 무의미하여진다. 죄책감이 잠자는 일상성 안에서는 나와 너와 우리가 모두 평균인(平均人)이며 1차원적인 존재이다. 1차원적인 인간은 본능적·이기적이며 단지 사회의 부속품에 지나지 않는다. 죄책감은 자신을 반성하는 주체로서의 인간에게만 가능하다. 그러나 주체로서의 인간은 어느 곳에서 반성을 하는가? 주체로서의 인간은 공동 존재 안에서, 곧 인간 관계 속에서 스스로를 반성한다. 죄책감은 사회 속의 부속품이 아니라 나와 너와 우리인 주체로서의 인간 공동 존재 안에서만 가능하다.

그러므로 이러한 맥락에서 살펴볼 때 죄책감은 세계 확인이요, 자기 존재의 확인이며, 동시에 양심의 확인이다. 양심이 자기 자신의 부름이라면 죄책감은 자기 자신의 들음이다.

양심은 조화로운 삶 전체를 구성한다. 따라서 양심은 삶에 질서를 부여하는 힘이다. 양심은 우선 지껄임으로서 양심 자체를 지양시키며 자신의 내면으로부터 자신의 계기인 죄책감을 전개한다. 양심은 한편으로 자기 변명과 자기 기만을 극복하며 또 한편으로는 선과 악의 질서를 부여함으로써 악을 선으로 상승시키는 힘의 역할을 행사한다. 왜냐하면 양심은 인간의 가장 내면적인 주체성이자 자유의 원동력이기 때문이다. 의무와 자율도 역시 양심 때문에 가능하다.

일상성으로서의 양심은 허무이다. 허무가 허무로 정지한 상태는 반복적인 매일매일의 삶이다. 허무의 양심은 자기 변명이자 자기 기만이다. 양심은 결국 인간이 자신의 삶을 결단하는 실존적인 연관성에서 물어지지 않으면 안 된다. 양심은 인간의 주체성의 부름이다. 그러므로 양심은 나 자신의 부름이자 나 자신의 들음이다. 왜냐하면 참다운 부름이 있는 곳에는 언제나 참다운 들음이 있기 마련이기 때문이다. 나 자신의 부름과 나 자신의 들음은 행복을 향한 인간의 행위이다. 나 자신의 부름과 나 자신의 들음이 없는 곳에는 언제나 허무와 죽음만이 커다란 입을 벌리고 우리들을 기다리고 있을 뿐이다.

제 6 장
말의 뜻

1. 언어가 나타나는 현상

우리 속담에 "등잔 밑이 어둡다"는 말이 있다. 언어를 놓고 이야기할 경우 등잔은 일상적인 삶이요, 밑은 언어에 해당한다고 말할 수 있다. 아우구스티누스는 그의 《고백록》에서 시간에 관하여 다음과 같이 말한다. "만일 아무도 나에게 묻지 않는다면 나는 그것을 안다. 그러나 내가 그것을 어떤 질문자에게 대답해야 한다면 나는 그것을 알지 못한다."* 일상적인 삶을 우리는 등잔 빛처럼 환하게 밝은 것으로 생각하고 있다. 그러나 그것을 자세히 들여다보면 일상적인 삶은 애매함에 물들어 있으며 몽롱한 안개에 휩싸여 있다. 돌이 지난 어린 아이로부터 팔순 노인에 이르기까지 남녀노소를 막론하고 말을 하며 지구상의 어떤 종족이든 언어를 가지고 있다. 확실히 언어는 인간을 다른 존재들과 구분하는 명백한 증거이다. 그러나 우리들이 일단 언어 현상을 반성해보면 아우구스티누스가 시간에 관하여 말했던 것과 똑같은 난점에 직면하여 당황하지 않을 수

* *Confession*, XI, 14.

없다. "만일 아무도 언어에 관하여 나에게 묻지 않는다면 나는 그것을 안다. 그러나 내가 그것을 어떤 묻는 이에게 답하여야 한다면 나는 그것을 알지 못한다."

우리들의 삶에서 언어는 이중성(二重性)을 띠고 있다. 우리들은 ① 일생 생활에서 마치 언어에 관하여 잘 알고 있는 것처럼 말하며 행동하지만 ② 실상 언어의 본질에 관해서는 아무 것도 알지 못한다. 그러므로 언어는 "알려지지 않고 신뢰받는 것"*이다. 우리는 언어를 깊이 신뢰하고 있기에 다음과 같은 말을 나눌 수 있다. "너 오늘 그 철학 책 읽었니?" "응, 조금 읽어보았는데 어떤 부분은 쉽고 이해도 잘 되지만 어떤 부분은 공허한 내용만 있었어." 그러나 이렇게 말하는 사람들에게 도대체 언어란 무엇이냐고 물으면 그들은 정확한 답을 제대로 찾기 힘들 것이다. 그러므로 우리들은 일상 생활에서 언어를 깊이 신뢰하고 있으면서도 본질적으로는 언어가 무엇인지 알지 못하고 있다.

언어는 인간을 인간이게끔 하는 기적이 아닐 수 없다. 언어는 ① 감각적으로 지각 가능한 기호로서 ② 사고 작용을 필연적으로 동반하며 ③ 대상이나 사태를 직접적·간접적으로 지시한다. 그러므로 이와 같은 세 가지 특징을 가지지 않은 것은 언어라고 말할 수 없다. 언어는 소리나는 말이나 글로 나타나며 따라서 우리들은 말을 귀로 듣거나 글을 눈으로 읽음으로써 머리로 생각하여 그 말이나 글이 어떤 대상이나 사태를 지칭하는지 알게 된다. "외침, 휘파람, 나팔 부는 소리, 시끄러운 잡음 등은 전혀 언어가 아니며 자연음이 되울리는 소리와 앵무새의 소리흉내도 마찬가지로 언어가 아니다. 내가 듣거나 말하는 소리 속에서 대상과 의미에 대한 나의 의도를 완성할 경우에 비로소 언어가 존재한다. 내가 그처럼 소리 속에서 나와 떨어져 있는 대상을 생각하고 있는 사실은 언어의 근본 현상

* M. Heidegger, *Unterwegs zur Sprache* (Pfullingen 1959), S. 258.

이다. 내가 말하는 소리는 소리 이상일 뿐만 아니라 소리 형상이다."* 이 인용문에서 우리들은 언어가 바로 음(音)의 형상이며 글의 형상임을 알 수 있다. 바람 소리나 비행기 소리, 고양이 울음 등은 대상이나 사태의 의미를 전달하지 않을 뿐만 아니라 사고(思考)도 동반하지 않는다. 이러한 현상은 글을 보면 더 확실히 알게 된다. 모든 글은 대상과 사태의 의미를 담고 있다. 그러므로 말과 글에서 우리들은 대상의 의미를 찾는다. 왜냐하면 말과 글로 이루어진 언어는 대상과 감각과 사고(思考)의 관계에서 대상의 의미를 지칭하는 형상으로 드러나기 때문이다.

보다 더 자세히 살펴보면 언어는 두 가지 관계, 곧 외적인 관계와 내적인 관계를 가진다. 언어의 외적인 관계는 감각이며 언어의 내적인 관계는 사고이다. 언어가 감각 및 사고와 얼마나 밀접한 관계가 있는가를 살피기 위하여 여기 한 편의 시를 예로 들어보자.

넓은 벌 동쪽 끝으로
옛이야기 지줄대는 실개천이 휘돌아가고
얼룩백이 황소가
해설피 금빛 게으른 울음을 우는 곳

—그곳이 참하 꿈엔들 잊힐리야.

질화로에 재가 식어지면
비인 밭에 밤바람 소리 말을 달리고
엷은 졸음에 겨운
늙으신 아버지가 짚베개를 돋아 고이시는 곳

—그곳이 참하 꿈엔들 잊힐리야.

흙에서 자란 내 마음
파아란 하늘빛이 그리워
함부로 쏜 화살을 찾으려

---

* Karl Jaspers, *Die Sprache* (München 1964), S. 12.

풀섶 이슬에 함초롬 휘적시던 곳

—그곳이 참하 꿈엔들 잊힐리야.

傳說 바다에 춤추는 밤물결 같은
검은 귀밑머리 날리는 어린 누이와
아무렇지도 않고 예쁠 것도 없는
사철 발벗은 아내가
따가운 햇살을 등에 지고 이삭 줍던 곳

—그곳이 참하 꿈엔들 잊힐리야.

하늘에는 성근 별
알 수도 없는 모래성으로 발을 옮기고
서리 까마귀 우지짖고 지나가는 초라한 지붕
흐릿한 불빛에 돌아앉아 도란거리는 곳

—그곳이 참하 꿈엔들 잊힐리야.

鄭芝溶, 《鄕愁》 全文

이 시에서 우리들은 "넓은 벌 동쪽 끝으로"라는 첫머리부터 "그곳이 참하 꿈엔들 잊힐리야"라는 끝 귀절까지를 시각에 의존하여 읽는다. 눈으로 읽으면서 동시에 생각한다. 나는 여기에서 생각, 곧 사고(思考)의 의미를 넓게 풀이한다. 좁은 의미의 사고는 논리적인 사고일 뿐이다. 그러나 넓은 의미에서의 생각은 논리적인 사고뿐만 아니라 느낌과 상상과 합리적·이성적 사고까지 모두 포함한다. 감각과 사고가 맞부딪힐 때 언어가 구성되며 또한 거꾸로 언어에 의해서 감각과 사고가 맞부딪혀서 언어의 의미가 떠오른다. "옛이야기 지줄대는 실개천", "금빛 게으른 울음" 등은 무의미한 기호가 아니라 생생한 대상의 모습과 그 모습에 대한 인간의 넘쳐흐르는 느낌이 담겨 있는 의미있는 언어로서의 글이다. 시골에 살아본 경험이 있는 사람이라면 "사철 발벗은 아내"라든가 "따가운 햇살", "흐릿한 불빛" 등의 의미를 가슴깊이 느낄 수 있을 것이다.

이렇게 본다면 언어는 감각과 사고의 유기적인 상호 관계에서 성립한다고 말할 수 있다. 그러나 여기 한 가지 중요한 것이 있으니 그것은 언어가 제아무리 풍부한 대상의 의미를 담고 있으며 지칭한다고 할지라도 언어는 기호라는 사실이다. 우리들은 사고에 의해서 기호를 구성하며 또 한편으로 언어라는 기호는 우리들의 사고를 구성한다. 편의상 다음의 시를 인용하여 언어와 사고의 순환 관계를 살펴보기로 하자.

저 山에도 까마귀, 들에 까마귀
西山에는 해진다고
지저귑니다.

앞 江물, 뒷 江물
흐르는 물은
어서 따라오라고 따라가자고
흘러도 연다라 흐릅디다려.

金素月《가는 길》

나의 생각은 "저 山에도 까마귀, 들에 까마귀"라는 기호를 구성한다. 이 기호는 정지한 채로 있는 것이 아니라 나의 사고를 다시금 구성하게 해준다. 그리하여 나의 사고는 "西山에는 해진다고 지저귑니다"라는 내용을 다시금 언어로 구성하게 된다. "앞 江물, 뒷 江물"로부터 "흘러도 연다라 흐릅디다려"까지를 보아도 언어와 사고가 순환적으로 상호 구성하고 있음을 알 수 있다. 이렇게 보면 언어와 사고는 동일한 차원에 자리잡고 있다고 말할 수 있다.

2. 말과 생각

신화라든가 전설에 등장하는 식물과 동물 그리고 심지어는 바위까지도 말을 한다. 그러나 그것은 식물과 동물 그리고 바위를 인간이 의인화(擬人化)시켰을 때 가능하다. 말이란 대상이나 사태를 생각에 의해서 구성할 때 비로소 의미있는 언어가 된다.

우리들은 인간의 사고와 언어에 관하여 다음과 같이 말할 수 있다. ① 사고는 대상과 사태를 구성하며 창조하는 힘으로서 대상과 사태에 의미를 부여하고 ② 그러므로 사고에 의해서 직접적으로 구성되는 언어도 대상과 사태를 부차적으로 구성하여 형태화한다. 언어와 사고가 얼마나 밀접한 관계를 가지고 있는지는 다음의 예를 보면 쉽사리 알 수 있다. "빵세"(pensée)라는 불란서 말이 있다. "생각"이라는 우리말은 누구나가 알고 있다. 그러나 불어에 낯선 사람은 "빵세"라는 단어를 무의미한 것으로 보게 된다. 왜냐하면 그에게는 이 단어에 있어서 언어와 사고의 긴밀성이 아직 드러나지 않고 은폐되어 있기 때문이다. 그러나 불어에 낯선 사람이 "생각한다"라는 동사를 불어로는 "빵세르"(penser)라고 하며 이것의 명사형인 "생각"을 "빵세"(pensée)라고 한다는 것을 알게 되면 지금까지 은폐되어 있던 언어와 사고와의 관계는 명백히 드러나게 된다. 따라서 어떤 언어이든 사고와 떨어질 수 없는 관계를 가지고 있음을 알 수 있다.

언어는 말과 글로 이루어지며 말과 글은 우리들의 감각적인 "들음"과 "봄"에 의해서 1차적으로 성립한다. 그러나 동시에 사고가 작용함으로 인하여 말과 글이 의미를 가지게 된다. 사고가 포함되지 않은 말이나 글은 죽은 것이라고 볼 수 있다. 앞에서 "빵세"의 예를 보았는데 이 단어가 전혀 사고를 동반하지 않을 때는 의미를 상실한다. "빵세"라는 단어가 사고를 접할 때 "생각"이라는 의미를 비로소 가진다. 이러한 사실은 내가 가끔 교실에서 학생들과 나누는 대화에서도 발견된다.

"김양, 내가 지금 손에 어떤 것을 들고 있네. 자네도 그것을 분명히 보고 있네. 자네는 무엇을 보는가?"
"책을 봅니다."
"김양, 좋아. 우리들은 누구나가 책을 본다고 말하겠지. 그러나 좀더 생각해보면 책이라고 우리가 말할 때 그것은 '책'이라는 글이나 '책'이라고 말하는 소리일세. 내가 지금 손에 들고 있는 것은 '책'이라는 글이나 소리나는 말이 아니고 물건이네. 그렇다면 김양, 자네는 무엇을 보는가?"
"……"

우리들이 보는 것은 푸른 색과 네모난 형태이다. 만일 만져본다면 딱딱하면서도 매끄럽다고 느낄 것이다. 펼쳐보면 인쇄된 글자들이 있다. 우리들의 사고는 이러한 요소들을 종합하여 "나는 지금 책을 보고 있다"고 결정한다. 우리들은 사실 색깔이나 형태를 볼 뿐이고 "책"이라는 개념으로서의 언어는 사고에 의해서 구성된다. 그렇다고 해서 언제나 먼저 인간의 사고가 있은 다음에 언어가 구성된다고 주장한다면 그것은 잘못이다. 왜냐하면 우리들은 언어를 통해서 생각하고 또한 생각에 의해서 언어를 구성하기 때문이다. 다시 말해서 언어 자체가 사고적인 본성을 가지고 있다고 말할 수 있다. 그러기에 언어와 사고는 순환 관계를 이룬다.

언어와 사고의 순환 관계에서 나타나는 것은 의미이다. 만일 언어가 의미를 지니지 않는다면 그것은 죽은 언어이다. 의미는 동적인 것이다. "저 사람", "이 장미꽃" 등은 의미를 우리들에게 전달한다. 소리로 된 말과 쓰여진 글은 의미 전달의 매개 역할을 한다.

그러므로 언어는 대상을 의미화하여 나 안에서 그리고 나와 남 사이에서 의미를 전달함으로써 인간 관계를 성립시키며 대화를 가능하게 한다. 대화란 언어를 통하여 성립하는 의미 전달이다.

3. 대　화

사람은 말하는 존재이다. 동시에 사람은 생각하고 행위하는 존재이다. 사람은 자신의 생각과 행위를 말로 표현한다. 사람은 "나"의 생각과 행위를 "너"에게 말로 표현한다. 이때 말은 벌써 관계가 된다. "관계"로서의 말은 대화이다.

인간 사회에서 대화라는 관계에 의해 드러나는 현상을 무엇이라고 할 수 있을까? 그것은 공감(共感)이다. 그것은 일체감이다. 또한 그것은 조화이다. 사람은 태어나서 죽는 순간까지 자신을 표현하고 또 표현하려고 애쓴다. 곧 대화를 하려 한다. 다시 말해서 세계 안에서 일체감 내지는 조화를 얻으려고 한다. 이러한 태도는 때와 장소를 막론하고 이루어지는 삶의 모습이다. 그런데 일체감은, 곧 조화는 무엇을 뜻하는 것일까?

내가 모짜르트의 피아노 소나타를 듣는다고 하자. 만일 처음부터 끝까지 도음(Do 音)만 계속하거나 아니면 미음(Mi 音)만 계속한다면 그것은 소나타도 아무 것도 아닐 것이다. 서로 전혀 상관없는 음(音)들이 모여 조화를 이룬다. 그것을 우리는 음악이라고 한다. 모짜르트의 피아노 소나타는 조화의 울림이다. 이 조화의 울림이 내 영혼의 들림에 일치할 때 나는 모짜르트의 피아노 소나타를 듣는다. 그저 피아노 소리만 듣거나 무작정 도취되기만 한다면 그것은 음악이 아니라 "소리"에 지나지 않는다. 음악의 본질이 "울림과 들림"

의 음악성이라는 일체감 내지는 공감에 있는 것과 마찬가지로 대화의 본질 또한 일체감 내지는 공감에 있다. 그러므로 "나"만을 고집할 경우이거나 또는 "너"만을 주장할 경우에는 대화의 형태가 일그러질 수밖에 없다. 대화가 자신의 모습을 상실하면 그것은 "소리"로 전락해 버리고 만다.

한 송이 장미꽃이 있다고 하자. 잎과 줄기와 가시와 꽃이 건강할 때 우리는 그것을 아름다운 장미꽃이라고 한다. 그렇다고 플라스틱으로 만든 한 송이 장미꽃을 우리가 아름다운 장미꽃이라고 할 수 있을까? 제대로 판단력이 있는 사람이라면 절대로 그렇게 말하지는 않을 것이다. 왜? 한 송이 장미꽃의 아름다움은 그 본질을 생명에 가지고 있기 때문이다.

대화야말로 한 송이 아름다운 장미꽃처럼 생명을 본질로 한다. 생명은 일체감이자 공감이다. 단지 형식에 불과하며 겉치레에만 그치는 말을 우리는 대화라고 하지 않고 "소리"라고 한다. 벌레가 우는 것을 벌레 소리라 하며 기계가 돌아가면서 내는 음을 기계 소리라고 한다.

오늘날 우리는 도대체 어떤 사회에 살고 있기에 많은 사람들이 "생명력있는 대화"에 대한 절실한 필요성을 느끼고 있는 것일까? 한마디로 우리는 물질 문명의 사회에 살고 있다. 이 사회에서 우리는 물질이 물질을 더욱 발달시키고 금전이 금전을 더욱 풍부하게 해주기를 바라고 있다. 과연 그럴 수 있을까? 피아노가 피아노를 연주할 수 있을까? 붓이 한 폭의 그림을 그릴 수 있을까? 실상 오늘날의 물질 문명 사회에서 모든 것은 기술로 전락된 느낌을 주고 있다. 모든 것이 물질을 위한 수단 내지는 기술이 된 느낌을 준다. 삶의 목적은 오늘날 과연 어디에 있으며 삶의 의미는 또한 과연 무엇인가?

우리가 삶의 의미를 그리고 세계의 의미를 체험하고 드러내기 위해서는 "자기 반성"을 근거로 한 대화의 문을 열지 않으면 안 된다. 대화란 여러 가지 측면에서 이야기될 수 있다. 첫째로 대화는 사람들끼리 주고받는 말이다. 두번째로 대화는 나와 너 사이의 말이다. 세번째로 대화는 "세계 원리"의 표현이다. 첫번째 의미의 대화는 일상적인 말이다. 이것은 "지껄임"이며 "지나침"이다. 지껄임과 지나침으로서의 말은 허위와 기만을 특징으로 가진다. 제아무리 조리가 있고 제아무리 질서 정연할지라도 어떤 이의 말이 내용을 결여하고 있으면 그것은 결국 지껄임이요, 지나침에 불과하다. 왜냐하면 그것은 생동하는 대화가 아니기 때문이다.

두번째로 나와 너 사이의 말은 반성이다. 나와 너 사이의 말은 나 자신을 들여다보게 하며 또한 너 자신을 들여다보게 한다. 그리하여 나아가서 서로를 들여다보게 한다. 그러나 그것은 아직도 나와 너를 넘어선 사회나 세계의 의미를 밝혀주지는 못한다. 그러기에 연인들 사이의 말과 우리들의 말은 서로의 이해를 안겨다주고 긍정적이며 달콤하기는 해도 냉정하지가 못하다.

대화의 본질은 "세계 원리"의 표현에 있다. 세계 원리의 표현이란 간단히 말해서 삶의 자기 반성이다. 지껄임과 지나침으로서의 말이 가면을 벗으면 나와 너 사이의 말로 상승하며, 이것이 다시금 자기 반성에 도달할 때 우리는 세계 원리의 표현인 대화를 체험한다.

쉽게 말해서 우리는 원활한 대화에서 일체감을 소유할 수 있다. 원활한 대화란 조화로운 대화, 곧 생동하는 대화이다. 지껄임과 지나침으로서의 말에서 그리고 나와 너 사이의 말에서 가지는 우리의 의견은 흔히 잘못된 생각이기가 십상이다. 왜냐하면 이 두 단계에서 우리는 삶과 세계의 전체성을 보지 못하고 단순히 주관적인 내 세계 안에만, 아니면 주관적인 나를 정당화시킬 수 있는 "우리들의 세계" 안에만 머물기 때문이다. 자기 반성이 아무런 계기도 없이 이루어질 수 있는 것은 아니다.

잘못된 의견도 다시 한번 생각할 수 있는 계기를 만날 때 비로소 자기 반성을 향한 문이 열린다. 다시 말해서 부분적·피상적인 생각이 자기 전개를 하여 내면성·전체성을 향하여 눈을 뜰 때 삶의 의미와 세계 의미가 드러난다. 만일 우리가 대화의 본질이 자기 반성에 있음을 알지 못하고 또한 자기 반성을 향한 아무런 계기도 창조적으로 형성하지 않을 경우 우리는 무한한 수단으로서의 말에만 집착할 것이다. 곧 언제까지나 "지나침"으로서의 삶을 영위할 것이다. 그러나 우리는 삶과 세계가 실로 모순에 가득 차 있음을 보고 경악하게 된다. 세계 원리의 표현으로서의 대화는, 곧 자기 반성으로서의 대화는 늘 은폐되어 있고, 달변이나 능변, 곧 지껄임과 지나침이 현실을 지배하고 있는 듯이 보여진다. 어떠한 근거에서 이러한 현상이 가능할까? 왜 허위와 기만으로서의 달변과 능변이 대화의 행세를 버젓이 할 수 있는 것일까?

달변과 능변은 실은 이기심과 지배욕의 미화(美化)이다. 그것은 전체성과 조화를 보지 못하는 독단이다. 달변과 능변은 전혀 상대방을 의식하지 않는다. 그것은 모든 사람의 의견을 억지로 주관적인 틀에 이끌어들이려 한다. 그러기에 달변은 항상 내용보다는 겉치레를 더 아름답게 하기 마련이다. 달변은 아직 깨어나지 못한 자기 내면에서의 유희에 불과하다. 따라서 그것은 아무런 일체감을 불러일으킬 수 없는 "공허함"이다. 달변과 능변이 현실을 지배하는 듯이 보이는 것은 형식과 겉치레가 화려한 때문이다. 달변과 능변이 참다운 대화가 되기 위해서는 형식과 겉치레 대신 내용과 생명력과 양심을 포함하지 않으면 안 된다. 그러므로 우리는 분명히 "달변만이 좋은 의견은 아니다"라고 말할 수 있다.

좋은 의견이란 참다운 사고(思考)이다. 사람의 존재 방식인 말은 대화로, 생각은 사고로 그리고 행위는 일로 나타난다. 이들은 각각 분리되지 않고 순환 구조를 형성한다. 따라서 사고와 대화가 없는 일은 죽은 일이다. 오늘날의 사회는 분업 사회이다. 기계적인 의미의 "분업"을 인간적인 의미로 전환시키는 분임제적(分任制的) 일로 순환시키는 곳에서 우리는 대화의 가능성을 발견한다. 분임제의 일은 생동하는 대화를 내용으로 가지므로 폐쇄된 사회를 개방된 사회로 전환시킬 수 있다.

대화는 사람의 인격체적인 자기 전개이다. 자기 전개가 있는 곳에서만 이해가 가능하며 삶과 사회와 세계의 의미가 본질적으로 드러날 수 있다. 대화에 의해서만 사람은 세계에 대한 일체감 및 공감을 체험할 수 있다. 왜냐하면 대화는 "관계"로서의 인간에게 의미를 전달하고 부여함으로써 인간으로 하여금 자기 반성을 가능하게 해주는 언어의 본질이기 때문이다.

4. 세계 구성과 말

하이데거에 의하면 "언어는 그 본질에 있어서 표현도 아니며 인간의 활동도 아니다."* 이 말은 언어가 단지 형식적으로 정지되어 있는 껍질이 아니라 동적으로 의미를 간직하고 전달한다는 것을 나타내려는 의도를 포함하고 있다. 그러므로 "언어는 말한다"**라고 표현할 수 있는 것이다. 인간이란 도대체 무엇이냐고 물을 때, 우리들은 "인간은 생각하는 동물이다", "인간은 도구를 제작하는 동물이다", "인간은 정치적인 동물이다" 등등 여러 가지로 다양하게 인간을 정의할 수 있다. 그러나 "인간은 말하는 동물이다"라는 표현은 앞에서 말한 여러 가지 인간의 정의(定義)들을 모두 포함한다.

* *Unterwegs zur Sprache* (Pfullingen 1959), S. 19.
** 같은 책.

왜냐하면 말은 이미 생각 및 행동과 순환 관계를 형성하고 있기 때문이다.

인간은 왜 말하고 생각하고 행동하는가? 자기를 표현하기 위하여 인간은 말하고 생각하고 행동한다. 다시 말하자면 인간은 스스로 자신의 삶을 구성하며 나아가서는 세계를 구성한다. "언어는 존재의 집이다. 인간은 언어의 집에 거주한다."*

인간은 언어에 의해서 세계를 구성하고 그 안에서 살아간다. 다시 말해서 언어로 집을 만들고 그 안에서 산다. 이 말은 인간이 언어로써 대상을 파악한다는 뜻이다. 언어는 틀이다. 그러므로 우리들은 어떤 것을 "나무"라고 언어화시키며 또 어떤 것을 "꽃"이라고 언어화시킨다. 편의상 시 한 편을 예로 들어서 왜 언어가 존재의 집인지를 살펴보기로 하자.

> 눈이 부시게 푸르른 날은
> 그리운 사람을 그리워하자
>
> 저기저기 저 가을 꽃자리
> 초록이 지쳐 단풍드는데
>
> 눈이 내리면 어이하리야
> 봄이 또 오면 어이하리야
>
> 내가 죽고서 네가 산다면?
> 네가 죽고서 내가 산다면!
>
> 눈이 부시게 푸르른 날은
> 그리운 사람을 그리워하자

徐廷柱, 《푸르른 날》

이 시에서 눈, 날, 꽃자리, 봄, 나, 너 등이 모두 특정한 의미를

* *Platons Lehre von der Wahrheit. Mit einem Brief über den Humanismus* (Bern 1947), S. 53.

가지고 있다. 특정한 의미를 가진다는 것은 각각의 대상이 고유한 틀을 가지고 있다는 것을 뜻한다. 고유한 틀은 다름 아닌 "존재의 집"이며 동시에 언어이다. 고유한 틀은 언어라는 재료에 의하여 한층 더 정교하게 꾸며진다. "눈이 부시게 푸르른", "그리운", "저기 저기 저"… 등은 집의 모양을 구체적으로 장식한다. 이상에서 본 것과 마찬가지로 인간은 언어에 의하여 세계를 구성한다. 일단 세계가 구성되면, 인간은 관계 속에서 구성된 세계의 정보를 교환하면서 세계를 재구성한다. 우리들은 이러한 현상을 세계에 대한 인간의 체험과 표현과 이해의 순환적 관계라고 말할 수 있다. 우리들은 대상을 앎으로 인하여 대상을 특정한 틀(곧 언어)에 넣어 표현하고 따라서 대상을 전체적으로 체험한다. 이러한 대상의 체험은 곧 세계 구성이고 이 세계 구성은 표현에 의하여 인간과 인간 사이에 전달되어 의사 소통이 이루어진다.

따라서 언어의 사용이 부정확할 때 그리고 언어가 사고와 함께 조화를 이루지 못했을 때 ① 세계 구성이 불완전하므로 인간의 자기 반성이 성취되지 못하고 ② 인간과 인간 사이에 대화가 제대로 성립하지 못하므로 현실적인 갈등이 심각해진다.

이렇게 본다면 언어에 의하여 조화로운 세계 구성을 이룩하기 위해서는 인간 주체의 자기 반성이 필수적이라고 하지 않을 수 없다. 왜냐하면 자기 반성적인 주체로서의 인간에 의해서만 의미와 개성을 소유한 세계 구성이 가능할 것이기 때문이다.

第 7 장
자연적 아름다움과 예술적 아름다움

1. 자연과 예술

우리들은 진리를 알고 선을 행하며 아름다움을 느낀다. 학문과 종교와 예술은 인간의 정신적인 삶을 구성하는 세 가지 세계이다. 여기에서 정신적인 삶이라고 하는 말은 일상적인 삶과 대립되는 개념이다. 삶은 하나의 전체적인 것이다. 전체적인 삶은 반복적인 것과 비반복적인 것으로 구분된다. 욕망의 본능에 따라서 매일매일을 살아갈 때 그러한 삶은 반복적이며 일상적이다. 우리들이 살아가고 있는 대부분의 삶은 일상적인 것에 물들어 있는 것처럼 생각된다. 그러나 일상적인 삶을 살아가는 가운데서도 우리들은 변하지 않는 앎을 추구하려고 한다. 그리하여 학문의 세계를 구성한다. 또한 우리들은 세계의 근원으로서의 절대자에 대한 신앙을 가지려고 한다. 이때 종교의 세계가 성립한다. 그런가 하면 우리들은 아름다움을 느끼는 경향을 가지고 있다. 이 경우 예술의 세계가 성립한다. 그렇다면 예술적인 아름다움이란 무엇인가? 이 물음에 답하기 위해서는 아름다움이 무엇인지가 밝혀져야 할 것이고 다음으로 예술이 무엇인지가 해명되어야 할 것이다.

둘에다 둘을 보태면 넷이다. 이것을 우리는 선하다고도 하지 않으며 아름답다고 하지도 않는다. 어떤 장관이 길거리의 거지를 똑같은 인격을 가진 인격체로 대하며 대화를 나눈다고 하자. 이것을 우리는 참다웁다고도 하지 않으며 아름답다고 하지도 않는다. 이와 같은 행동은 선한 행동에 속한다. 그러나 호수가에 희고, 붉고 또한 노란색의 장미꽃이 활짝 피었다고 하자. 또는 아늑한 실내에 모짜르트의 피아노 소나타가 울려퍼지고 있다고 생각해보자. 이 경우 우리들은 분명히 "아름다운 장미꽃"이니 또는 "아름다운 음악"이니 하고 느끼게 될 것이다. 그렇다면 아름다움이란 대상에 대한 조화된 느낌이라고 말할 수 있다. 그러나 우리들은 대상이 어떤 성격을 가지는가에 따라서 여러 가지 다른 조화된 느낌을 가지게 된다.

예컨대 내가 어떤 여인과 마주앉아서 대화를 한다고 가정해보자. 이 여인은 전형적인 한국 미인의 용모를 가지고 있으며 게다가 교양이 넘치고 천박한 맛은 전혀 찾을 수가 없다. 나는 이 여인을 "우아한 여인"으로 느낀다. 이러한 경우의 아름다움은 우아미(優雅美)라고 불리운다. 다음으로 숭고미(崇高美)를 이야기할 수 있다. 추사(秋史)의 어떤 붓글씨 앞에 서서 이 붓글씨가 인간이 썼다고는 생각하기 어려운 경지를 보여준다고 하자. 이때 나는 숭고한 아름다움을 느끼게 된다. 다음으로는 비장미(悲莊美)를 들 수 있다. 고대 희랍의 비극이나 세익스피어의 비극에서 우리들은 비장한 아름다움을 느낄 수 있다. 또한 풍자극이나 코메디 안에서 우리들은 해학미(諧謔美)를 느낀다. 익살과 풍자가 비난과 욕설로 끝나는 것이 아니라 전체적인 삶의 상황에 조화를 가져다줄 때 우리는 해학미를 느낀다. 다음으로는 추미(醜美)를 꼽을 수 있다. 보통 아름다움과 추함은 반대되는 것으로 여겨진다. 그러나 추함이 아름다움을 구성하는 요소가 되며 추함이 아름다움으로 승화될 때 우리는 추미를 느끼게 된다. 《노트르담의 꼽추》를 예로 들어보자. 꼽추는 자신의 생명을 걸고 에스메랄다를 사랑한다. 소설의 머리에서 우리는 꼽추의 일그러진 얼굴과 흉칙한 모습에서 아름다움은 전혀 찾아볼 수 없고 추함만을 본다. 그러나 소설이 진행되는 사이에 꼽추의 한결같은 사랑과 에스메랄다의 무관심에 점차로 우리는 관심을 바꾸며 소설의 마지막에 이르러 우리는 비장미까지 느끼고 드디어는 꼽추를 더 이상 추하게 보지 않고 그에게서 추미를 느낀다. 조화로운 느낌은 이처럼 대상의 성질 및 그 성질이 우리에게 어떻게 관계하느냐에 따라서 가지각색의 아름다움으로 등장한다. 그러나 이러한 아름다움은 크게 나눌 때 자연적 아름다움과 예술적 아름다움으로 구분된다. 자연(自然)이라는 말은 "스스로 그러함"의 뜻을 지닌다. 스스로 그러한 것의 아름다움이 바로 자연미(自然美)이다. 그렇다면 자연미는 예술미(藝術美)와 대립되는 개념이다. 자연 대상으로부터 우리는 자연적인 아름다움을 느끼기 마련이다.

설악산, 한려 수도, 홍도 등의 경치에서 우리는 아름다움을 느낀다. 구름·꽃·나무 등에서 아름다움을 느낀다. 바닷가를 산책하는 여인에게서 아름다움을 느낀다. 이처럼 우리가 자연 대상으로부터 느끼는 아름다움은 자연미이다. 그러나 자연미와는 달리 인간의 의식이 현실적으로 자연을 변형시켜서 구성한 대상으로부터 우리는 아름다움을 느낀다. 이러한 아름다움은 예술미라고 일컬어진다.

인간은 세계를 조화롭게 구성하며 그처럼 구성된 것에서 아름다움을 느끼기 마련이다. 인간이 세계를 조화롭게 구성하는 방식을 예술이라고 부른다. 그러면 여기에서 다시 예술을 보다 쉽게 파악하기 위하여 내가 수업 시간에 학생과 나누는 대화를 인용해보기로 하자.

"우리는 인간의 의식 세계를 학문과 종교와 예술로 구분할 수 있는데 우선 예술을 놓고 이야기해보기로 하자. 그러면 어떤 사람을 예술가라고 할 수 있는지, 자, 송군, 이야기해보게."

"사회에서 인정하는 사람을 예술가라고 합니다."

"좋은 답이네. 예술가라고 하면 구체적으로 시인, 소설가, 음악가, 화가 등등으로 나눌 수 있네. 특정한 사회 단체, 곧 소설가 협회와 같은 곳에서 전혀 나를 인정해주지 않는 데도 불구하고 내가 나를 멋대로 소설가라고는 하지 못하며 남들도 나를 소설가라고 불러주지는 않네. 그렇다면 여기 어떤 한국 시인이 있다고 생각해보세. 이 사람이 한국에서 시를 쓰며 시인으로 인정받다가 어떤 일로 인하여 프랑스에 이민가서 산다고 해보세. 이 사람은 프랑스 말은 전혀 못하는 사람일세. 프랑스에서는 이 사람을 시인이라고 인정할까?"

"한국 시인이라고는 인정하지만 프랑스 시인이라고는 인정하지 않을 것입니다."

"좋은 답일세. 그러면 예술가는 반드시 사회가 인정해주어야만 예술가일 수 있을까?"

"……"

사실 모든 문제가 근원적인 물음에 도달하면 답을 찾기 힘들게 된다. 우리는 두 가지 차원에서 예술가를 이야기할 수 있다. ① 좁은 의미에서 특정한 사회가 인정하는 예술가가 있으며 ② 넓은 의미에서 모든 인간을 예술가라고 볼 수 있다. 김소월이나 서정주를 들먹일 때 그리고 김홍도며 김중업을 화가라고 부를 때 이들은 사회적으로 인정받은 예술가들이다. 그러나 보다 더 근본적인 의미에서의 예술가는 누구인가? 진정한 의미에서의 예술가는 인간들 각자이다.

어린 아이는 흥이 나면 노래를 읊조리고 노인도 마찬가지이다. 소년은 애타는 감정으로 그리움과 사모의 정을 편지에 담아서 등교길에 한번 본 소녀에게 부친다. 그것은 이미 한 편의 시이다. 국민학교 1학년 꼬마는 아파트의 좁은 방 흰 벽에다 넓은 바다와 산과 구름을 제멋대로 그린다. 그것은 이미 한 폭의 그림이다. 인간은 본질적으로 예술가이다. 왜냐하면 인간은 대상을 조화롭게 구성하며 그렇게 구성함으로써 아름다움을 느끼고 또한 아름다움을 누리기 때문이다.

인간은 본질적으로 아름다움을 창조하며 구성한다. 피아니스트의 예를 보자. 어떤 피아니스트가 베토벤의 피아노 소나타를 연주한다. 그의 연주 시간은 30 분이 걸렸다. 그러나 30 분의 연주 시간이라는 제한된 시간 안에서 피아니스트는 순간과 영원을 동시에 연주한다. 30 분의 정해진 시간 속에서 피아니스트는 자신의 혼을 다하여 한 인간의 길고 짧은 삶을 연주하며 나아가서 끝을 알 수 없는 자연의 긴 세월을 연주한다. 피아니스트는 시간을 구성하며 시간을 창조한다. 그러면 화가는 어떤가? 어떤 화가가 유리창만한 화폭에 산과 바다를 그렸다고 하자. 이 화가는 정해진 공간을 무한으로 구성하며 창조한다. 이렇게 볼 때 예술이란 인간이 그곳에 아름다움을 창조하며 구성하는 세계라고 하지 않을 수 없다.

2. 디오니소스적인 것과 아폴론적인 것

여기에서 나는 니체의 《비극의 탄생》을 소재로 하여 예술을 구성하는 인간의 두 가지 측면을 살펴보려고 한다. 다음의 글은 예술이 어떤 요소로 구성되어 있는가를 잘 설명하여준다. "예술의 발전은 아폴론적인 것과 디오니소스적인 것의 이중성으로 결합되어 있다."* 니체는 아폴론적인 것을 "꿈"으로 그리고 디오니소스적인 것을 "명정"(酩酊)으로 비유한다. 아폴론적인 것은 조용한 질서를, 디오니소스적인 것은 꿈틀거리며 광란하는 운동을 나타낸다. 아폴론 신은 형식적인 기능을 수행하는 단순히 논리적인 차원임에 비하여 디오

* Nietzsche, Werke Bd. I (München 1977), S. 21.

니소스 신은 유기적인 삶의 힘을 지칭하는 동적인 차원을 나타낸다. 하나의 대상은 이중성을 가지고 있다. 예컨대 장미꽃의 색깔과 향기 및 형태는 외부적·형식적인 것으로 아폴론적인 것에 해당한다. 그러나 장미꽃의 색깔을 빨갛게 만들며 향기를 내게끔 해주는 힘은 동적인 생명의 힘으로서 디오니소스적인 것에 해당한다.

아폴론은 수학적인 정밀함을 소유한 미술적 힘으로서 모든 대상을 형식적으로 나누어보며 대상에 질서를 부여한다. 즉 아폴론은 대상들을 하나하나 개별화(個別化)시키는 원리이다. 여기에 비하여 디오니소스는 대상들 전체를 하나로 통일시키는 내면적 삶의 원리로서 개별화를 파괴시킨다.* 물론 니체가 말하는 아폴론적인 것과 디오니소스적인 것은 비극의 두 요소이다. 니체는 비극의 형식을 구성하는 요소를 아폴론적인 것으로 보고 비극이 동적인 내용을 구성하는 요소를 디오니소스적인 것으로 본다. 그리하여 그는 아폴론을 미술의 신으로 보며 디오니스스를 음악의 신으로 본다. 그러나 우리들은 이러한 니체의 입장을 모든 예술에 확장시킬 수 있다. 그렇다면 예술을 구성하는 두 요소는 아폴론적인 것과 디오니소스적인 것이 된다. 디오니소스는 예술을 예술이게끔 하는 내면적인 힘이요, 아폴론은 예술의 표상(表象)에 해당한다. 니체가 말하는 표상은 쇼펜하우어가 주장하는 것과 동일하다. 세계를 충동적이며 움직이는 것으로 파악하지 않고 원인과 결과에 따라서 자연적으로 발생하는 현상으로 파악할 경우에 성립하는 것이 표상이다. 그러나 디오니소스는 예술을 구성하는 내면적 의지이다. 하이데거 식으로 말하자면 "아폴론은 디오니소스의 집이다." 아폴론적인 것은 예술에 형식을 부여하는 반면에 디오니소스적인 것은 예술에 동적인 내용을 부여해준다. "모든 상징적인 힘들의 이러한 전체적인 모습을 벗기기 위하여 인간은 이미 상징적인 힘으로 자신을 상징적으로 언명

* 康英啓, 《왜 철학을 하는가》, 제 10 장 참조.

하고자 하는 그러한 자기 표현의 정상에 도달하여 있지 않으면 안 된다. 디튀람부스적인 디오니소스 숭배자는 오직 그 자신과 유사한 것에 의해서만 이해되지 않는가! 원래 그에게는 모든 것이 낯설지 않으며, 실로 그의 아폴론적인 의식이 오직 가면처럼 이 역동적인 세계를 그에게서 은폐시키는 것은 놀라웁게도 그에게 전율이 뒤섞이는 것보다도 더 위대한 것이다."*

우리들은 니체가 말하는 아폴론적인 것과 디오니소스적인 것을 예술을 구성하는 두 요소로 파악한다. 다시 말해서 예술을 구성하는 인간의 의식은 이중성을 가지고 있어서 하나는 형식을 부여하는 측면이요, 또 하나는 내용을 부여하는 측면이라고 볼 수 있다. 그러므로 어떤 음악을 들을 경우, 음악 속에 들어 있는 체험 내용은 풍부하건만 형식이 부족한 것을 느낄 때가 있으며 그와는 정반대로 형식은 빈틈이 없지만 삶의 체험 내용이 빈곤할 때도 있다. 그러므로 예술은 형식과 내용이 제대로 조화될 때 가장 아름다울 수 있고 따라서 우리가 그 앞에서 아름다움을 느낄 수 있다.

3. 아름다움과 삶의 목적

"김소월의 시 《진달래꽃》은 아름다운 시이다"라고 말할 때 시에 대한 나의 느낌은 이미 사고에 의하여 정리된 것이다. 어떤 느낌이 사고에 의해서 정리되면 그것은 이미 판단이다. 우리들은 일반적으로 판단을 사실 판단, 가치 판단 그리고 미 판단(美判斷)으로 구분한다.

보통 자연적 사실에 관한 앎의 문제는 사실 판단에 속한다. "수소와 산소가 화합하면 물이 된다", "비가 오면 땅이 젖는다" 등과

* Nietzsche, Werke Bd. I (München 1977), S. 28.

같이 주로 어떤 원인이 있으면 반드시 일정한 결과를 가져오는 사실을 규정하면 그러한 판단은 사실 판단에 속한다. 그러므로 사실 판단은 자연의 법칙을 기술하는 판단이라고 볼 수 있다. 자연 법칙을 기술함에 있어서는 인간의 주관적인 느낌이나 믿음이 거의 작용하지 않는다. 따라서 우리들은 인과 법칙(因果法則)에 종속하는 자연적 현상을 사실 판단에서 객관적으로 기술한다고 볼 수 있다.

자연적 현상에 관한 규정이 사실 판단이라고 한다면 인간의 행동을 규정하는 판단은 가치 판단이다. 사실 판단에서는 사실의 긍정이나 부정, 다시 말해서 사실의 참다움이나 거짓됨이 기술된다. 이에 비해서 가치 판단에서는 행위의 선함과 악함이, 곧 행위의 옳음과 그릇됨이 기술된다. "네가 수재민을 위해서 성금을 기부한 행위는 선한 행위이다", "네가 수재 의연금을 다른 곳에 빼돌린 행위는 악한 행위이다", "타인을 인격체로 대하는 행위는 선한 행위이다" 등과 같이 행위의 가치 문제를 규정하는 판단이 가치 판단이다.

결국 선한 행위는 자유로운 행위이다. 그러므로 가치 판단의 척도는 바로 자유에 있다고 말할 수 있다. 수재 의연금을 내거나 타인을 인격체로 대하는 행위가 선한 행위라면 그것은 바로 그러한 행위가 자유를 바탕으로 삼으면서 동시에 자유를 목적으로 삼기 때문이다. 따라서 가치 판단은 인간의 자유에 대한 판단이라고 말할 수 있다. 그렇다면 법칙적인 자연과 자발적인 자유를 연관시켜줄 수 있는 것은 무엇인가? 그것은 예술이다.*

우리는 예술이 곧 자연이라고 할 수도 없으며 또한 예술이 바로 자유라고도 할 수 없다. 예술은 자연적이면서 동시에 자유의 요소를 갖추고 있다. 예술의 형식은 자연적이지만 예술의 내용은 자발적인 자유이다. 예술의 자연적인 형식과 자발적 자유에 의한 내용의 결합은 무엇으로 나타나는가? 그것은 아름다움으로 나타난다.

---

* 칸트의 《판단력 비판》 서론을 참조할 것.

"신사임당의 우아한 난초 그림"이라고 말할 때 그것은 예술의 아름다움을 규정하므로 이 경우에 성립하는 판단은 미 판단이다. 이상과 같이 볼 때 우리는 이론적 인식에 관한 판단을 사실 판단, 실천적 행위에 관한 판단을 가치 판단 그리고 이론과 실천이 결합된 예술적 아름다움에 관한 판단을 미 판단이라고 말할 수 있다. 그런데 이제 또 하나의 다른 문제가 우리들 앞에 놓여 있다. 우리들은 맹목적으로 아름다움을 구성하며 또한 느끼는가? 우리들이 예술을 창조하고 감상하는 것은 식욕이나 성욕과 같이 기본적인 본능에 속하는 것인가? 이러한 물음은 정당한 물음이 되지 못한다. 왜냐하면 예술이란 이미 일상성을 순화시킨 정신 세계의 창조 대상이기 때문이다. 예술이 정신적인 산물인 한에 있어서는 특정한 목적을 결여할 수 없다. 의식적인 인간의 삶의 목적은 하나이다. 그것은 바로 행복이다. 인간은 학문을 통하여 진리에 도달하고자 하며 종교를 통하여 선을 행하고자 하며 또한 예술을 통하여 아름다움을 구성하고자 한다. 진리와 선과 아름다움의 조화야말로 행복이 아닐 수 없다. 그러므로 아름다움 역시 삶의 목적에 속한다고 보지 않을 수 없다.

삶의 목적은 행복이며, 행복은 여러 가지 각도에서 볼 때 갖가지의 형태로 빛을 발하니 그것들은 앞에서 말한 진리와 선과 아름다움이다. 이처럼 "하나가 여럿"인 이론은 율곡의 이일분수(理一分殊) 이론을 살펴보면 쉽사리 이해가 될 수 있다. 율곡은 다음처럼 말한다. "일본지리(一本之理)는 이(理)의 체(體)이고 만수지리(萬殊之理)는 이(理)의 용(用)이다."* 율곡은 세계의 근원인 태극(太極)을 본체와 현상으로 구분한다. 본체는 움직임으로 인하여 여러 가지 현상으로 나타나기 마련이다. 말하자면 하나의 본체는 그 쓰임새로 인하여 수없이 많은 현상으로 나타나고 반대로 수없이 많은 현상들은 하나

* 栗谷全書, 卷 12, 答安應休.

의 본체를 근원으로 가진다. 그러므로 "물은 그릇을 따라서 모나기도 둥글기도 하며 허공은 병에 따라서 작아지기도 하고 커지기도 한다"*라는 말은 율곡의 이일분수설(理一分殊說)과 이통기국론(理通氣局論)을 잘 대변하여준다. 이통기국이란 이(理)는 두루두루 통하며 기(氣)는 국한시킨다는 말이다. 우리들은 율곡의 말을 따라서 삶의 목적인 행복은 하나이지만 그 현상은 진리와 선과 아름다움으로 나타난다고 생각할 수 있다. 그러므로 예술에 관하여 말할 때, 아름다움을 결여한 예술은 단지 형식적인 예술에 지나지 않으며, 더우기 예술적인 아름다움을 결여한 삶은 삶의 목적을 상실한 삶이라고 말하지 않을 수 없을 것이다.

* 栗谷全書, 卷 10, 書 2, "水逐方圓器 空隨小大甁."

제 8 장
종교에 관한 명상

1. 세계의 근원

스위스의 바젤에서 유럽 니체 철학회가 열리고 있을 때 뷔르츠부르크 대학의 교육학 교수 뵘이 연구 발표하는 중에 다음과 같은 말을 하던 것이 기억난다. "요사이 학생들은 수업에 성의가 없으며 가치관도 부족하고 미래에 대한 설계도 없다. 그러므로 교육하는 입장에 서 있는 교수들은 보다 더 강렬한 성의를 가지고 학생들을 가르치지 않으면 안 되겠다." 뵘의 발표가 끝난 후 나는 다음과 같은 질문을 그에게 했다. "물론 가르치는 것도 중요합니다. 그러나 인간은 돌멩이 한 개, 한 포기의 잎새에서도 무궁무진한 것을 배울 수 있읍니다. 그러므로 우선 요사이 학생들이 왜 그러한지를 우리가 먼저 알고 배우면서 그들을 가르치는 것이 중요하지 않을까요?" 나의 이 말에는 다분히 동양적인 색채가 들어 있는 것이 사실이다.

그것이 샤마니즘이든 토테미즘이든간에 아득한 옛날부터 지금까지 우리들은 자연과 하나가 되어 살려는 경향을 가지고 있다. 서구의 분석적인 과학 문명이 판을 치는 지금 어쩌면 우리들에게는 자연과 하나가 되려는 욕구가 더 강한지도 모르겠다. 우리네 조상들은 자연을 고향으로 생각하였다. 그리하여 산과 강과 바위를 그리고 바다와 바람을 혹은 외경의 마음으로 혹은 친근한 마음으로 숭배하고 돌보아왔다. 인간은 누구나 눈에 보이는 현상 세계를 인정하면서 동시에 세계의 근원이 무엇인지를 묻기 마련이다.

우리는 오늘날에도 주변에서 산신령을 믿거나 용왕님을 믿는 모습을 드물지 않게 살필 수 있다. 어떤 사람들은 갑작스런 일을 당하거나 당황했을 때 "하느님 맙소사!"라고 소리친다. 또 어떤 사람들은 재난을 당했을 때 "하느님 우리 아들의 병을 꼭 낫게 해주십시요"라고 빈다. 이 경우 하느님은 ① 직접적으로 하늘을 의미하기도 하며 ② 간접적으로는 세계 근원을 뜻한다. 고대인들에게는 하늘이 아마도 외경의 대상이었을 것이다. 해와 달과 구름이 있으며 바람을 일으켜 사계절을 있게 해주는 하늘이야말로 모든 것을 있게끔 하고 삼라만상을 좌우하는 세계의 근원으로 여겨졌을 것이다. 그러나 점차로 인간의 의식에는 보이는 현상으로서의 하늘이 아니라 보이지 않는 세계 근원이 삶을 좌우하는 것으로 생각되었을 것이다. 그러므로 "하느님 맙소사!"라든가 "하느님 도와주십시오!"라고 할 때의 하느님은 눈에 보이는 저 높은 하늘보다는 우리의 눈에 보이지 않는 세계 근원을 뜻할 것이다. 고대의 사람들은 동서양을 막론하고 자연 현상을 신비스럽게 생각하였으며, 이러한 자연 현상의 근원 내지 원인은 무엇인지 의심하였다. 그리하여 희랍이나 인도, 중국 등지에서는 삼라만상을 이루는 요소들을 물·불·흙·공기 등이라고 보았다. 어떤 사람은 물이 자연 세계를 만드는 근원이라고 보았다. 왜냐하면 살아 있는 것이든 죽은 것이든 모두 물로 구성되어 있으며 어디에나 흔한 것이 물이기 때문이었다. 또 어떤 사람은 공기가 자연 만물의 근원이라고 보았다. 공기가 희박해지면 불이 되고 반대로 공기가 농축되면 수증기·물·흙 등이 된다고 믿었다. 그러나 후에는 물・불・흙・공기의 네 요소가 만물을 만드는 원인이라고 보는 견해가 일반적이었다.

그러나 인간은 세월이 지남에 따라서 구체적인 감각적 앎으로부터 추상적인 사고를 하기 시작하였다. 서양에서는 우주 만물을 있게 해주는 근원을 "정신"이라고 보는 견해가 생겼으며 중국에서는 "태극"(太極)이나 "도"(道)를 만물의 근원이라고 보게 되었다. 이러한 견해는 눈에 보이는 원인이 아니라 눈에 보이지 않는 원인을 추구하려는 합리적인 생각을 동반하였다. 그리하여 인간을 비롯하여 모든 현상들을 서로서로 의존하며 존재하는 존재자로 보게 되고 존재자들을 있게 해주는 원인을 존재 자체 또는 존재로 보게 된다. 서로서로 의존하는 것들이 존재자임에 비하여 모든 존재자들의 원인인 존재는 다른 어떤 것에도 의존하지 않으므로 실체(實體)라고도 일컬어진다. 세계 근원으로서의 "정신"이나 "이성" 또는 "태극"이나 "도"는 아리스토텔레스나 쿠자누스가 말하는 미인의 비유에 의해서 설명될 수 있다. 어떤 장소에 아릿다운 미녀가 있고 그녀의 주변에 수없이 많은 젊은 남성들이 있다고 가정해보자. 이 미녀는 어떤 남성에게도 관심이 없음에도 불구하고 젊은 남성들은 누구든지 혹시나 그 미녀가 자신을 사랑해주지 않을른지 또는 어떻게 하면 그녀의 사랑을 독점할지를 곰곰이 생각하며 들뜬 가슴으로 동요하게 될 것이다. 미인이 젊은 남성들을 전혀 움직이게 하지 않았음에도 불구하고 젊은 남성들은 모두가 크게 동요한다. 이 예를 보면 독립적인 실체와 실체에 의해서만 현상 세계에 있을 수 있는 존재자들의 의미 및 관계를 알 수 있다.

존재와 존재자의 문제를 탐구하는 분야를 넓게는 형이상학이라고 하며, 좁게는 존재론이라고 부른다. 인간은 한편으로는 구체적으로 현상 세계에 있는 존재자들의 근원인 존재를 추상적 사고에 의해서 탐구하고자 하지만, 또 한편으로는 세계 근원을 절대자로 신앙하는 경향을 본질적으로 소유하고 있다. 이 경우 세계 근원은 존재 자체가 아니라 전지 전능한 신으로 전환한다. 존재론적인 존재 자체는 종교적인 신과 동일한 것으로서 그것은 바로 세계의 근원이다. 그러나 이들 두 가지는 서로 다른 삶의 방식의 대상이다. 존재론적인 존재는 추상적 사고의 대상이며 종교적 신은 신앙의 대상이다. 다시 말해서 존재는 학문의 대상이고 신은 종교의 대상이다. 다음 절에서 우리는 종교의 일반적 특징을 살피면서 특히 종교 문제를 현대적인 관점에서 살펴보게 될 것이다.

2. 현대와 종교*

현실은 인간 의식의 표현이다. 현실은 구체적으로 정치·경제·문화·사회·과학·종교 등의 다양한 모습으로 나타난다. 이들 다양한 현실들의 모습은 서로 긴밀한 연관성을 가지고 가정과 사회 그리고 국가와 세계를 구성한다. 이들 현실은 바로 인간의 삶을 구성한다. 해마다 우리를 괴롭히는 가뭄과 물난리는 자연만의 파괴력이라고 볼 수는 없다. 만일 수백 년 전부터 산과 물에 대한 전략을 일관성있게 꾸준히 밀어왔더라면 가뭄과 물난리는 어느 정도 막을 수 있을 것이다. 가뭄과 물난리는 우리들의 의식의 일부를 반영한다. 정치·경제의 현실도 마찬가지이다. 오늘날 우리들이 접하고 있는 복잡하고 산만한 종교적 현실 역시 우리들의 의식의 표현이 아닐 수 없다.

일반적인 관점에서 볼 경우 다양한 현실의 모습들 가운데서 가장 기본적인 것은 종교적 현실이다. 왜냐하면 인간의 삶이라는 전체적 현실을 표현하는 가장 내면적이고도 근원적인 의식은 역시 종교적

* 이 절은 《왜 철학을 하는가》의 8장 1절을 수정·보완한 것임.

의식이기 때문이다. 과학적 의식이나 예술적 의식에 앞서서 종교적 의식은 인간의 가장 기본적인 의식이다. 왜냐하면 인간은 신화로부터 출발하여 이성의 세계로 들어오기 때문이다. 역사를 돌이켜보면 인간의 모든 삶의 형태는 근원적으로 신앙과 신화에 초점을 맞추고 있다.

이상과 같은 점들을 미루어볼 때 종교적 의식은 한 사회 집단과 한 국가의 현실을 가장 잘 표현한다고 말할 수 있다. 만일 우리들이 지금 종교의 문제점을 해결하여 핵심적인 내용을 얻으려고 한다면 가장 구체적이고도 직접적인 현실에서부터 출발하지 않으면 안 된다. 우리들이 현학적인 철학 책에서 흔히 발견할 수 있는 것처럼 공허한 개념들만을 길게 늘어놓거나 또는 단순히 무의미하게 개념을 분석하기만 하는 작업은 구체적이고 생생한 삶을 해석하고 이해하며 체험하는 데 전혀 적합치 못하다. 그러므로 우리들은 오늘날 우리들의 직접적인 삶에서 전개되고 있는 종교적 현실을 구체적인 바탕 위에서 음미하고 반성함으로써 삶의 가장 깊은 내면에서 그러한 종교적 현실을 표현하는 종교적 의식의 본질적인 구조를 해명할 수 있다. 동시에 우리들은 미래 지향적인 차원에서 자기 창조적, 자기 반성적인 종교적 의식의 자유와 자발성에 대한 보장을 획득할 수 있다. 왜냐하면 내면성을 무시한 종교는 단지 형식으로 그칠 것이기 때문이다.

시간적·역사적으로 우리의 삶이 현실적으로 전개되고 있는 장소는 20세기 후반의 한반도이다. 이 장소는 무수한 고난과 고통의 역사를 내포한 현대의 바람을 숨쉬고 있다. 현대라는 개념은 일반적으로 산업 사회, 물질 문명, 이데올로기 집단 등의 성격을 포함하고 있다. 이러한 특징들은 인간의 삶에 있어서 한편으로는 긍정적인 측면을 가진다고 볼 수 있기는 해도 오히려 부정적인 측면을 훨씬 더 강하게 포함하고 있는 것이 사실이다. 따라서 현대를 좌절·

소외 · 인간성 상실의 시대로 표현하려는 경향이 오늘날의 철학적 관심에서 현저하게 나타나고 있는 것이다.

종교적 현실에 있어서는 무엇보다도 특히 ① 산업 사회 안에서의 종교의 산업화 ② 물질 문명 안에서의 종교의 도구화 ③ 이데올로기 집단 안에서의 종교의 정치화 등이 우리가 직면하는 종교의 부정적인 측면이라고 볼 수 있다. 이상과 같은 부정적인 현상은 종교의식, 다시 말해서 신앙심이 무의미하고 반복적인 일상적 의식으로 전락한 것을 뜻한다. 일상적 의식으로 변모해버린 종교 의식이 나타내는 종교적 현실은 질적(質的)인 내용을 상실하고 양적(量的)인 형식만을 소유하게 된다. 양적인 것은 집단적인 크기를 자랑으로 여기며 언제나 측정 가능한 외부적 대상의 성질을 가지기 때문에 삶의 심원한 가치와 의미를 상실하고 단지 수단으로 존속할 위험을 안고 있다.

우리들의 직접적 · 구체적인 현실에 있어서 불교 · 유교 그리고 기독교는 오늘을 살아가고 있는 우리들에게 과연 어떤 가치와 의미를 던져주고 있는가? 이들 종교가 나타내주는 현실은 역사 · 지리적으로 무수한 모순과 갈등의 고통을 안고 있는 오늘 우리들의 삶에 과연 미래 지향적인 방향 설정을 명확히 지시하여주고 있는가? 어떤 특정한 종교적 현실이 결핍된 부정적 신앙심으로서의 가면적인 종교 의식을 바탕으로 삼고 지나칠 정도로 극단적으로 사회화하거나 산업화하는 경향은 없는가? 또는 정치 · 경제적인 도구나 수단으로 전락해버리는 경향은 없는가?

신앙은 원초적인 종교 의식이다. 그러나 종교 의식이 전체적으로 활짝 전개되지 못하고 단지 은폐되어 가능성으로만 머물러 있을 경우 종교가 산업화 · 정치화 · 사회화하는 경향은 거짓된 종교 의식으로 나타나서 부정적인 그리고 결핍된 허위의 종교적 현실을 나타낸다. 그러므로 그와 같은 거짓된 종교적 현실이 그럴듯한 가장 강한 주장과 함께 보장하는 미래 지향적인 삶은 자연히 헛된 것일 수밖에 없다. 그것은 마치 조화(造花)가 온갖 찬란한 색깔과 형태를 가지고 있다고 할지라도 싱싱한 내음과 생명을 결여하고 있는 것과도 같다.

현대인, 특히 오늘 이곳에서 삶을 영위하고 있는 우리들 현대인은 이미 오래 전부터 본래적인 삶의 터전을 벗어나 고난과 고통에 시달리고 있다. 몽고와 중국과 일본의 잦은 침략 그리고 내부에서 일어난 무수한 정변과 사화 등은 어쩔 수 없는 역사적 사실이기도 하겠지만 오히려 우리들 스스로의 의식이 불러일으킨 역사적 사실이기도 하다. 불교와 유교와 기독교가 지나치게 현실과 타협했던 역사적 사실 역시 우리들의 정신적 삶이 불러일으킨 것이었다. 그러므로 우리들은 질서와 조화를 그리고 미래와 현재를, 나아가서는 삶의 의미와 가치를 보장해줄 수 있는 종교적 현실과 이러한 현실을 전체적으로 표현해주는 내면적인 성실한 종교 의식에 대한 격렬한 동경을 소유하고 있다. 그러나 종교 의식인 신앙은 오직 주체적 인간의 자유와 자율에 의해서만 질서있는 종교적 현실을 구성하고 창조하며 표현할 수 있다. 결핍된 그리고 부정적인 종교 의식을 극복하고 전환시켜서 순화시키는 것이 절대적인 세계 근원에 대한 외경심 내지는 신앙을 내용으로 삼는 종교 의식의 본질적인 과제이다. 이러한 과제는 결국 인간이 개인으로서가 아니라 주체적인 인격으로서 자유와 자율에 의하여 자신의 삶을 선택하고 결단할 때 성취될 수 있는 성질의 것이다.

오늘날 우리들이 아직도 긍정적·미래 지향적인 삶을 계획하고 실천할 수 있는 가장 커다란 정신적 요인들 중의 하나는 역시 불교·유교 및 기독교적인 원초적 종교 의식이라고 말할 수 있다. 그러면서도 또 한편 우리들은 지나치게 많은 문제점들과 모순과 갈등이 누적되어 있는 지금·이곳의 우리들 스스로의 현실을 바로 바라볼 때 종교에 관한 원초적 의식에 의하여 우리들의 지나간 역사적 현실이 얼마나 순화의 과정을 거칠 수 있었는지 묻지 않을 수 없다. 다시 말하자면 우리들 자신이 주체적인 인격체로서 과연 능동적으로 신앙을 순화시켜 왔었는지를 묻지 않을 수 없다.

가까운 역사를 거슬러 올라가서 볼 때 우리는 천주교가 여러 가지 난관을 극복하고 개화기에 우리들의 삶에 있어서 긍정적인 역할을 담당했으며 미래 지향적인 삶의 조망을 던져주었다는 사실을 기억한다. 동시에 신교도 비록 천주교보다는 시대적으로 약간 뒤졌지만 일본의 지배 아래에서 그리고 해방 전후와 6·25 이후 오늘날까지 우리들의 삶에서 긍정적인 차원을 지향하여 왔다는 것을 우리는 알고 있다. 그러나 70년대로부터 여러 가지 정치·경제·사회적인 부수적인 여건과 아울러 80년대에 들어서면서 특히 우리들 주변에 거짓된 각양각색의 종교 의식이 종교의 가면을 쓰고 산업화·물질화·이데올로기화에 편승하고 있는 경향을 우리들은 명백히 대할 수 있다. 우리들은 가까운 역사와 주변의 상황을 출발점으로 삼아서 지금·이곳에서 종교가 인간의 삶에 대하여 가지는 의미를 분석하고 고찰함으로써 우리들의 종교 의식을 보다 더 본래적인 것으로 지양시킬 수 있으며 나아가서는 원초적인 종교 의식으로서의 조화있는 신앙으로 순화시켜 나갈 수 있을 것이다.

종교 의식으로서의 신앙은 도구처럼 급속한 시간적 차원에서 인위적으로 제멋대로 제작될 수 있는 성질의 것이 아니다. 그것은 비록 유한한 시간적 차원에서 현실로 나타난다고 할지라도 인격의 자유와 자율에 의하여 의식에 의해서 창조되며 구성된다. 불교·유교·기독교의 경전에 나타나 있는 종교적 의식을 보더라도 그것이 하루아침에 이루어진 것이 아니라는 것을 쉽사리 알 수 있다. 종교적 의식은 장구한 역사를 거쳐서 의식의 전개와 함께 꽃피우기 마련이다.

자유와 자율에 의하여 구성되는 종교 의식이 은폐될 때 우리들은 스스로의 인격으로부터 도피하여 산업 사회, 물질 문명, 이데올로기 집단 속으로 들어가서 그 속의 한 요소 내지는 부속품으로 만족하려고 한다. 다시 말하자면 원초적인 종교 의식을 망각하고 상실할 경우 인간은 더 이상 자유와 자율에 의하여 행위하는 인격 주체이기를 그치고 "무관심하고 지나쳐버리는 개인"으로 만족해버리고 만다. 진지한 신앙심이 아니라 정치적 또는 경제적 목적을 위하여 교회에 나가는 사람이 있다면 그러한 사람과 종교와는 사실 아무런 관계도 없을 것이다. 오늘을 절박하게 살아가고 있는 우리들이 어떤 시간·공간적인 지점에 "있는지" 그리고 우리들이 "무엇인지"를 근원적으로 해명하여 참다운 인격 주체의 전체적인 삶을 구성하기 위해서 우리들은 현대인에게 있어서의 종교의 의미를 묻지 않을 수 없다. 왜냐하면 종교는 가장 깊은 내면으로부터 인간의 삶을 좌우하는 정신적인 세계이기 때문이다.

3. 종교의 역할*

인간의 행위가 목표와 방향을 상실할 경우 사회와 역사는 방황과 혼돈에 물들기 마련이고 따라서 좌절과 몰락 및 후퇴가 삶을 지배하게 된다. 사회와 역사만이 아니라 한 개인의 경우도 마찬가지이다. 만일 어떤 사람이 자신이 하여야 할 일을 망각하고 매일같이 노름과 음주를 계속한다면 그 결과는 과연 어떻겠는가? 앞에서 말한 인간 행위의 목표와 방향은 내면적·유기적·전체적인 목표와 방향을 지시한다. 제아무리 확고 부동한 목표와 방향이라고 할지라도 그것이 외형적이요 형식적인 것으로 그치고 만다면, 그러한 목표와 방향은 인간의 삶에 하등의 가치나 의미도 부여해주지 못한다

* 이 절은 《왜 철학을 하는가》의 8 장 2 절을 수정·보완한 것임.

고 말할 수 있다. 어떤 개인이나 사회가 확실한 목표와 방향을 설정하여 놓고 전혀 실천적인 행위를 행하지 않는다면 그러한 목표와 방향은 겉치레에 지나지 않는다.

넓게 현대 사회라는 전체적 입장을 염두에 둘 경우 그리고 좁게는 한국의 현실적인 종교의 위치와 역할을 돌이켜볼 때 과연 우리는 어떠한 느낌과 생각을 가지게 되는지 묻지 않을 수 없다. 만일 어떤 특수한 한 종교의 교리나 의식에만 절대적으로 충실한 입장에 선다면 그때에는 별다른 큰 문제가 제기되지 않는다. 왜냐하면 그러한 경우 우리들은 불교나 기독교의 어떤 한 종교를 맹신함으로써 다른 것을 보살필 여지가 없게 될 것이기 때문이다.

그러나 어떤 하나의 사태를 근원적으로 파악하고 탐구하기 위해서는 설령 어떤 특수한 한 종교를 신봉한다고 할지라도 종교 일반에 관한 보편적·필연적인 요소를 추구하고자 하는 마음가짐을 지니지 않으면 안 된다. 왜냐하면 인간과 세계의 본질 및 근원에 관한 근본적인 탐구를 기초로 해서만 어떤 특수한 하나의 종교도 보편적이면서도 합리적인 바탕을 소유할 것이기 때문이다. 다음에 종교에 관하여 우리들이 일상적인 삶의 도처에서 흔히 만날 수 있는 현상을 가지고 몇가지 물음을 던져보기로 하자. 물론 여기에서 내가 물음을 제기하는 것은 어떤 특정한 종교의 종파나 집단을 지적하기 위해서가 아니라 단지 일반적인 경향을 고찰하기 위한 것이다. 우선 어떤 종교 집단 및 그것을 이끌어나가는 이들이 어떤 교리를 근거로 삼고 있는가? 말하자면 보다 더 성숙하고 반성된 교리인가 아니면 아직도 자연적인 (토테미즘적이며 샤마니즘적인) 성격을 여전히 띤 교리인가? 다음으로 한 종교는 어떤 전통을 소유하고 있는가? 이 물음은 물론 교리에 관한 물음과도 밀접한 연관성을 가진다. 다시 말해서 어떤 특수한 종교에 있어서 종교 정신의 역사적 배경이라는 의미를 결여한 우연적·순간적인 감정과 선동을 근거로 삼는 종교적 요소는 없는 것인가? 세번째로 한 종교는 어떠한 의식(儀式)을 지니고 있는가? 인간과 세계의 근원인 절대자에 대한 속죄와 사랑 및 자비의 의식을 소유하는가 아니면 단지 현실적·구체적 인간으로서의 한 특수한 개인을 신격화·절대화하는 것은 아닌가? 네째로 종교는 공적인 사회나 국가에 대하여 어떤 관계를 가지는가?

대부분의 사이비 종교는 주관적·독단적인 교리를 가진다. 어떤 사이비 종교는 물질·육체적인 만족을 최대한으로 보장한다는 교리를 내세운다. 아니면 어떤 유사 종교는 유한한 인간을 초월하여 신선이나 선녀가 될 수 있다는 교리를 주장한다. 이러한 교리는 인간성을 무시한 공허한 독단에 불과하다. 그러기에 첫번째 물음을 던져본 것이다. 많은 유사 종교들이 자기 나름대로의 고유한 전통을 날조하고 있다. 불교나 유교 또는 기독교의 이론들을 적당히 혼합하여 자기네 전통을 세우려는 경향을 볼 수 있다. 역사의 전개와 함께 의식이 점차로 성숙함으로 인하여 종교의 전통이 확립될 수 있는 것이지 적당히 여러 이론을 혼합한다고 해서 타당한 전통이 갑자기 세워질 수는 없는 노릇이다. 종교적 정신의 점진적인 전개에 의하여 성숙한 전통은 자연적으로 어떤 한 종교에 고유한 의식을 구성해주기 마련이다. 어떤 유사 종교에서는 불교·유교·기독교의 의식을 뒤범벅하여 가장 완전한 의식인 것처럼 허풍을 떤다. 그러한 유사 종교는 그만큼 절대자에 대한 신앙의 전통을 결여한다. 따라서 세번째 물음이 던져질 수 있다. 다음으로 네번째 물음을 살펴보자. 대부분의 유사 종교는 공적으로 인정을 받지 못한다. 공적으로 인정을 받는다는 것은 그만큼 종교가 인간의 신앙심에 대하여 보편성을 가지고 있다는 것을 의미한다. 극소수의 특수한 집단만이 공감을 가지는 유사 종교는 그러므로 진정한 종교의 범위를 이탈한다.

나는 앞에서 종교의 일반적 현상에 관하여 몇가지 물음을 던지고 그러한 물음을 제기하게 된 근거를 간단히 해명하였다. 왜냐하면 오늘날 우리들의 종교는, 그것이 기독교이든 불교이든 이슬람교이든간에 일반적으로 부정적이며 일상적인 측면을 지나치게 많이 소유한 것으로 여겨지고 있기 때문이다. 종교가 부정적·일상적인 측면을 향하여 극단적으로 방향을 전환할 경우, 인간은 결국 미래 지향적, 자기 결단적인 인격체로서의 인간성을 상실하고 한낱 개인 및 수단으로 만족할 수밖에 없다. 어쩌다 신문 지상을 통하여 우리는, 신자 몇 명이 있는 교회는 얼마만큼의 액수에 거래된다는 기사를 볼 수 있다. 물론 이러한 교회는 전통적이며 정상적인 교회는 아닐지라도 종교가 지나치게 세속화하는 현상을 그러한 사실에서 엿볼 수 있다. 이제 우리들의 주제에 접근하기에 앞서서 잠시 헤겔의 말을 인용하여보기로 하자. "종교의 대상은 철학의 대상과 마찬가지로 자신의 객관성 자체에 있어서의 영원한 진리이다. 즉 그 대상은 신이며, 신 이외의 아무 것도 아니요 신의 드러남이다. 철학은 세속의 지혜가 아니라 세속적이지 않은 것의 인식이다. 또한 철학은 외부적인 양(量)과 경험적 존재 및 삶의 인식이 아니라 영원한 것, 신인 것, 신의 본성에서 흘러나오는 것의 인식이다. 왜냐하면 이 본성은 계시되고 발전되지 않으면 안 되기 때문이다. 그러므로 철학은 종교를 드러내면서 자신을 드러내고 또한 자신을 드러내면서 종교를 드러낸다."* 헤겔의 이러한 말은 얼핏 읽거나 들어서 쉽사리 이해가 가지 않는 어려운 개념들로 이루어져 있다. 그러나 우리들은 헤겔의 이 말에서 종교와 철학이 서로 전혀 상관없이 절대적으로 단절되어 있는 것이 아니라 상호 긴밀한 연관성을 가지고 있으며, 나아가서 동일한 차원에서 고찰될 수 있다는 암시가 은연중

---

* G.W.F. Hegel, *Vorlesungen über die Philosophie der Religion*, Bd. I (Ffm 1969), S. 28.

에 내포되어 있음을 알 수 있다. 종교와 철학 양자는 단순히 일상적·반복적인 삶의 양상이 아니라 일상성과 반복성이 자기 순화를 거쳐서 순화되고 성숙한 세계를 뜻하기 때문이다.

종교가 절대자에 대한 고도로 순화된 인간의 느낌과 행위를(신앙을) 내용으로 삼는다면, 왜 그러한 종교가 종교 일반의 현상에 있어서 오늘날 바탕과 방향을 상실하고 있는지를 묻는 것은 당연한 일이 아닐 수 없다. 내가 생각하기로는 현실적인 종교 상황을 출발점으로 삼아서 종교의 일반적·필연적·보편적 근거를 제시하는 일이 종교 철학의 과제이다. 왜냐하면 오직 현실적인 어떤 특정한 종파의 교리나 의식(儀式)만을 고집하고 나열하는 처사는 신앙다운 신앙이 아니라 단지 개인적인 신념에만 집착하기 때문이다. 또한 종교가 개인적인 신념에만 집착할 때 그것은 개방된 종교가 되지 못하고 인간과 세계의 본질 및 근원을 은폐시키는 폐쇄적인 종교가 되기 때문이다. 근원적 원리가 폐쇄될 때 종교는 자신의 본질을 전개시키지 못하고 형식의 틀 안에서 질식하고 만다. 오늘날 우리 주변에서 보는 유사 종교나 또는 일부 교회에서 이러한 현상을 흔히 볼 수 있다. 오직 자기네 종교만이 참다운 구원을 약속하는 유일한 종교이며 다른 종교 또는 옆에 서 있는 다른 교회는 구원의 길을 이탈하였다고 주장하는 입장은 종교의 보편성을 상실한 것이다. 보편적인 신앙만이 참다운 종교의 내용을 구성할 수 있다.

그런데 현대 사회에서 차지하는 종교의 위치와 역할은 어떠한 것인가? 현대 사회나 종교, 이들은 모두 한마디 말로 간단히 정의될 수 있는 성격을 가지고 있지 않다. 현대 사회 그리고 종교라는 개념은 우리가 임의적으로 취급할 수 있는 눈 앞에 뚜렷이 보이는 경험·감각적 대상이 아니라 어떤 다른 존재보다도 복잡한 인간과 그의 근원을 중심으로 삼는 개념이다.

그렇긴 해도 이들 두 개념의 근원적인 차원을 고찰할 경우 우리들은 현대 사회에서 차지하는 종교의 위치와 역할을 구성적으로 체계화할 수 있다. 다시 말해서 우리들은 현실적·내면적·유기적·동적인 차원에서 종교의 역할이라는 문제를 구성할 수 있다. 너와 나를 포함하는 우리들 모두는 "지금" 살고 있다. "지금"을 우리는 현대라고 부른다. 우리들이 살고 있는 장소는 현대의 산업 사회이다. 현대 산업 사회를 날카롭게 바라볼 때 우리는 그 특징을 "과학적 정보"와 "기술적 수단"에서 찾을 수 있다. 따라서 심지어는 우리들의 정신 활동마저도 과학적 정보와 기술적 수단에 의한 생산 관계 및 생산 구조에 예속되어 있는 듯한 느낌을 준다. 매일매일 신문과 라디오와 텔레비젼을 통하여 어디에서 무슨 일이 일어나고 새 기술에 의해서 어떤 상품이 나왔는지에 대한 정보를 우리들은 끊임없이 얻고 있다. 그러나 비록 현대 산업 사회에서 정신 활동과 인간성이 소외된 것처럼 보인다고 할지라도 다시금 긍정적인 삶의 전환을 시도함이 바로 인간의 과제가 아닐 수 없다. 왜냐하면 그러한 시도가 없다면 인간의 삶과 세계는 공허한 것이 되겠기 때문이다.

앞에서 잠시 말한 현대인의 인간성의 상실은 오늘날 우리들이 저개발국이든, 개발 도상국이든, 선진국이든간에 어디에서나 직접적으로 접하는 하나의 명백한 사실이다. 이러한 상황과 연관시켜볼 때 가장 가까운 우리들의 주변에서 종교는 과연 어떠한 양상을 띠고 있는가? 비록 인간이 사회적인 동물이기는 할지라도 인간의 사회화만 집단적으로 이행될 경우 사회는 공동 사회의 형태를 상실하고 단지 이익 사회의 형태만을 취할 우려가 있다. 자유와 자율을 지닌 인간성이 무시되고 사회 집단에서 인간이 단지 기계적인 기능만을 수행한다면 인간의 미래는 인간성 상실 밖에 다른 것을 가져올 수 없다. 현대 산업 사회는 고도의 이익 사회이며 여기에서는 기독교나 불교나 이슬람교를 막론하고 종교마저도 이익 사회의 중요한 한 요인을 이루고 있는 실정을 엿볼 수 있다. 현대 산업 사회가 단지 정치·경제·사회적인 것만을 추구하는 이익 사회의 형태를 취할 경우 인간은 더 이상 인격체이기를 포기하고 단지 사회의 수단에 불과한 개인으로 남게 된다. 이러한 상황 아래에서는 종교 또한 인간의 삶과 세계의 근원에 관한 원초적 신앙이 아니라 개인적인 이익을 추구하는 행위에만 관계하게 된다.

우리들은 일반적으로 종교를 ① 교리 ② 전통 ③ 의식(儀式) ④ 공공 기관, 말하자면 사회 내지 국가와의 관계에서 고찰할 수 있다. 종교를 이러한 측면에서 고찰하여 종교의 근원적 현상 그리고 더 나아가서 종교의 근본 원리를 밝히는 탐구가 바로 종교 철학이다. 좀더 쉽게 말하자면 종교 철학이란 인간의 주관성에 의해서 종교의 근원 세계를 창조적으로 구성하는 것이다. 여기에서 주관성이란 항상 변화하는 개인적 주관과는 질적으로 다른 보편적·필연적인 인간의 자기 반성을 의미한다. 창조적 구성이란 삶과 세계의 근원에 대한 탐구이다.

만일 현대 사회가 인간성의 상실을 의미한다면 그것은 동시에 종교의 위기를 뜻하기도 한다. 왜냐하면 종교는 항상 인간의 주체적인 내면에서 근원적으로 형성되는 것이기 때문이다. 실상 종교는 인간에게 있어서 삶의 가장 의미 심장한 한 방식임에 틀림이 없다. 한 인간에게 있어서 종교는 그의 전 삶의 의미와 가치 및 방향을 좌우하는 요인이며 사회나 국가에 있어서도 그것은 마찬가지이다. 종교란 간단히 말하자면 내면적인 인간 의식의 전개이다. 종교가 지나치게 사회화하여 은폐되느냐 아니면 인간의 자유와 걸맞게 개방되느냐 또는 종교가 정지된 상태로 남아 있느냐 아니면 동적·유기적인 상태로 진전하느냐에 따라서 종교의 교리·전통·의식을 위시하여 인간과 사회와 국가는 질적으로 전혀 다른 의미를 소유할 수 있다. 종교의 역할을 명확히 밝히기 위해서는 종교와 신학 및 종교 철학의 개념을 보다 분명하게 해명할 필요가 있다. 종교라는 개념과 신학이라는 개념에 관해서 우리는 막연하고도 일상적인 생각을 가지고 있다. 좁은 의미에서 종교와 신학을 구분할 경우 종교는 앞에서 말한 대로 교리·전통·의식·공적 기관에 의해서 인정받은 신앙의 내용을 갖추고 있다. 여기에 비하여 신학은 특정한 종교의 테두리 안에서 종교를 이론적·체계적으로 연구하는 학문이다. 신학이라고 하면 흔히 기독교적인 의미에서 사용되고 있지만 좀더 넓게 말하면 신학은 종교 신학이 된다. 헤겔은 그의 초기 저서인 《민족 종교와 기독교에 관한 단편, 1793~1794》에서 객관적 종교와 주관적 종교를 구분하여 본다. 그는 인간의 형식적 지식이 밑받침되는, 다시 말해서 추상적 논리가 주로 작용하는 종교를 객관적 종교라고 한다. 이것은 신학에 가깝다고 말할 수 있다. 여기에서는 신앙에 의해서 나와 절대자가 하나로 되지 못하고 절대자인 신은 탐구의 대상으로 등장한다. 이에 반하여 주관적 종교는 느낌과 행위에 직결된 것으로 세계 근원의 내면에 들어가 생명력을 가지며 외부 세계에 내면적 생명력을 불어넣는 종교이다. 이렇게 볼 때 신학은 객관적 종교에 그리고 신앙은 주관적 종교에 해당한다고 볼 수 있다. 확실히 신학은 형식적인 이론적 탐구임에 비하여 신앙은 내면적인 느낌의 움직임이다. 나는 이제 종교 철학에 대한 이해를 돕기 위하여 베르그송과 셸링을 간단히 살펴보려고 한다. 베르그송은 그의 성숙한 후기 저서 《도덕과 종교의 두 원천》에서 종교를 정적 종교와 동적 종교로 구분한다. 정적 종교란 이미 형성되어 있는, 곧 사회 제도 안에 일상적으로 시인되고 있는 종교이다. 그리고 동적 종교는 정적 종교에 생명력과 활기를 불어넣어줄 수 있는 종교를 말한다. 다시 말하자면 동적 종교는 종교에 있어서의 역동적·창조적인 요인을 일컫는다. 베르그송을 다시 해석하자면 종교는 이중적 성격을 가지고 있다. 그 하나는 정적인 것으로 사회 제도 안에서 굳어진 것이며, 다른 하나는 동적인 것으로 굳어진 요소를 타파하고 생명을 환기시켜주는 것이다. 이러한 종교의 이중적 성격을 우리는 종교의 역사와 아울러 우리 주변에서 접할 수 있다. 퇴폐한 가톨릭에 대항하여 종교 개혁 운동이 일어났을 때 정적 종교를 동적 종교가 개선하려고 한 노력을 엿볼 수 있다. 우리 주변의 타락한 불교나 기독교를 부흥시키고 소생시키려는 움직임도 볼 수 있다. 앞에서 본 베르그송의 탐구 자세는 곧 인간과 세계의 본질 및 근원을 은폐로부터 개방으로 전환시키려는 삶의 유기적 구성이다. 그의 견해는 현대 사회에 있어서의 종교의 역할에 하나의 긍정적인 조망을 우리들에게 안겨다준다.

우리들이 직접 접하고 있는 현대 사회의 종교의 역할에 다시금 또 하나의 긍정적인 조망을 부여하기 위하여 이제 잠시 셸링의 종교 철학을 살펴보기로 하자. 셸링은 그의 말년의 저서 《신화 철학》과 《계시 철학》을 통하여 자신의 종교 철학을 전개하고 있다. 헤겔이 그의 종교 철학에서 종교를 자연 종교·예술 종교·절대 종교의 단계로 구분하여 종교의 변증법적 발전 단계를 논하고 있음에 비하여 셸링은 신화와 계시에 관하여 종교의 성숙 과정을 논한다. 근본적으로 볼 때 셸링과 헤겔은 종교의 발전 과정을 변증법적 역사 과정으로 고찰하는 점에서 서로 별 차이가 없다. 또한 셸링이 종교를 신화로부터 계시로 전개시키고 있는 점은 헤겔이 종교를 자연 종교로부터 절대 종교로 전개시키고 있는 점과 전혀 다를것이 없다. 이렇게 보면 베르그송과 셸링 및 헤겔 모두는 인간의 원초적인 의식의 발전 과정이 종교의 발전 단계에 일치한다고 생각한다.

나는 인간의 언어와 사유와 행위는 정신적인 삶의 차원에서 동일성을 유지하면서 순환 구조를 형성한다고 본다. 왜냐하면 언어는 사유를 그리고 사유는 또한 행위를 필연적으로 전제하지 않으면 안되기 때문이다. 우리들은 말하면서 생각하고 생각하면서 행동한다. 이렇게 볼 때 셸링이 종교의 성숙 과정을 신화와 계시로 구분하여 보고 있는 점은 순환적인 변증법적 과정을 염두에 두고 있다는 사실을 지적하여준다. 왜냐하면 언어와 사유 및 행위가 본질적으로 삶과 세계의 근원에 관계하는 한에 있어서 언어와 사유와 행위가 아직 제대로 성숙하지 못한 단계에 머물러 있을 때 그것은 신화 단계에 있으며, 비로소 의식이 완전히 현실적으로 자기 전개를 할 경우 언어와 사유와 행위는 개방되어 인간과 세계의 근원에 관한 계시에 접할 수 있기 때문이다. 쉘링이 뜻하는 신화는 절대자의 불완전한 나타남이며, 그가 말하는 계시는 우연한 신비적 사건이 아니라 절대자, 곧 삶과 세계의 근원 원리 자체의 드러남이다. 간단히 말해서 계시란 절대자 스스로의 드러남이다. 그러므로 일상적인 의미에서 하늘로부터 무슨 음성을 들었다거나 등줄기에 축복의 불꽃이 내리꽂치는 것을 체험했다고 하는 등의 이야기는 "계시"와는 전혀 상관없는 개인적인 상상에 불과하다. 이러한 관점에서 보면 데카르트나 칸트가 말하는, 인간 이성에 의한 신존재의 증명은 재고찰될 여지가 있는 문제이다. 왜냐하면 절대자 신의 존재는 유한한 인간의 이성에 의해서 증명되는 것이 아니고 스스로 드러나는 것이기 때문이다. 계시는 이성적 증명의 대상이 아니라 신앙을 가능하게 해주는 근거이다.

쉘링이나 헤겔 그리고 베르그송은 종교 철학을 논함에 있어서 일반적으로 기독교를 가장 성숙하고 완성된 종교, 곧 개방된 종교로 보고 있다. 그러나 그들이 무엇보다도 중요하게 생각하는 것은 인간 의식의 조화, 성숙 그리고 완전한 자기 순화이다. 이와 같은 견지에서 볼 경우 기독교가 또는 불교가, 아니면 이슬람교가, 다시 말해서 어떤 특정한 종교가 가장 이상적·절대적인 종교라고 주장하는 것은 독단과 편견을 면할 수 없다. 인간의 의식은 특수하게 제한된 지리적·역사적 전통을 배경으로 지니고 있으므로 종교의 양상도 그 현실적인 모습은 다양할 수밖에 없다. 그러므로 기독교가 불교나 이슬람교보다 완전하고 절대적인 종교라고 주장하는 것 역시 ① 불교나 이슬람교의 내면적 측면을 무시하거나 아니면 잘 모르기 때문이며 ② 기독교의 전통에만 젖어 있기 때문일 것이다. 어떤 점에서 우리는 불교가 기독교보다 훨씬 더 종교적임을 인정하지 않을 수 없다.

그러나 어떤 종교이든간에 교리와 전통 및 의식(儀式)과 공적인 관계에서 어느 한 측면에만 지나치게 치우칠 때 그것은 개방된 창조적 종교가 되지 못하고 폐쇄된 형식적 종교의 성격을 띤다. 오늘날 우리들이 주변에서 흔히 대하는 유사 종교들은 헛된 교리와 허황한 의식을 고집하는데 그러한 것은 폐쇄된 형식적 종교를 가장 잘 대변한다. 특히 현대 사회에서 종교가 "과학 정보와 기술 수단"의 지배 아래에서 단순히 기구화·집단화할 때 종교의 역할은 지극히 부정적일 수밖에 없다. 한 예로 어떤 특정한 교회에는 옷차림마저 화려한 사람들이 대부분 자가용을 타고 예배드리러 오므로 가난한 사람들은 감히 드나들 엄두를 내지 못하는 경우도 있다. 인간의 사회화와 사회의 인간화가 조화를 이룰 때 비로소 종교도 참다운 내용과 형태를 회복하기 마련이다. 이때 종교는 교리·전통·의식 및 공적 관계의 여러 가지 측면에서 내면적인 깊이를 가진 종교로 등장할 수 있다. 만일 종교가 오직 체계적인 신학으로 대치된다면 종교는 생명감 넘치는 신앙을 상실하여 형식화하며, 의식만으로 대변될 때 사회의 단순한 제도로 고정되기 쉽다. 특히 유교는 이조를 통하여 사회 제도로 형식화한 점이 많다. 또한 종교가 전통만으로 대변될 때 반성을 결여한 습관적 일상성에 물들기 쉽다. 교회나 절에 다니는 많은 사람들이 종교의 내용은 무시하고 오직 전통만을 가치있게 여기는 경향을 볼 수 있다. 또한 종교가 오직 공적 관계에서만 명맥을 유지할 경우 그것은 자칫하면 정치·경제적인 도구와 수단이기를 벗어나기 힘들다.

"우리들 인간은 무엇인가? 우리들 인간은 어떻게 살아야 하는가?"와 같은 수단적·방법적 물음은 결코 종교를 내면화시킬 수 없을 뿐만 아니라 또한 긍정적으로 지양시킬 수도 없다. "인간과 세계는 왜 있는가?"라는 근원 물음은 비로소 철학과 종교를 하나로 형성하여 종교 철학을 가능하게 해준다. 왜냐하면 인간과 세계의 근원, 곧 절대자에 대한 경건한 자세로서의 신앙은 바로 근원 진리에 대한 경건한 추구이자 예배이기 때문이다. 이러한 의미에서 볼 때 기도는 인간과 세계의 근원인 절대자에 대한 경건한 탐구 자세이지 결코 개인적 이익과 행복만을 추구하는 이기적인 행위가 아니다. 흔히 "나와 내 가정의 건강과 행운을 보살펴 주십시오", "오직 우리 교회만을 부흥하게 해주십시오"와 같은 외침은 이기적인 욕망의 표현이지 진정한 기도가 될 수 없다. 내면적인 영혼이 절대자를 부를 때 기도가 이루어진다. 종교는 한 인간과 사회와 민족 그리고 국가를 지배한다. 왜냐하면 종교는 인간의 가장 심원한 정신적 바탕을 구성하는 뿌리이기 때문이다. 종교가 순화될 때, 다시 말해서 인간의 정신적 자세인 의식이 개방될 때 삶은 창조적이며 미래 지향적일 수 있다. 그러나 종교가 극단적으로 사회화하면 종교의 본질은 은폐되고 또한 삶 자체도 폐쇄되어 목적과 방향을 상실하고 만다. 이러한 관점에서 볼 때 이성적 신앙의 근원 및 원리를 탐구하는 종교 철학적 관심은 인간의 삶이 부정적으로 등장하는 현대 산업 사회에서 보다 본질적이고도 긍정적인 종교의 역할을 밝혀줄 수 있으리라고 믿는다. 왜냐하면 긍정적·창조적인 종교만이 인간에게 미래 지향적이며 인간과 세계의 내면성 및 전체성을 드러내줄 수 있기 때문이다. 종교의 긍정성·창조성은 어떤 특정한 종교만이 홀로 가지고 있는 것은 아니다. 전통적인 종교는 모두 제나름대로의 긍정성·창조성을 가지고 있다. 종교적 의식이 항상 새롭게 자기 반성과 아울러 자기 형성을 할 때 종교는 항상 은폐성과 형식성을 떨쳐버리고 창조적인 종교로 지양될 수 있다.

3. 무신론과 유신론

절대자, 곧 신에 관한 인간의 자세를 크게 나누어 보면 두 가지 종류가 있다. 하나는 무신론이며 또 하나는 유신론이다. "나는 무신론자이다. 이 세상은 처음부터 그대로 있는 것이고 어떤 누구가 창조한 것이 아니다. 나는 나를 믿으며 내 자신의 힘만을 믿는다" 라는 주장과 유사하게 말하는 사람들이 있다. 우리들 주변에서 우리는 ① 유신론적인 견해를 가진 사람들과 ② 무신론적인 견해를 가진 사람들 그리고 ③ 유신론이나 무신론에 별 커다란 관심이 없이 매일을 바쁘게 살아가는 사람들을 볼 수 있다. 그러나 세번째 무리에 속하는 사람들도 결정적인 순간에는 유신론이나 아니면 무신론 어느 입장을 선택하게 된다.

우선 무신론을 살펴본 다음에 유신론을 언급해보기로 하자. 유신론과 무신론의 구분은 종교적인 입장임에 비하여 이러한 종교적 입장의 바탕이 되는 것은 관념론과 유물론이다. 이 두 견해는 세계의 근원이 무엇인가에 따라서 나뉘어진다. 관념론은 이성이나 정신을 세계의 근원이라고 본다. 예컨대 책상이나 돌을 쪼개어 보자. 우선 작은 알맹이인 분자로 분할될 것이고 다음으로는 원자 그리고 그 다음으로는 전자로 분할될 것이다. 전자를 더 이상 쪼갤 수 없는 어떤 것으로 분할한다면 그것은 "정신적 힘"으로서 모든 대상들의 가장 근본적인 근원이라고 볼 수 있다.* 그렇다면 우리들이 물질이라고 부르거나 대상들이라고 일컫는 것, 나아가서는 세계가 결국에 가서는 정신적인 힘들로 구성된 것이 된다. 이러한 입장이 바로 관

* 라이프니츠의 단자를 상기할 것.

념론 또는 유심론(唯心論)에 해당한다. 그러나 이와 정반대로 대상의 최소 단위를 전자로 보고 전자를 물질이라고 할 경우 세계를 구성하는 근원은 물질이 된다. 유물론은 이러한 입장을 대변한다. 무신론은 유물론을 바탕으로 삼는다. 유물론은 형이상학적 입장이지만 이것이 종교적 자세로 전환하면 무신론이 된다. 무신론을 가장 잘 대변한다고 생각되는 니체와 마르크스를 간단히 살펴보기로 하자.

니체는 기독교적인 신을 부정한다. "신은 죽었다"고 하는 그의 말에서의 신은 기독교적인 신이다. 그는 인간을 초월하고 전지전능한 능력을 가지는 기독교적인 신을 부정한다. 그는 인간의 내면에서 세계 근원을 찾고 있으니 그것은 바로 "힘에의 의지"이다.* 그러나 여기에서 우리들은 "힘에의 의지"가 종래의 기독교적인 신을 대치하고 있지 않는가라는 물음을 제기할 수 있다. 니체 자신의 입장은 전혀 그렇지 않다. 왜냐하면 그는 물리적·생물학적 그리고 경험적 근거에 의하여 삶의 과정이 이행되고 있다고 믿기 때문이다. 니체는 힘에의 의지를 자각한 자를 초인이라고 부르는데, 초인은 세계를 새롭게 구성하는 자로서 그는 다름 아닌 세계의 목적이다.

> 이것은 가장 깊은 고통의 파악이다. 형태를 이루는 힘은 스스로 동요한다 ― 개체의 개별화는 기만해서는 안 되는 것이니, 사실 개별자에게는 어떤 것이 끊임없이 흐른다. 개별자가 느끼는 것은 멀리 있는 목표를 향한 과정 속으로의 힘찬 몰입이다. 개별자의 행복 추구는 형태를 구성하는 힘들이 또 한편으로 함께 모여서 방해하지 않게끔 힘차게 하는 수단이다. 인간성이 아니라 초인이 목적이다!**

여기에서 우리들은 니체가 말하는 초인은 ① 앞에서 말한 것처럼

* 《왜 철학을 하는가》, 10장 4절을 참조할 것.
** F.W. Nietzsche, Werke Bd. Ⅳ (München 1977), S. 32.

종래의 기독교적인 절대자 신인가 또는 ② 니체의 초인은 오히려 불교적인 불타와 가깝지 않은가 라고 물을 수 있다. 니체의 초인은 분명히 기독교적인 신이 아니다. 왜냐하면 초인은 힘에의 의지를 내면에 소유한 인간이기 때문이다. 그렇다면 초인은 불타와 한층 더 가깝다. 왜냐하면 불타 역시 깨달은 자이기 때문이다. 그러나 불타는 이 세상을 현상으로 보고 현상을 나타나게 하는 정신을 순화시켜서 무(無)의 상태에서 깨달은 자임에 비하여 초인은 어디까지나 생물학적·물리학적인 근거에서 "삶에의 의지" 및 "힘에의 의지"를 가지고 있다. 그러므로 니체의 초인과 불교의 불타는 근본적으로 서로 다르다. 니체에게 있어서는 개별자인 인간이 힘에의 의지를 소유하고 자각할 때 초인이 된다. 초인은 인간을 초월하는 것이 아니라 어디까지나 개별자 인간의 차원에 속한다.

니체가 말하는 힘에의 의지가 물리적인 과정의 색채를 띠며 동시에 그것이 유기적인 삶으로까지 확장되는 사실을 다음의 인용문에서 살펴볼 수 있다.

> 게다가 나는 한층 더 해결의 길을 걸어갔다 — 거기에서 나는 개별적인 새로운 힘의 원천을 발견하였다. 우리들은 파괴하여야만 한다 — 나는 다음과 같은 사실을 알았다. 즉 개별적인 존재의 해결은 결코 — 보편적인 존재의 모사나 개별적인 예처럼 완성될 수 없다. 보편적인 해결에 관한 마비된 느낌과 불완전에 대립하여 나는 영겁 회귀를 지지한다.*

니체가 이곳에서 말하는 영겁 회귀는 결코 신적인 것이 아니라 자연적인 힘이다. 보편적인 것은 형식적인 것으로서 인간의 의식이 거짓되게 날조한 것이며 니체에게는 개별적·구체적인 것만이 참다운 것이다. 이러한 근거에서 니체는 보편적·추상적인 절대자를 전제로 삼는 종교를 반대하며 특히 기독교적인 신을 부정한다. 니체

* Nietzsche, Werke Bd. Ⅳ (München 1979), S. 504.

는 자연 현상과 인간이 개별적인 것으로서 영원히 회귀하는 사실이 바로 힘에의 의지에 의한 것이라고 본다.

> 오, 짜라투스트라여, 어떤 사람도 지니지 못했던 위대한 운명을 그대가 짊어진 것을 노래하며 새로운 노래로 그대의 영혼을 치료하라.
> 왜냐하면 오, 짜라투스트라여 그대의 짐승들은 그대가 누구이며 앞으로 무엇이 될지를 잘 알고 있기 때문이다. 보아라, 그대는 영겁 회귀를 가르치는 자이니 — 이제 그것은 그대의 운명인가?
> 그대는 제일 처음으로 이 가르침을 가르치지 않으면 안 되니, 이 위대한 운명은 어찌 그대의 가장 큰 위험과 병이 아니겠는가! 보아라. 우리들은 그대가 모든 것은 영원히 회귀하며 우리들 자신도 영원히 회귀하고, 이미 우리들은 무수히 회귀하고 있으며 모든 것들이 우리와 함께 회귀한다는 것을 그대가 가르치고 있음을 안다.
> 그대는 다음의 사실을 가르친다. 즉 생성 변화의 위대한 해〔年〕, 엄청나게 위대한 해〔年〕가 있어서 우리들 자신은 가장 큰 것과 가장 작은 것에서 동일하고 또한 우리들 자신은 가장 큰 것과 가장 작은 것에 있어서 위대한 매해마다 동일하다.*

이상에서 알 수 있는 것처럼 니체는 현상을 생성·변화하는 것으로 보며 동시에 끊임없이 흐르고 움직이는 것으로 파악한다. 그러기에 그가 보는 세계의 근원이란 인간의 내면에 그리고 어디에나 두루 퍼져 있는 "힘에의 의지"이다. 이러한 힘에의 의지를 가장 잘 대변하는 자는 바로 초인이다.

니체의 초인은 결코 신이 아니다. 자신의 운명을 인정하여 사랑하고 힘에의 의지를 자각하여 자신의 삶을 선택하고 결단하는 자가 초인이기 때문에 초인은 실존적 인간이다. 실존적 인간은 천민이 지양될 때 비로소 가능하다. 이러한 의미에서 볼 때 니체에게는 신이 차지할 장소가 있을 수 없다. 니체는 ① 생물학적·물리학적인 의미에서 우주의 근원을 힘에의 의지로 보며 ② 힘에의 의지를 자

* Nietzsche, Werke Bd. II (München 1979), S. 466.

각하고 소유한 자를 초인이라고 부르므로 그는 무신론을 대변하는 사람들 중의 한 사람이다.

다음으로 마르크스의 무신론을 간단히 살펴보기로 하자. 마르크스는 전통적인 철학자들과는 달리 "세계를 해설하는 것이 아니라 세계를 개선"하는 것을 목적으로 삼는다. 그것도 경제적으로 그리고 정치적으로 사회를 개선하는 것을 목적으로 삼는다. 그가 바라보는 행복은 물질적인 욕구의 충족이다. 그러므로 그는 인간이 보다 더 물질적으로 충분한 만족을 얻을 수 있는 사회로 사회를 개혁시키면 인간이 행복해질 수 있다고 믿는다. 이렇게 보면 마르크스가 보기에는 정신적 만족이란 허위에 지나지 않는다. 왜냐하면 물질적 만족이 해결된 다음에 부차적으로 뒤따라오는 것이 정신적 현상이기 때문이다. 그러므로 그는 물질적인 경제 구조를 하부 구조라고 하여 인간의 본질적인 구조로 보고 정신적인 구조를 상부 구조라고 하여 인간 사회의 부차적인 구조로 본다. 마르크스는 대표적인 유물론자이자 무신론자이다. 마르크스에게 있어서는 신 역시 정신적으로 만들어진 개념으로서 물질적인 욕구에 의해서 부차적으로 나타난 것에 불과하다.

지금까지 우리는 니체와 마르크스의 무신론을 살펴보았다. 무신론은 일반적으로 유물론을 바탕으로 가진다. 니체와 마르크스를 비롯하여 무신론을 주장하는 사람들은 ① 세계의 본질 또는 근원을 물질적인 것으로 보며 ② 물질적인 것의 근원은 물질 이외의 다른 것이 아니라고 보고 ③ 정신이라는 것은 물질적인 작용 현상에 불과하다고 생각하며 ④ 사회 발전은 기계적으로 전개될 수 있다고 생각한다.

그러나 무신론과 대립되는 주장, 곧 유신론은 종교를 소유한 모든 사람들이 지지하는 입장이며 대부분의 일상인들도 어느 정도 가지고 있는 견해이다. 우리들이 세계의 신비스러움을 인정하고 삶과 세계의 근원을 정신적인 존재로 생각할 경우 당연히 유신론이 성립한다. 여기에서 우리들이 주의하여야 할 점은 맹목적으로 단순하게 "신은 없다"라든가 아니면 "신은 존재한다"라고 간단히 주장해서는 안된다는 점이다. 이론과 실천이 조화될 때 비로소 우리들은 전체적인 삶을 체험하고 구성할 수 있다. 그러므로 무신론이라든가 유신론의 어느 한편을 고집하기에 앞서서 인간 주체로서의 삶과 세계의 근원에 대한 반성이 요구되며 동시에 그러한 반성과 아울러 삶과 세계를 유기적·전체적으로 구성하는 것이 중요하다. 삶과 세계의 근원을 부분적으로만 살피면 무신론이나 유신론 가운데서 어느 한 편만을 고집하게 된다. 그것은 마치 빛나는 수정을 놓고 "저것은 빛이다"라고 하거나 "아니다, 저것은 돌멩이에 불과하다"라고 주장하는 것과 하나도 다를 것이 없다. 삶과 세계는 결국 무신론적인 현상이 유신론적인 근원을 감싸고 있는 모습으로 설명되고 이해될 수 있을 것이다. 그것은 마치 빛과 돌멩이가 다름 아닌 빛나는 수정인 것과 마찬가지이다.

5. 신의 존재 증명은 가능한가

우리들은 신에 관한 우리들의 자세를 세 가지 측면에서 고찰할 수 있으니 그것들은 ① 신앙의 측면 ② 신학의 측면 그리고 ③ 종교 철학의 측면이다. 신앙의 측면에서는 신이 어떤 존재이며 신은 과연 존재하는가라는 물음이 전적으로 무의미하다. 신앙을 독실하게 가진 사람은 경전(또는 성서)의 내용을 그대로 믿으며 자신의 모든 외면적인 삶을 내면적인 신앙과 일치시킨다. 경건한 신앙을 가진 사람은 "신은 과연 존재하는가?"라는 물음을 제기하지 않는다. 왜냐하면 그는 그 자신의 가장 깊은 종교적 느낌으로부터 자신을 신에게 의지하고 있기 때문이다.

그러나 신학의 경우는 다르다. 신학은 특정한 종교를 인정하는 한계 안에서 특정한 종교의 교리를 해석하고 옹호하려는 입장을 가진다. 신학은 실천적인 믿음으로서의 신앙과는 달리 이미 이론의 세계에 속한다. 따라서 신학에서는 신의 존재를 이론적으로 증명하려고 한다. 전통적인 입장을 살펴보면 신 존재의 증명은 대체로 ① 본체론적 증명 ② 우주론적 증명 ③ 목적론적 증명 ④ 도덕적 증명 등으로 구분된다.* 그러면 이들 각각을 간략히 살펴보기로 하자. 본체론적 증명은 존재론적 증명이라고도 부른다. "신은 전지전능하므로 완전한 자이다. 그러므로 완전한 개념으로서의 신이 존재하는 것은 당연하다"라고 추론할 수 있다. 완전한 존재인 신 개념 자체로부터 신의 존재를 추론할 때 이것을 신존재의 본체론적 증명이라고 한다.

우주론적 증명은 자연계의 운동에서 인과 관계(因果關係)를 고찰할 때 성립한다. 이 세상의 모든 사물은 원인과 결과의 연속으로 이루어져 있다. 현상 세계의 원인을 계속하여 추구하다 보면 결국에 가서는 제일 처음의 원인에 도달한다고 생각할 수 있다. 최초의 원인이 되는 보편자를 신의 존재로 증명할 경우 신존재에 관한 우주론적 증명이 성립한다.

목적론적 증명은 물리·신학적 증명이라고도 부른다. 어떤 사람들은 이 세계가 더할 수 없는 아름다움·합목적성·장엄함을 소유한 가장 조화로운 것으로 본다. 그렇다면 그처럼 세계를 만들어 놓은 신과 아울러 신의 섭리가 분명히 있는 것으로 설명할 수 있다. 이 경우 성립하는 것이 신 존재에 관한 목적론적 증명이다.

인간에게는 도덕 법칙이 있다고 주장하는 사람들이 있다. 인간이

---

* 본체론적 증명은 안셀무스, 데카르트, 헤겔이 그리고 우주론적 증명은 롯체가, 목적론적 증명은 칸트가, 도덕적 증명 역시 칸트가 옹호한다.

살아가는 실천적인 행위의 차원에서는 반드시 양심이나 의무가 있어야만 하며 그러기 위해서는 절대적이며 성스러운 신의 존재를 필연적으로 전제로 삼지 않으면 안 된다고 할 때 신 존재에 관한 도덕적 증명이 성립한다.

위에서 우리는 신 존재 증명에 관한 네 가지 이론을 살펴보았다. 나는 여기에서 이들이 타당한지 아닌지의 여부를 문제삼지는 않겠다. 단지 신앙에서는 필요하지 않을지라도 이론적인 신학에서는 신 존재 증명이 필수적으로 요구된다는 점을 밝히고 싶다. 왜냐하면 신앙은 절대자에 대한 믿음만을 문제로 삼지만 신학에서는 절대자의 존재를 논리적으로 확인하여야 하기 때문이다.

그러나 신앙과 신학의 문제는 종교 철학에서 종합된다. 종교 철학에서는 신앙과 아울러 신학의 근거가 해명되며 양자의 전개가 어떻게 종합되는지를 밝힌다. 넓게 보면 인간의 의식은 한편으로 절대자에 대한 느낌을 가지며 또 한편으로는 절대자의 존재를 논리적으로 증명하려고 한다. 이들 양자는 절대자의 계시에서 종합된다. 왜냐하면 절대자 신의 존재는 신앙에 의해서 믿어지며 또한 이성에 의해서 확인되기 때문이다. 이론과 실천은 각각 분리된 영역으로 생각되지만 실은 삶의 두 측면이다. 이와 마찬가지로 신학과 신앙 역시 절대자 신에 대한 인간의 행동 방식 중 두 측면이다. 신학과 신앙은 결국 주체인 인간의 하나의 삶의 두 모습이다. 인간이 인격체로서 자기 반성과 세계 반성을 동반할 때 신학과 신앙은 하나인 삶의 근원을 해명하면서 동시에 창조적으로 구성할 수 있다.

제 9 장
현실과 이상의 갈등

1. 현대의 사상적 상황

마르틴 하이데거가 《존재와 시간》(*Sein und Zeit*)을 출판한 것은 1927 년이었다. 우리들이 일반적으로 현대라는 시기를 20 세기 초반부터 지금까지로 잡을 때 하이데거의 《존재와 시간》은 현대의 산물이며 현대를 분석하고 진단하고 있음이 분명하다. 하이데거는 인간을 일상성에 물들어 있는 현존재(現存在)로 보며 현존재의 존재 방식을 호기심, 지껄임, 애매성, 던져짐 등으로 지칭한다.* 인간의 존재 방식은 바로 인간이 살아가는 양상을 대변하여준다. 그뿐만 아니라 인간이 살아가는 양상은 인간 의식의 표현이다. 의식의 표현은 사상이다. 일상인의 존재 방식을 지껄임, 애매함, 호기심, 던져짐 등으로 파악한 하이데거를 들먹거리지 않더라도 현대인이 살아가는 양상은 고대·중세 및 근대와는 전혀 다르다고 할 수 있다.**

---

* M. Heidegger, *Sein und Zeit* (Tübingen 1972), 제 5 장 35 절~38 절 참조.

** 여기에서의 고대·중세·근대는 동·서양 모두에 해당된다.

20세기로 들어오면서 사회 체제가 물질 문명과 국제 시장 경제 및 이데올로기 중심적인 정치 체제 등에 의하여 그 전의 것과는 질적으로 판이한 모습을 소유하게 되었다. 따라서 현대의 사상적 상황도 정치·경제·사회적인 특징들 속에 자신의 위치를 갖지 않을 수 없다.

과거 서구 사상의 맥락을 더듬어보자면(일반적으로 크게 볼 때 동양 사상도 이와 일치하는 점이 많을 것이다) 고대에는 윤리·신비적인 경향이 강했으며 중세에는 전반적으로 종교적인 색채가 중심적이었고 근대에는 자연 과학적인 경향이 주류를 이루었다. 그러나 현대를 좌우하는 사상적 경향은 어떠한 것인가? 우리들은 이 물음에 대하여 ① 좁은 의미에서 사상적 경향을 철학에 한정시켜 볼 수 있으며 ② 넓은 의미에서는 사상적 경향을 철학뿐만 아니라 정치·경제·과학·사회·종교에까지 확대시켜서 언급할 수 있다.

현대 철학의 상황을 잡다하게 늘어놓자면 수많은 학파들과 경향들을 열거할 수 있겠지만, 우리들은 현대 철학의 가장 중요한 두 흐름을 지시함으로써 현대의 사상적 상황에 대한 윤곽을 제시할 수 있다. 그 두 흐름은 브렌타노, 훗설, 하이데거, 사르트르, 메를로-뽕띠로 이어지는 현상학적 실존주의와 슐릭, 파이글, 카르납 등이 대변하는 논리적 실증주의이다. 전자는 여전히 인간의 이성에 치우치며 후자는 인간의 경험에 기운다. 우리들이 이 두 가지 현대의 철학적인 경향만을 살핀다면 현대 철학의 상황은 고대·중세 또는 근대의 철학적 상황과 전혀 다를 것이 없다. 현상학적 실존주의와 논리적 실증주의의 두 면을 고찰할 때 우리들은 현대의 철학적 상황의 피상적인 윤곽만을 알 수 있을 뿐이고 결코 그 내용을 붙잡을 수 없다. 고대나 중세·근대에는 어떤 한두 가지 철학의 경향이 두드러졌었고 따라서 그러한 사상을 반영하는 사회도 극심한 복잡성을 소유하지 않았었다고 말할 수 있다. 앞에서 우리들은 현대의 대표적인 두 철학적 경향으로 현상학적 실존주의와 논리적 실증주의를 꼽았지만 현대 사회를 보다 더 강력하게 부각시키는 것은 이들 전통적인 순수한 철학적 경향들이 아니라 오히려 정치·경제적인 뿌리를 가지고 철학의 옷을 차려입은 공산주의와 자본주의일 것이다.

이 시점에서 우리들은 넓은 의미에서 현대의 사상적 상황을 돌이켜볼 수 있다. 전통적인 철학을 이어오는 현상학적 실존주의와 논리적 실증주의라는 좁은 의미의 사상적 경향은 자신을 용해시키면서 공산주의, 자본주의 그리고 자연 과학이라는 넓은 의미의 사상적 상황에 자리를 양보한다. 이제 우리는 현대의 사상적 상황은 공산주의·자본주의·기계주의에 의하여 지배당하고 있다는 잠정적인 결론에 도달하였다. 앞으로의 역사를 통하여 과연 이와 같은 이데올로기들이 더욱더 강하게 인간의 삶을 지배할 것인지 아니면 인간이 더 이상 "자유로부터의 도피"를 중지하고 그와 같은 이데올로기들을 좌우할 수 있는지의 여부는 인간의 미래 존재를 결정하는 매우 의미심장한 문제가 아닐 수 없다.

이제 우리가 현대의 사상적 상황이 지금·이곳에서 어떠한 형태를 띠우고 있는가를 고찰하는 것이 문제의 핵심에 직면할 수 있는 지름길이 될 것이다. 이곳은 불교와 유교의 오랜 전통이 배인 곳이다. 비록 샤마니즘과 밀접히 결합되기는 했어도 이곳은 나름대로의 불교·유교적인 의식에 젖어 있었다. "예수는 일어서서 도전적인 자세로 죽음을 맞이했음에 비하여 석가는 평온하게 앉은 자세로 죽음을 대하였다"는 스즈끼의 말을 빌리지 않더라도 대체로 유교·불교적인 사상은 역사의 시간적인 발전을 인정하지 않는다고 볼 수 있다. 하늘과 사람이 합일(合一)할 경우 또는 모든 사람들의 마음이 부처의 마음일 경우 인간은 이미 우주와 하나인 것이다. 그러나 기독교적인 서구 사상에서는 인간은 절대자 하느님과 하나가 될 수 없으며 그는 전 생애를 통하여 자연을 이용하여 배를 채우며 그 영

광을 하느님에게 돌리지 않으면 안 되는 것이다.

정치·경제·종교·학문적인 이데올로기의 직접적인 근원은 두말할 것도 없이 기독교 중심적인 서구 사상이다. "자연과의 조화"가 아니라 "자연을 이용"하는 것을 삶의 목적으로 삶는 서구 사상은 자연뿐만 아니라 인간과 신마저도 이용하는 결과를 빚게 되었다. 이렇게 보면 지금·이곳의 우리들이 직면하고 있는 현대의 사상적 상황은 우리들의 삶을 더욱더 불안하게 만들며 절망에 빠지게 한다. 우리는 자연 및 우주와의 합일을 전통으로 지니면서도 자본주의 기계주의에 의하여 지배당하고 있다. 그러면서도 공산주의 이데올로기의 위험에서 한시도 벗어나지 못하고 있다.

앞에서 우리는 현대 사상의 맥락을 살펴보았고 현대의 사상적 상황황을 비교적 상세히 훑어보았다. 결국 우리는 현대의 사상적 상황이 인간을 무의미한 개인*으로 전락시키며 불안과 절망으로 전락시킨다는 사실을 알 수 있다. 이러한 사태는 ① 의식(意識)의 갈등 ② 현실과 이상의 괴리 ③ 미래 지향적 의사 소통(또는 행동) 등의 문제를 고찰함으로써 자신의 핵심을 드러낼 수 있고 동시에 해결의 실마리를 어느 정도 제시할 수 있으리라고 믿는다.

2. 의식의 갈등

현대의 사상적 상황이 나타내주는 것은 바로 다름 아닌 현대인의 정신적 상황이다. 현대인의 정신적 상황은 앞에서 언급한 것처럼 공산주의·자본주의·기계주의 앞에서 불안과 좌절을 맛보고 있다. 이것은 곧 인간에게 있어서의 현실과 이상의 괴리를 가장 명백하게

* 나는 집단을 구성하는 요소라는 의미에서 개인이라는 개념을 사용한다, 창조적인 인간은 인격체이다.

보여준다. 그렇다면 우리는 현대의 사상적 상황의 근원을 어디에서 찾을 수 있는가?

우리는 돌이나 나무가 또는 꽃이나 벌이 혹은 별이나 달이 불안과 좌절에 휩싸인다고 말하지 않는다. 돌과 나무와 꽃과 벌…은 불안이나 좌절과는 상관이 없다. 그것들은 "그저 있기만 할 뿐"이기 때문이다.* 그러면 인간은 어떠한가? 인간은 "그저 있기만" 할 수가 없다. 그저 있기만 한 인간이 있다면 그는 더 이상 인간이 아니고 시체에 불과하다. 인간은 그저 있기만 할 뿐만 아니라 느끼고 생각하며 행동한다. 인간은 나와 너와 우리를 느끼고 생각한다. 인간은 자기 스스로 행동하며 나와 너 그리고 우리에게 영향을 미친다. 인간은 의식 존재이다. 인간이 불안과 좌절과 절망을 체험하는 것은 곧 그가 의식적인 존재이기 때문이다.

인간도 다른 생물들과 마찬가지로 유기적 존재인 것만은 분명하지만 인간은 의식한다는 점에서 다른 생물들과 질적으로 구분된다. 물론 특정한 고등 동물들 역시 지능을 소유한다는 사실이 입증되었다. 개, 돌고래, 코끼리, 유인원 등은 상당한 수준의 지능을 소유하고 있으며 이들 중 유인원은 간단한 기구를 제작하기까지 한다. 그러나 이들은 외부적인 것이나 내면적인 것을 "대상화"시킬 수 없다. 대상을 의식화하며 대상으로부터 추리하는 것은 인간의 고유한 능력이다. 예컨대 우리들은 한 송이 아름다운 장미꽃을 볼 때 그것을 꺾어서 방에 장식하겠다고 장미꽃을 의식화한다. 또는 장미꽃을 보면서 아름답고 청순한 여인을 연상한다. 이 예들에서 보아서 알 수 있듯이 인간은 나와 남을 느끼고 생각하며 말하는 유일한 동물이다.

의식은 인간을 인간다웁게 해준다. 의식은 삶의 긍정적인 방향을 제시해주며 미래에 대한 설계를 약속해준다. 그러나 의식은 부정적

* 구태어 말한다면 나무가 돌에 대립한다고는 말할 수 있을 것이다.

인 힘도 가지고 있다. 의식은 ① 나를 대상으로부터 분리시키며 ② 의식하는 나와 의식된 나를 분리시키고 ③ 다양한 분리와 충돌은 의식의 갈등과 모순을 초래한다. 무엇보다도 특히 긍정적인 의식과 부정적인 의식의 충돌은 단순한 대립이 아니라 인간을 좌절·절망에 빠뜨리는 갈등이다. 현대의 사상적 맥락이 겪는 갈등의 근원은 다름 아닌 의식이다.

의식은 스스로 분열한다. 그러므로 의식의 특징은 불확실성이다. 의식이 일단 확실성을 붙잡으면 그것으로 끝날 것 같지만 인간의 삶은 부단한 흐름이므로 새로운 상항에 처하면 이전의 의식의 확실성은 다시금 불확실성으로 전환하기 마련이다. 산수를 배우는 어린 아이의 예를 들어보기로 하자. 어린 아이는 처음에 덧셈을 배운다. 어느 정도의 훈련 기간이 지나면 어린 아이는 웬만한 덧셈에 대해서는 확실성을 가진다. 그러나 다음 단계로 들어가 곱셈이나 나눗셈을 대할 때 어린 아이는 다시 불확실성에 빠지지 않을 수 없다. 인간의 의식의 역사는 결국 불확실성으로부터 확실성을 찾으려는 노력의 연속이었다고 말할 수 있다.

특히 현대에 들어와서 심화된 의식의 갈등은 사상적 맥락의 갈등뿐만 아니라 심지어는 극단적인 삶의 갈등마저 초래하고 있다. 우리들은 물질적인 일상성에 물들어 매일매일을 숨쉬며 살아가고 있다. 선진국들에서 볼 수 있는 것처럼 무기 판매와 이권이 오고가는 예라든가 지금·이곳에서 다반사처럼 벌어지고 있는 토지·건물 투기와 같은 예들을 들치지 않더라도 우리들의 삶의 온갖 목표가 마치 물질인 것처럼 전개되고 있다. 그러면서도 우리들은 정신적인 기반에 대한 강한 갈구를 소유하며 동시에 정신적인 토대를 구축하려고 안간힘을 쓰고 있다. 인간의 삶이 갈등을 체험하는 것은 이와 같은 의식의 이중 구조 때문이다. 만일 인간의 의식이 기계적이며 획일적이라면 인간은 하등의 갈등도 가지지 않을 것이다.

일단의 행동주의 심리학자들이 주장하는 것처럼* 만일 인간이 극도로 정밀한 기계라면 인간에게는 절대적인 유토피아가 보장될 수 있을 것이다. 왜냐하면 기계는 어디까지나 기계일 것이기 때문이다. 행동주의 심리학자들은 인간의 고유한 이성이나 정신을 인정하지 않는다. 그들에 의하면 인간이 느끼고 생각하고 행동하는 것은 자극-반응(S-R)의 결과에 불과하다. 즉 말초 신경의 구심적인 자극-반응과 중추 신경의 원심적인 자극-반응의 결과로 인간은 느끼고 생각하며 행동한다는 것이다. 그러므로 그들은 만일 인간의 두뇌와 신체에 대한 구조가 분명하게 완전히 밝혀진다면 로보트처럼 인간을 조종할 수 있다고 장담한다. 그러나 "인간의 두뇌와 신체에 대한 구조가 분명하게 완전히 밝혀진다면"이라는 문장은 어떤 의미를 가지는가? 이 물음에 대하여 나는 몇가지 물음을 다시 제기해보려고 한다. ① 인간의 두뇌와 신체의 구조가 완전히 밝혀진다면이라고 했을 때 그것은 인간의 두뇌와 신체 구조를 생리적으로 밝힌다는 것인가, 아니면 생리적일 뿐만 아니라 예술적·종교적·철학적으로도 밝힌다는 것인가? ② 인간의 두뇌와 신체를 무기물처럼 고정 불변하는 것으로 볼 수 있는가? ③ 인식과 존재가 전적으로 일치할 수 있는가? 이와 같은 물음을 제기할 경우 극단적인 행동주의 심리학자들이 어떤 자세를 취할지는 너무도 분명하다. 그들은 ① 예술적·종교적·철학적이라는 표현은 생리적이라는 표현으로 환원되며 ② 무기물이나 유기물이나 원자와 분자들의 결합이고 ③ 인식과 존재는 전적으로 일치한다고 주장할 것이다. 그러나 그들이 제아무리 그렇게 주장한다고 할지라도 그들 자신이 문제에 접하여 실존적으로 불안과 좌절과 절망에 빠졌을 경우에도 그들은 그것이 단순히 기계 작용에 불과하다고 주장할 수 있을 것인가?

행동주의 심리학자들은 사태에 대한 설명은 하고 있되 사태를

* 이들의 대변자로 나는 스키너를 들고 싶다.

이해하며 구성하고 있지 않다. 그들의 이론을 인정한다고 할지라도, 말초 신경과 중추 신경의 상호 작용에 의해 의식 현상이 발생한다면, 결국 인간의 육체는 동시에 정신이라는 사실이 드러난다. 그러므로 인간의 본질은 육체(기계적인)라든가 아니면 정신이라고 주장하는 것은 무리이다. 인간은 육체이자 정신이며 또한 육체와 정신은 의식을 구성하므로 인간은 의식이다. 육체와 정신은 인간의 이중성(二重性)이며 이것은 바로 의식의 이중성이기도 하다. 인간의 의식은 하나의 통일적인 삶이면서도 동시에 육체와 정신이라는 이중적 구조이기도 하다. 의식이 부단히 흐르면서 통일적인 삶보다 자신의 이중성에 치중할 때 갈등의 싹이 트기 시작한다. 의식의 이중성은 단지 육체와 정신의 갈등만을 가져올 뿐만 아니라 대상과 나의 갈등, 나와 너와 우리의 갈등… 심지어는 집단과 집단의 갈등, 의식과 의식된 것과의 갈등마저도 초래한다.

의식의 자기 갈등에 대하여 보다 더 알기 쉬운 예를 들자면 그것은 아버지와 아들의 관계에서 나타난다. 아버지와 아들은 각자가 같은 핏줄임을 알면서도 상호 질적으로 다른 개체이기를 주장한다. 차별성만이 강조되면 아버지와 아들의 갈등이 심각해질 수밖에 없다.

인간의 의식은 양면성을 소유하므로 인간의 자기 갈등은 필연적인 속성이 아닐 수 없다. 그러나 인간의 의식은 자연적인 차원에서 인과율의 지배만을 받는 것이 아니라 인간적인 자발성의 차원에서 자연을 구성하기도 하므로 자신의 갈등을 재촉하기만 하는 것은 아니다. 물론 의식의 갈등을 절대적으로 해결한다는 것은 불가능하다. 인간은 언제나 "줄타기 광대"의 본성을 지니고 있기 때문이다. 그러나 의식은 자신의 갈등 속에서 갈등을 극복할 수 있으며 이와 같은 극복이야말로 인간 의식의 자발성에 우러나오는 극복이라고 말할 수 있다.

인간이 유토피아를 꿈꾸는 것은 또 하나의 갈등이다. 논리적 실증주의와 현상학적 실존주의, 더 나아가서는 공산주의·자본주의·기계주의 등의 상호 갈등과 인간의 내면적인 정신 세계가 이들 이데올로기에 대하여 체험하는 갈등 등은 인간의 본성에 기인한다. 그러므로 우리들은 삶의 갈등을 절대적으로 해결한다거나 또는 삶의 갈등은 절대적으로 해결이 불가능하다는 말이 무의미한 진술이라는 것을 알 수 있다. 의식의 갈등은 갈등 속에서만 해결을 구할 수 있다.

3. 현실과 이상의 괴리

앞에서도 잠깐 언급했지만 하이데거의 《존재와 시간》은 인간의 삶의 모순, 구체적으로 말해서 현대 사상의 갈 길을 잘 지적해주고 있다. 삶의 모순은 우리들에게 명백히 현실과 이상의 괴리로 등장한다. 무엇보다도 특히 학문·종교·정치·경제·기술 등이 이데올로기로 탈바꿈한 현대의 시점에서 인간은 이데올로기적인 현실과 인격체들의 구성으로 된 이상과의 사이에 있는 메꿀 수 없는 괴리를 직면한다.* 한편으로는 인간의 자연적 기능이 이성적 기능을 지배하려고 하고 또 한편으로는 이성적 기능이 자연적 기능을 좌우하려는 것이 인간의 기본적인 구조이다. 그러나 현대에 들어와서는 프랑크푸르트 학파의 사회 철학자들이 주장하는 것처럼 자연적인 도구 능력이 이성 능력을 지배함으로써 인간의 모든 존재 방식들이 이데올로기화하여 인격체로서의 인간은 이데올로기 밑에서 신음하고 있는 실정이다. 현실과 이상의 괴리는 인간의 이중성(二重性)인

---

* 이러한 이데올로기 문제는 호르크하이머, 마르쿠제, 하버마스 등에게서 발견할 수 있다.

자연과 이성의 갈등을 근거로 삼으며 나아가서는 이데올로기적인 도구 기능과 이성적인 이상과의 모순으로 확장된다. 현실과 이성의 괴리는 정신 분석학적인 입장에서 볼 때에도 타당하다고 말할 수 있다.* 인간의 삶의 근원은 본능에 있으며, 이 본능이 삶에 대한 본능과 죽음에 대한 본능이라는 이중적 구조를 가지고 있을 때 삶 자체는 이미 내면에 스스로의 괴리를 간직하고 있는 것이다. 그러나 폐쇄 사회를 부정하여 개방된 합리적인 사회를 가능하게 하는 것은 삶에 대한 본능이라고 할 때 본능의 창조적인 자발성을 인정하지 않을 수 없다. 우리들은 성서나 불경에서 "돌아온 탕자"의 이야기를 발견할 수 있다. 그와 같은 이야기는 비단 성서나 불경에만 있는 것이 아니라 원하기만 한다면 우리의 주변에서 흔히 발견할 수 있다. 단지 죽음에의 본능을 의식하고 삶에의 본능을 확장시키기 위해서는 상상하기 어려운 자극이라든가 끝없이 멀고 긴 인내가 필요할 따름이다.

정치·경제·문화·종교·기술적인 현실은 지금·이곳의 우리들을 질식시킬 정도로 무거운 이데올로기의 그림자로 억누르고 있다. 우리들이 집단 의식으로서의 이데올로기를 조종하는 것이 아니라 그와는 정반대로 이데올로기가 우리들 인간을 조종한다. 이것은 확실히 인간 역사의 비극이다. 더우기나 이데올로기란 인간이 산출해낸 것이기에 한층 더 비극적이라고 하지 않을 수 없다.

지금·이곳의 우리 자신을 돌이켜보더라도 누구나 할 것 없이 정치·경제·사회·문화·종교적인 안정을 추구하면서도 그렇지 못한 현실에 처하여 있다. 모두가 최선의 전략과 정책을 모색하고 있지만 정확한 처방을 발견하기가 힘들다. 과거에 대한 정리가 부족하며 미래 설계가 불확실하고 현재는 불안에 싸여 있다. "시간"에 의하여 "존재"가 은폐되어 있듯이 우리들에게는 "현실"에 의하여 "이

* 여기에서 나는 프로이트의 정신 분석학을 언급한다.

상"이 가리워져 있다. 여기에서의 이상은 환상이나 공상과는 구분되는 개념이다. 자칫 잘못하면 우리는 헛된 공상이나 환상과 이상을 동일시하기 쉽다. 그러나 이상이란 인간 의식의 현실태 내지는 완성태를 의미한다. 따라서 이상이란 관념적일 수밖에 없다. 그러므로 우리들은 또다른 각도에서 비록 현실에서 이상이 실현되지 않았다고 할지라도 합리적인 이상은 현실과 이상의 괴리를 점진적으로 붕괴시킬 수 있는 힘이라고 보지 않을 수 없다.

4. 미래지향적 의사 소통

우리의 문화·문명이 시간의 차원에서 진행되는 한에 있어서 우리들은 현실과 이상의 괴리를 미래 지향적인 의사 소통에서 점차로 제거할 수 있을 것이다.* 헤겔은 변증법에 의해서 세계를 설명하려 하였고 마르크스는 변증법에 의하여 세계를 개조시키고자 하였다. 그러나 변증법은 분명히 세계를 설명하면서 동시에 변화시킨다. 인간은 무엇으로써 이러한 변증법을 표현하는가? 인간은 행동에 의하여 변증법을 표현한다. 행동은 이해하고 표현하며 체험함으로써 자신을 변형시켜 나간다.

개인으로서의 인간들이 의식의 자발성을 반성할 때 개인은 인격체로 전환되며 현실과 이상의 괴리는 인간 상호간의 미래 지향적 의사 소통에 맞설 수 있다. 미래 지향적 의사 소통이란 인격체의 반성된 행동이다.

사실상 우리들은—지금·이곳에 제한시켜서 말할 경우—경제·문화·정치·종교적인 측면에서 엄청난 현실과 이상의 괴리를 겪고

* J. Habermas의 *Theorie des Kommunikativen* Handelns, Bd. I을 참조할 것.

있다. 그 괴리가 너무도 지나치기에 우리들은 만성적으로 되어 무감각한 자신을 바라보기까지 한다. 간단히 요사이 대학가에서 많이 나도는 자율이라는 개념 하나만을 예로 들어보자. 자율이란 책임과 의무와 권리를 지닌 인격체의 자유로운 행동이다. 그러나 자율 개념을 사회와 대학은 어떻게 받아들이고 있는가? 이 한 개념에서도 우리들은 우리들이 처하고 있는 현실과 이상의 괴리가 얼마나 큰 것인가를 알 수 있다. 그렇다면 현실과 이상의 갈등을 극복할 길은 전혀 없다는 말인가? 이미 이 절에서 그리고 앞부분에서 나는 갈등을 갈등 속에서 극복하는 것이 참다운 의미에 있어서의 갈등의 극복이라고 말하였다. 왜냐하면 절대적인 행복이라는 단어는 무의미한 것이기 때문이다.

5. 갈등의 극복은 가능한가

과연 현실과 이상의 괴리를 극복하는 것은 가능한가? 현실과 이상의 괴리는 넓은 의미에서의 사상적인 맥락이 겪는 불협화음만은 아니다. 더 깊이 파헤쳐보면 그것은 삶 자체의 괴리이며 인간 의식의 괴리이다. 그것은 또한 본능과 이성과의 괴리이기도 하다. 따라서 앞에서도 이미 여러 차례 암시적으로 언급된 것처럼 인간 의식의 이중성(二重性)을 인정하지 않고 어느 한쪽만을 절대적인 것으로 택할 때 현실과 이상의 괴리는 더욱더 커지기 마련이다. 여기에서 나는 현실과 이상의 괴리를 극복하기 위한 방책으로 화가와 음악가의 예를 듦으로써 이 글을 마칠까 한다. 화가는 작은 화폭의 제한성 속에 무한한 미술의 세계를 표현한다. 음악가 역시 제한된 시간 속에서 무한을 연주한다. 현실과 이상의 괴리를 본질적으로 그리고 전체적으로 인식할 때 인간 의식은 점차로 현실과 이상의 괴리를 극복할 수 있을 것이다. 의식이 자기 반성을 할 때 비로소 의식은 부분과 전체에 대한 통찰력을 얻으며 자신을 행동으로 표현한다. 인간 의식이 현실과 이상의 괴리에 대한 자기 반성을 할 때 현실과 이상의 거리는 점차로 좁혀진다. 그러나 현실과 이상의 거리는 언제나 남아 있기 마련이다. 인간 존재는 본질적으로 이중성을 소유하기 때문이다.

제 10 장
고뇌와 병과 죽음*

1. 고뇌하는 삶

인간은 유한한 시간적 존재이다. 우리는 눈 앞에 전개되고 있는 풀 · 곤충 · 새 · 나무 · 짐승들과 마찬가지로 인간은 태어났다가 죽기 마련이다. 태어나고 죽으면서 인간은 한편으로는 영원이라는 극단을 또 한편으로는 허무라는 극단을 맞대하고 있다. 니체는 인간을 "신과 짐승 사이의 중간존재"라고 말했지만 이것을 다시 풀어서 말하면 인간은 "영원과 허무 사이의 삶"이라고 할 수 있다. 인간의 삶은 영원도 아니고 허무도 아니지만 영원과 허무 사이의 삶이므로 이미 영원과 허무에 물들어 있다. 우리들은 매일매일 반복하여 세상을 무의미하게 "지나치며" 살아가고 있다. 일상 생활의 특징인 "지나침"을 우리는 일상성이라고 부를 수 있다. 인간의 삶에서 가장 뚜렷하게 허무가 드러나는 장소는 일상성이다. 나는 반복되는 일상성을 반복하기만 할 뿐 전혀 의식하지 못한다. 그러기에 일상성은 허무로 충만되어 있다. 우리들이 서서히 일상성을 빠져나오기

* 이 장은 《태초에 말씀이 계시니라》 2 장을 수정 · 보완한 것임,

시작할 때 일상성은 고뇌와 고통으로 물들어 있음을 발견하게 된다.

인간은 우선 감각적인 환경 속에서 갖가지 다양한 삶의 모습을 대하고 있다. 매일매일의 생활을 통하여 우리는 인간은 "무엇"을 보고 듣고 만지고 맛보며 또한 이 "무엇"을 생각하고 행동하며 말한다. 이 "무엇"은 감각적인 환경에서 끊임없이 변화한다. 끊임없이 변화하는 것은 일정한 안정된 모습을 소유하지 않는다. 예컨대 어제의 친구나 애인의 모습은 그저께의 모습과 다르며, 오늘날 그들의 모습은 어제의 모습과도 다르다. 삶과 세계에 대한 나의 앎도 어제는 확실한 듯했으나 오늘은 전혀 불확실한 것으로 나타난다. 하느님에 대한 신앙으로서의 나의 믿음이 지난 날에는 불변하는 것으로 여겨졌으나 지금은 근거없이 흔들리는 것으로 나타난다. 그럼에도 불구하고 인간은 불변하는 "무엇"을 알려고 하고 믿으려고 하며 느끼려고 한다. 그리하여 인간은 모든 노력을 기울여 학문과 종교와 예술의 세계를 구축하려고 한다.

"무엇"은 인간의 삶과 아무런 연관성이 없는 피안의 세계에 자리잡고 있는, 인간과는 전혀 상관없는 "어떤 것"이 아니다. 그것은 언제나 여기와 지금이라는 인간의 한계 상황을 떠날 수 없다. 우리가 인간의 삶이라고 부를 때 그것은 출생 이전이나 또는 사망 이후의 신비스러운 피안의 세계를 말하는 것이 아니라 어쩔 수 없이 제한되고 규정되어진 여기·지금의 삶을 가리킨다. 인간의 역사가 시작되기 전인 고생대(古生代)나 십만 년 또는 백만 년 후의 미래가 거론될 수 있다면 그것은 어디까지나 지금·이곳의 인간의 삶과 연관된 한에서만 이야기될 수 있다. 우리들의 현실적인 삶은 지나간 날 그곳의 삶과 아울러 앞날 저곳의 삶을 함께 머금고 있다.

우리들 인간의 삶은 여기·지금의 삶임을 면할 수 없다. 여기는 거기와 저기를 넘나들며 지금은 아까와 이따가를 오락가락한다. 여기이면서 저기와 거기를 엿보고 저기와 거기는 언제나 여기라는 장소에서 저기와 거기라는 명칭을 획득한다. 따라서 여기와 지금은 변치 않는 영원한 공간과 시간이 아니라 갈등하는 여기와 지금이 아닐 수 없다. 인간의 의식은 바로 여기·지금의 구성을 가지고 있으므로 갈등하는 의식이다.

지금이 아까와 이따가를 오락가락하고 여기가 거기와 저기를 넘나드는 데서부터 인간의 의식에서, 인간의 삶에서 고통과 고뇌의 싹이 트기 시작한다. 인간은 고뇌와 고통으로 휩싸인 존재이다. 고뇌는 시간적인 아픔이며 고통은 공간적인 아픔이다. 물론 고뇌와 고통은 주어진 시간·공간 안에서의 삶의 일상성인 아픔이지만, 고뇌는 흐름 속에서의 아픔이고 고통은 주로 특정한 육체적인 부분에서 생기는 아픔이다. 그러기에 인간은 일정한 상황에서 고뇌하며 육체의 일정한 부분에서 고통을 느낀다. 가정과 나라가 불안할 때, 애인의 마음이 변했을 때, 나의 장래가 불확실할 때 고뇌하며, 머리나 배나 팔다리에 이상이 왔을 때 고통을 느낀다.

고뇌와 고통의 본질적인 현상은 다름 아닌 병(病)에 집약된다. 인간의 삶은 고뇌와 고통이라는 일상적인 갈등과 모순 속에 던져져 있다. 그렇기 때문에 너나 할 것 없이 우리들 각자는 절대적인 행복과 영원한 절대자의 꿈속을 동경하여 마지 않는다.

일상적인 삶의 세계 안에서 모든 사람은 고뇌를 넘어서서 환희의 차원으로 고통을 극복하여 기쁨의 세계로 그리고 병을 극복하여 건강한 상태로 전환하고 상승하려고 갈망하기 마련이다. 그러나 과연 인간은 병의 현상을 뛰어넘어 영원히 건강한 상태에 안주할 수 있을까? 고뇌와 고통, 즉 병은 언제까지나 변치 않는 부정적인 측면에서의 일상성으로 머무를 수 있을까? 이러한 물음은 어둠없이 밝음이 그리고 밝음없이 어둠이 있겠느냐는 물음과 같은 성질의 물음이다. 이와 같은 물음을 되뇌이면서 그 해답을 찾기 위해서는 한층 더 병과 환자라는 일상적 현상에 관한 본질적 해명이 도움을 가져다줄 것이다. 왜냐하면 우리들의 직접적·현실적인 삶에서 우리는 보다 더 삶의 현상을 가깝게 접할 수 있기 때문이다.

인간은 누구나를 막론하고 "무엇"을 그리고 "어떤 것"을 느끼고 생각하고 말하고 행동하며 하루하루를 보낸다. "어떤 것"은 감각적인 측면에서 볼 때 일상성이다. 왜냐하면 자기 반성의 여지가 가능치 않은 감각의 세계에서 인간과 인간이 마주 대하고 있는 대상, 나아가서는 인간들이 직면하고 있는 무수한 대상들이 존재하는 방식은 한낱 묵묵히 있기만 하고 아무런 생명력있는 의미를 가져다줄 수 없는 환경에 불과하기 때문이다. 환경은 그저 있어서 그 속에서는 하등의 자기 의식도 발생하지 않는다. 환경을 대표하는 것은 반복하는 일상성이다.

간단히 말하자면 환경은 기능적인 세계이다. 보다 많이, 보다 빨리, 보다 배부르게 작용만 하면 그것으로 족한 차원이 기능 및 작용의 세계이다. 우리들은 현대를 어느 때보다도 일상성에 극단적으로 물들어 있는 시대라고 부른다. 왜냐하면 현대는 기능의 사회, 작용의 세계가 인간의 삶을 지배하고 있기 때문이다. 기능의 차원에서는 질(質)이 아니라 양(量)이 중요한 것으로 등장한다. 기능의 세계에서는 참다움과 허위, 좋음과 나쁨, 옳음과 그름, 아름다움과 추함이 2차적인 것으로 된다. 그러나 인간은 기능으로 향하는 의식과 아울러 기능과는 반대로 인격체인 주체로 향하는 의식을 동시에 가지고 있다. 그렇기 때문에 인간은 자유 의지를 가진 존재이며 자기 결단을 할 수 있는 실존적 존재일 수 있다. 인간이 생각하고 말하고 행동하는 "어떤 것"이 단지 환경으로만 그칠 수 없고 오히려 그것이 일상성이라는 개념을 짊어지고 고뇌와 고통의 균열로 전환하는 것은, 바로 인간이 수단적인 기능 이외에 반성하는 의식을 소유하고 있다는 명확한 증거이다.

시간적 아픔 그리고 공간적 아픔이 의식화할 때 우리는 그것들을 고뇌 및 고통이라고 부른다. 이러한 관점에서 볼 때 환경 및 일상성은 이미 이중적인 의미를 내포한다. 감각적 대상으로서의 무기적인 의미와 스스로를 부정하여 전체성의 세계로 부상하기 시작하는 고뇌와 고통이라는 개방적 측면에서의 유기적 의미가 바로 그것이다. 고뇌와 고통은 벌써 균열하기 시작하는 삶을 보여준다. 삶의 일상성이 자신을 들여다보기 시작할 때 고뇌와 고통의 진통이 시작된다.

병은 병든 인간, 곧 환자를 떠나서는 생각할 수 없는 개념이다. 그러므로 환자와 병은 따로따로 분리되어서 고찰될 수 없다. 좁은 의미에서의 환자란 정신적 내지 육체적 질병에 걸린 사람을 말한다. 그러나 넓은 의미에서의 환자란 지금까지 자기에게 친숙했던 세계관계 및 삶의 방향을 상실한 자를 말한다. 환자의 특징은 세계 상실과 세계 소외에 있다.*

이해를 쉽게 하기 위하여 암 환자의 예를 들어보기로 하자. 환자이기 이전의 건강한 이 사람에게는 항상 친밀하게 느껴지는 가족과 친지와 벗들과 안정된 직장이 있었다. 이 사람이 암에 걸린 후 상황은 어떻게 변하는가? 지금까지 전혀 거리감없이 친했던 가족·친지·직장 등의 대상들은 모두 그와는 전혀 상관없는 다른 차원의 세계에 위치하게 되고 그는 그러한 세계로부터 이탈되고 만다. 환자는 제일 먼저 환경으로서의 일상성 중에서 가장 일상적인 허무(虛無) 앞에 서서 허무를 체험한다. 이제 환자에게는 지금까지의 삶이 "아무 것도 아닌 것", 곧 허무로 체험된다. 다음으로 환자는 여기·지금에서 거기와 저기 그리고 아까와 이따가를 흔들거리며 오락가락하는 그림자 앞에서 점차로 불안해진다. 지금까지의 세계에 대

* Rudolf Berlinger, *Philosophie als Weltwissenschaft* (Amsterdam 1975), S. 62.

한 자신의 관계·태도·해답 등 모든 것은 끊임없이 동요하게 되고 따라서 그는 현기증 앞에 자신을 내어맡길 수밖에 없다. 신체의 어느 특정한 부분이 공간적으로 아프든 아니면 과거·현재·미래라는 시간적 흐름으로서의 사건 앞에서 정신적으로 아프든간에 고뇌와 고통은 이전에는 환자가 전혀 체험하지 못했던 병이라는 무겁고도 어두운 그림자로 다가와 그를 짓누른다. 병은 죽음이라는 입을 벌리고 허무와 절망의 외마디 소리를 지르며 환자의 내면을 갉아먹기 시작한다. 우리는 환희 앞에서는 환호하지만 죽음의 그림자를 안고 한발짝씩 다가오는 병 앞에서는 창백한 모습으로 불안에 떨지 않을 수 없다.

병은 환자에게 너무 낯선 것으로 다가온다. 병의 어두운 그림자 앞에서 환자는 아무런 선택도 결단도 할 수 없는 것처럼 보인다. 생명력이 꿈틀거리는 자유, 다시 말해서 모순과 갈등 속에서 과감히 스스로의 삶의 방향과 의미를 결단할 수 있는 내면적 자유가 그에게는 결여되어 있는 것처럼만 보인다.

병의 현상을 철학적인 차원에서 고찰하는 것은 의학적·심리학적·사회학적인 차이가 있다. 의학·심리학·사회학에서는 병을 부분적인 현상으로 취급하지만 철학의 차원에서는 삶과 세계라는 전체적인 연관성에서 병을 탐구한다. 그러므로 병을 인간의 삶 및 세계라는 전체적 차원과 연관시켜서 고찰할 경우에만 병의 참다운 본질적 모습이 드러날 수 있다. 그것은 마치 생명을 내포하고 있는 씨앗이 늘 씨앗이라는 고정 불변하는 환경으로만 정지하여 있지 않음과 마찬가지이다. 씨앗은 싹을 내고 싹은 가지와 잎과 꽃으로 스스로를 펼쳐 나가서 드디어는 다시금 새로운 씨앗을 맺게 된다.* 다시금 자신으로 돌아온 씨앗은 전체를 체험한 씨앗이라고 할 수 있다. 이와 같은 입장에서 보자면 인간의 삶은 근본적으로 병에 물들어 있

* 헤겔의 《정신 현상학》 서론을 참조할 것.

는 삶이다. 공간은 무한히 연장되고 시간은 예견할 수 없이 변화하여 인간의 삶에는 고뇌와 고통이 쌓이기 마련이다.

인간의 삶은 언제나 밖에 드러난 상황에 스스로를 맡기고 있다. 따라서 환자는 병이 깊어갈수록 매일의 생활에서 자신에게 익숙해 있던 상황으로부터 멀어져 나가게 된다. 드디어 환자는 세계 소외를 맛보지 않을 수 없다. 그에게는 지금까지 친숙했던 세계가 전혀 낯선 것으로 허무와 죽음의 입을 벌리고 다가온다.

그러나 병이 극단적으로 깊어져서 삶 속에서 절규로 등장할 때 환자는 이제야 비로소 병의 의미를 그리고 세계의 의미를 묻기 시작한다. 병이 극단적으로 깊어지면 병은 환자의 가장 내면에 감추어진 자기 반성을 촉발시킨다. 환자는 지금까지 일상성 속에서 망각했던 자기 반성의 힘을 환기시키고 서서히 병과 삶의 의미를 반성하기 시작한다. 그는 "어떤 것"으로서의 병이 도대체 무엇이며 왜 존재하는지를 묻지 않을 수 없다. 병이란 전체성으로서의 세계 안에서 과연 어떤 위치를 차지하고 있는 것일까? 병이란 또한 오로지 끊이지 않고 허무와 죽음을 향하여 치달리는 삶의 부정적인 측면인가?

그러나 병은 인간의 삶에서 이중적인 구조를 지니고 있다. 절대적인 허무나 절대적인 삶이 무의미하듯이 절대적인 병이나 절대적인 건강 역시 무의미하다. 왜냐하면 인간의 모든 존재 방식은 삶의 전체적인 "관계" 안에서 비로소 의미를 소유할 수 있기 때문이다. 병은 언제나 건강을 전제로 하며 또한 건강과 밀접한 "관계"를 가진다. 그러므로 병의 이중성에 눈길을 돌리는 일은 앞에서의 물음에 대한 답을 찾을 수 있는 길을 마련하여줄 수 있을 것이다.

2. 근원적 고뇌는 무엇인가

인간의 삶은 본래부터 병의 현상에 던져져 있다. 육체적으로나 정신적으로나 젖먹이에서부터 노인에 이르기까지 이상적·절대적으로 완전 무결하게 건강한 사람이란 있을 수 없다. 의학적·물리적·심리적으로만 인간이 병에 던져져 있을 뿐만 아니라 사회적·경제적·정치적으로 인간은 쉴 사이 없이 병이라고 하는 한계 상황 속에서 신음하고 절규한다. 병은 인간 존재의 결핍이자 전체적인 삶의 부조화이다. 그러기에 인간은 누구나가 건강을 추구하려고 애쓴다.

오직 의학적인 측면에서만 볼 경우, 육체의 특수한 부분에 생긴 병을 치료하면 인간이 건강을 되찾는다고 말할 수 있을는지 모르지만 언젠가는 어쩔 수 없이 다시금 병에 걸리고 마는 것이 인간이 짊어진 숙명이 아닌가? "죽음"은 너무나도 확실히 이 점을 대변하여주는 현상이다. 단지 생리학적인 차원에서만 말하자면 죽음이 그 겉모습을 최종적으로 드러내주는 현상은 주검 다시 말해서 시체이며, 이 포기된 삶으로서의 시체 앞에서 인간은 아무런 할 말도 찾을 수 없고 오직 침묵을 지킬 수밖에 없다. 왜냐하면 시체는 인간의 삶이 다시금 무의미한 자연 환경으로 복귀한 것이기 때문이다. 병이 의미를 지니기 위해서는, 그것이 포기된 삶으로서의 시체가 아니라 어디까지나 유기적인 삶 속에서의 병이 아니면 안 된다. 왜냐하면 삶 속에서의 병만이 병의 심연인 죽음의 의미를 환기시킴으로써 건강한 삶을 향한 전환점을 마련하여줄 수 있기 때문이다.

삶은 부정적 차원과 긍정적 차원에서 이야기될 수 있으며, 이 경우 부정적 차원을 우리는 병이라고 부르고 긍정적 차원을 건강이라고 부른다. 인간의 삶은 부정적 차원이거나 긍정적 차원의 어느 특정한 한쪽에 정지하지 않은 채 쉬임없이 양쪽을 넘나든다. 건강한 사람은 스스로의 건강한 일상성 속에서 자신감을 가지므로 스스로를 상실하고 있기가 십상이어서 모르는 사이에 병들게 된다. 병든 환자는 세계 소외·세계 상실이라는 고독에 사로잡혀 고독의 의미를 물으며 세계에 대한 새로운 "갈증과 동경"에 사로잡힌다. 확실히 병과 건강을 직선적·평면적으로만 구분하는 일은 일상적인 차원을 벗어나지 못한 사고 방식에서만 가능하다. 병과 건강을 오로지 절대적인 두 가지 상황으로만 여겨서 양자를 전혀 다른 것으로 분리시켜서 구분한다면 단지 무의미하기만한 피안의 세계 이외의 다른 것을 구할 길이 없다. 이는 마치 어둠이 밝음과는 전혀 상관없이 항상 어둠 홀로 있으며 마찬가지로 밝음은 어둠과 아무런 관계 없이 밝음 홀로 존재한다는 말과 같이 피상적인 의미 밖에 다른 어떤 것도 제시할 수 없다. 우리들이 단순하게 감각 경험을 근거로 사고한다면 이 세계에 관한 설명은 유물론으로 족하겠지만, 삶과 세계는 본질적으로 유기적인 구조를 소유한다고 생각할 경우 우리들은 동적인 전체성으로서의 삶과 세계를 대하게 된다.

병은 확실히 삶의 부정적인 측면으로서 그것은 인간이 파괴하고 뛰쳐나오지 않으면 안 되는 그림자로서의 가면이며, 이에 반하여 건강은 삶이 도달하지 않으면 안 되는 듯이 보이는 이상이다. 인간의 삶은 병이라는 무거운 짐을 짊어지고 병의 가면과 건강의 이상 사이를 방황한다. 병과 마찬가지로 건강 역시 평면적이며 일차원적인 인간의 사고 대상이다. 어떤 사람은 자기만이 건강하고자 한 시간도 못 되는 사이에 백사(白蛇) 한 마리와 산삼(山蔘) 한 뿌리를 먹어치우며 진시황처럼 영겁을 살고자 몸부림친다. 그러나 그도 결국에 가서는 시체의 그림자인 병에 갇히게 되어 주검으로 변모할 수

* Rudolf Berlinger, *Philosophie als Weltwissenschaft*, S. 68~69 참조.

밖에 없는 숙명을 안고 있다. 영원한 삶이란 병과 죽음을 자각하여 극복함으로써 얻어질 수 있다. 영원한 삶이란 병과 죽음을 나의 체험으로 순화시키며 인정할 경우에만 가능하다. 그러므로 죽음을 죽음답게 맞이할 때에만 영원한 삶이 성립한다는 역설이 생긴다. 건강이 무엇이며 그리고 건강이 왜 존재하는지에 대한 근원적 물음이 없이 그저 맹목적으로 건강해지려고만 하는 인간이 있다면, 키에르케고르의 "죽음에 이르는 병"으로서의 자기 집착인 원죄(原罪)를 들먹이지 않더라도 그는 결국 삶의 지극히 작은 한 부분밖에 보지 못하는 병에 걸리게 된다.

지금까지 나는 고뇌와 고통으로서의 병이 지니는 이중적 의미를 제시하기 위하여 간접적으로 병과 건강을 비교하여 보았다. 병은 물론이요, 건강 그리고 인간의 삶 자체도 벌써 이중적이다. 그것은 흡사 빛이 어둠과 밝음의 이중성을 띠고 있음과 마찬가지이다. 빛이 그 근원에 있어서는 운동이듯이 삶도 그 근원에 있어서는 생명으로서의 운동이다. 삶은 겉으로 보기에 잠시 멈추는 듯하다가는 다시 어디론가 흘러간다. 인간의 삶은 기쁨과 슬픔, 희망과 절망, 아름다움과 추함, 옳음과 그름, 참다움과 헛됨, 포만과 기아, 조화와 부조화가 엇갈려 동요하는 하나의 흐름이다.

"삶은 왜 흐르는가? 삶의 근원적 고뇌는 무엇인가?" 이 물음은 고뇌와 고통으로서의 병을 간단히 삶의 고뇌라는 현상으로 집약시키면서 그 근원을 묻는 물음이다. 그러면 인간의 삶은 왜 고뇌에 물들어 있는가? "흐름" 때문에 그러하다. "흐름"은 무엇을 뜻하는가? "흐름"은 곧 시간을 말한다. 흐름이 시간을 가리킨다는 말에는 벌써 시간뿐만 아니라 공간 또한 포함되어 있다. 왜냐하면 공간이란 근본적으로 시간적인 공간이기 때문이다. 이곳은 언제나 지금이라는 흐름 속에서의 이곳으로서 흐름을 떠나서는 도저히 성립할 수 없는 개념이다. "저 광화문"이라고 할 때 그것은 세워질 때 그리고 사람들이 볼 때와 같은 시간을 동반한 공간으로서, 시간을 독립한 “저 광화문”이란 있을 수 없다.

삶의 근원적인 고뇌는 무엇인가? 그것은 흐름으로서의 시간·공간을 의미한다. 흐름으로서의 시간·공간은 다시 말해서 인간의 제한성 이외의 아무 것도 아니다. 인간은 유한하게 제한된 존재이다 인간은 이곳과 지금이라는 공간·시간에 제한되어 있다. 제한되어 있으므로 건강하다가도 병에 걸려 고뇌로 신음하고 고통으로 몸부림치며 제한되어 있기 때문에 병으로부터 건강을 되찾아 기뻐하고 즐거워한다. 그러기에 인간은 무의미하게 반복하며 지나치는 삶을 살아가면서도 자신의 삶을 포기하지 않는다. 그러나 인간이 자신의 고뇌를 의식할 때 그는 어떠한 자세를 가지는가?

인간의 의식은 시간·공간의 제한성을 벗어나려고 안간힘을 쓴다. 시간·공간이야말로 삶의 근원적인 고뇌이기 때문이다. 시간·공간이야말로 자기 반성을 도외시하는 인간의 자기 집착의 근거이다. 자기 집착으로 인하여 인간은 병과 건강을 분리시켜보며 또한 삶과 세계의 전체성 및 근원을 보지 못한다. 우리는 들에 핀 한 송이 꽃이 아프다고 말하지 않으며, 절대자인 하느님이 건강하다거나 병들었다고 말하지도 않는다. 왜냐하면 꽃이나 절대자는 시간·공간의 제한성을 벗어나 있기 때문이다. 결국 시간·공간은 인간의 의식이다. 의식의 제한성은 시간·공간으로 나타난다. 제한된 의식은 스스로를 무한으로 확장시키려 한다. 이때 인간의 삶은 고뇌와 고통, 곧 병에 물든 것으로 나타난다. 인간은 역사 이래로 신화를 창조하여 영웅적·역사적 행위를 묘사하고 동화와 전설을 엮어서 유한성을 초월한 세계를 동경하고 갈망하여왔다. 그것은 모두 인간이 자신의 제한된 의식을 극복하기 위한 노력이었다. 그렇다고 인간이 과연 들에 핀 한 송이 꽃이 될 수 있을까? 시인이나 화가는 직관에 의하여 잠시 꽃과 하나가 되지만 다시금 시간·공간에 제한된 자신의 의식적인 삶으로 되돌아오지 않으면 안 된다. 그리고 또한 인간은 시간·공간을 넘어선 절대자 하느님의 자리에 군림할 수 있을까? 도대체 인간은 이곳과 지금이라는 유한한 세계를 탈피하여 무한성의 세계에 영원히 안주할 수 있는 권리를 가지고 있을까? 니체의 초인은 단지 이상적인 인간으로서 그것은 비현실적인 존재가 아닌가? 불교에서 말하는 불타는 어떠한가? 불타는 인간을 초월한 자가 아니라 여전히 인간으로서 고뇌와 고통을 처절하게 체험함으로써 병과 건강을 조화시키는 자가 아닌가?

3. 병의 의미

인간의 현실적인 삶은 출생으로 시작하여 시체로 그 끝을 장식한다. 실상 삶 이전과 죽음 이후의 문제는 우리에게 아무런 의미도 던져줄 수 없다. 왜냐하면 인간과 세계는 삶으로서의 인간과 세계일 때라야만 의미를 간직할 뿐, 출생 이전과 시체 이후에 인간과 세계는 침묵 및 공허 속에 정지하여 있기 때문이다. 출생 이전과 시체 이후가 의미를 가지기 위해서는 그 시간들이 어디까지나 삶에 어떠한 연관성을 가지지 않으면 안 된다. 그러므로 출생 이전과 시체 이후는 오직 역사성 안에서만 인간의 삶에 또다른 의미를 제시해줄 수 있다.

근원적인 고뇌로서의 제한성인 이곳과 지금은 실로 어디에서 가능한가? 이미 앞에서 말한 것처럼 그것은 말없이 들에 핀 한 송이 꽃이나 또는 아득한 피안의 세계에 홀로 있는 하느님에게는 도저히 불가능하다. 그뿐만 아니라 자기 반성으로서의 의식이 결여된 개인에게도 그것은 불가능하다. 왜냐하면 개인은 오직 기능 세계 속에서 생존을 위한 보다 많은 이익만을 추구하기 때문이다. 개인이란 개성을 결여하여 아무런 구분점도 가지지 않은 평균인이다. 그러므로 개인에게는 시간과 공간이라는 제한성에 관한 의식마저도 결여되어 있다.

제한성은 이미 모순과 갈등을 의미한다. 이곳과 지금의 제한성은 한편으로는 영원 앞에서 또 한편으로는 허무 앞에서 전율하며 갈등한다. 제한성은 인간의 삶에서 이미 갈등과 모순을 뜻하며 갈등 앞에서 선택하지 않으면 안 되는 인간의 자유를 전제로 한다. 기능적·수단적 개인이란 비록 그가 인간이라고 불리워질지라도 전혀 자유의식과는 상관없이 일상적 습관 안에서 자신의 이익만을 추구하는 자이다. 인간은 누구나 각자가 개인의 측면을 소유하고 있으므로 과연 개인으로부터 스스로를 주체로서의 인격체로 고양시키고 순화시킬 수 있는지 아니면 그렇지 못하고 늘 개인에 머물러 있는지가 문제이다. 만일 인간이 언제까지나 개인에 머물고 만다면 그러한 인간이 집단적으로 구성하는 사회는 짐승의 사회거나 아니면 기계들의 집단에 불과할 뿐이다. 왜냐하면 개인은 자유에 대한 의식을 결여하고 단순한 생존을 위한 이익만을 추구하는 차원에서 존재하기 때문이다.

인간이 삶에서 자신을 의식의 세계로, 곧 자기 반성의 세계로 승화시킬 때 인간은 개인이라는 무의미한 환경으로부터 의미를 포함하는 인격체로서의 주체로 전환한다. 여기에서의 의미는 생생한 삶과 세계의 근원에 대한 사유(思惟)를 말한다. 물론 인간은 그저 환경에 불과한 개인으로 좌절하여 몰락할 수도 있고 개인으로부터 주체로 전환할 수도 있다. 개인이 주체로 승화되지 못하고 자연 환경으로 남아 있는다면 개인은 단지 기능만을 소유한 공허한 존재에 지나지 않을 것이다.

인간의 삶을 전체적인 삶으로 구성할 수 있는 것은 어디까지나 세계 의미를 개방시켜서 보여줄 수 있는 인격체로서의 인간일 뿐이다. 주체로서의 인간에게 있어서만 인간의 근원적 고뇌인 시간·공간이, 다시 말해서 병이 세계 의미의 체험을 안겨다줄 수 있다. 의식은 시간·공간의 제한성을 반성함으로써 시간·공간의 의미를 이해하여 시간·공간을 초월한다. 의식이 스스로 제한되어 있음을 자각할 때 이미 제한성은 파괴되기 마련이다. 그러므로 의식은 시간·공간의 제한성 안에서 시간·공간을 반성함으로써 무한성을 체험한다.

개인은 단지 심리·사회·정치·경제적으로 단순히 수단적인 존재에 그치므로 선택이라든가 자기 반성으로서의 자유가 불가능하다. 게다가 자발적인 신앙이라든가 예술적 창조도 개인에게는 불가능하다. 또한 개인은 늘 주관의 딱딱한 껍질에 갇혀 있으므로 삶과 세계의 근원에 관한 앎도 그에게는 전혀 불가능하다. 만일 개인에게 자기 반성으로서의 앎, 예술적 창조 및 종교적 신앙인 믿음이 있다고 말한다면 그것은 단지 외형적 습관에 불과한 기능적 반복과 흉내 및 이기적 미신에 지나지 않는다.

주체로서의 인간에게만 자기 반성인 주관성이 가능하며 이 주관성은 병의 근원 성격을 해명하여줄 수 있는 특징을 가진다. 왜냐하면 주관성은 모순과 갈등, 곧 시간과 공간의 제한성 속에서 그 의미를 묻고 답할 수 있는 인간의 자유로운 자발성이기 때문이다. 주체로서의 인간은 자유에 의하여 병의 원리를 묻고 그 원리를 통하여 스스로의 존재를 확인하고 결단할 수 있다. 왜냐하면 주관성이 바로 자유이기 때문이다. 여기에 비하여 주관은 개인의 특정한 의식 상태를 말한다. 주관은 모순도 모르고 갈등도 모른다. 주관에게는 모든 것이 양적(量的)인 것으로만 나타난다. 그러므로 주관에는 선택도 자유도 아무런 의미가 없다. 주관은 개인으로서 오직 감각적 환경으로 남아있을 수밖에 없다. 주관은 습관적인 삶을 대변하는 개인으로서 자연 환경에 던져져 있으며 매일매일의 삶을 지나쳐갈 뿐이다.

주관성은 삶의 본질로서의 인간성을 그리고 나아가서는 자기 사유를 가리킨다. "모든 마음은 불타의 마음"이라든가 "존재하는 것은 오직 일자(一者)이며 존재하지 않는 것이란 생각할 수 없다"는 귀절들을 상기하지 않더라도, 주체인 인간만이 모든 것이 있을 수 있는 근거로서의 원리를 체험 속에서 밝히고 구성할 수 있다. 왜냐하면 주체는 필연적·창조적 자유를 생명으로 소유하기 때문이다. 주체로서의 인간만이 자기 반성에 의하여 삶을 환경에서 상황으로 그리고 다시금 상황에서 체험으로 지양시키고 승화할 수 있다.

이러한 관점에서 보자면 병은 주체로서의 인간에게 한낱 부정적이거나 혹은 긍정적인 이중적 차원을 넘어서서 그 근원을 드러내고 세계 체험의 모습으로 나타난다. 세계 체험은 자아와 삶 및 세계의 구성 그리고 확인이다. 병의 세계 체험은 전체성으로서의 세계 의미를 개방한다. 세계 의미로서의 병은 지금까지 환자가 전혀 예기치 못했고 체험하지 못했던 원래의 삶이 지닌 참 모습을 개방하여 구성해주며 환자를 개인의 차원으로부터 자유로운 주체의 차원으로 승화시켜준다. 그러므로 환자가 단지 건강해지려고만 욕구할 경우 반복하는 일상성이 지배하게 되고, 그와 반대로 환자가 병과 건강의 제한성을 반성하여 삶의 의미를 물을 때 지금까지 소외당하고 상실되었던 세계가 조화로운 새 모습으로 환자에게 다가온다. 환자는 극단적·절망적인 병의 상황에서 병의 의미를 체험함으로써 병과 건강의 제한성을 극복하여 자신의 삶을 결단함으로써 세계 의미를 체험한다.

4. 삶의 전환점

시간·공간의 제한성, 다시 말해서 유한성은 넓은 의미에 있어서 인간뿐만 아니라 세계 자체의 근원적 고뇌이다. 비록 유한성이 무한한 의지로 본래의 형태를 취한다고 할지라도 그것은 어디까지나 유한성의 껍질을 짊어지고 다니므로 제한성을 벗어나지 못한다. 따라서 세계는 고뇌와 고통에 충만하여 방향을 상실하고 제멋대로 흘러가는 것으로 모습을 나타낸다.*

병이란 우선 지금·이곳의 인간이 고뇌하며 고통스러워하는 현상으로 다룰 수 있지만, 그러한 의미의 병은 삶의 부분적 측면밖에 해명해주지 못한다. 지금 우리가 말하고 있는 병은 세계 체험에서 내면적 의미의 계기가 되는 병이다. 유한성으로서의 병이 세계 체험의 계기로 전환할 때 유한성은 이미 서서히 껍질을 벗기 시작한다. 왜냐하면 유한성이라는 시간은, 물론 공간도 포함하여, 그 의미를 결국 시간을 시간이게끔 하는 근원에서 찾지 않으면 안 되기 때문이다. 유한성의 근원을 유한성에서 찾는다면 그러한 노력은 헛수고로 그치고 만다. 유한성은 자신의 테두리를 벗어나지 못하고 무한히 유한성 안에서 순환할 것이기 때문이다.

유한성이 자신을 의식할 때 어떻게 유한성이 스스로를 지양하는지 살펴보기로 하자. 우리는 음악을 시간 예술이라고 부르고 미술을 공간 예술이라고 부른다. 음악 한 가지만을 예로 들 경우 분명히 음악은 시간의 흐름이라는 제한성 안에서만 가능한 예술이다. 음(音)을 위시하여 박자와 멜러디와 화음 모두가 시간적 흐름을 통하여 성립한다. 또한 시간적 흐름을 통하여 소리의 "울림"과 "들림"이 제한성 안에서 형성되지 않는다면 음악이라는 예술은 도저히 불가능할 것이다. 시간은 유한성이며 제한성이다. 그렇다면 음악은 우리가 보통 생각하듯이 시간의 유한성에 의해서만 성립할 수 있을까? 그렇지만은 않다. 그렇지 않다면 음악은 무한성, 곧 영원성에

* 쇼펜하우어는 의지가 맹목적이므로 삶은 근본적으로 괴로운 것이라고 주장한다.

서 가능하다는 말인가? 인간의 아름다움을 창조하는 의식은 시간의 제한성을 제한성으로 인식함으로써 음악에 의하여 제한성을 무한성으로 지양시킨다. 무한성이나 영원성은 사실 절대자인 신의 세계에 속할 것이다. 신이 음악을 창작한다고는 어느 누구도 말하지 않을 것이다. 왜냐하면 "울림"과 "들림"으로서의 음악은 인간 주체의 삶에만 가능한 예술이기 때문이다. 인간은 중간존재로서 오직 인간 주체에 의해서만 유한성이 무한성으로 지양될 수 있다.

음악은 시간의 제한성 속에서 인간의 질서있는 미적 행위에 의하여 창조되는 예술이다. 인간의 창조적 표현인 예술에서 우리는 암암리에 음악의 두 측면을 엿볼 수 있다. 음악은 확실히 시간의 제약을 받는 예술이다. 그러나 창조란 무엇을 뜻하는가? 그것은 음악이 시간을 연주함을 뜻한다. 음악은 시간 속에서 시간을 창조한다. 조각가는 진흙이나 석고라는 공간의 제한을 받지만 진흙과 석고로써 무한한 공간을 창조한다. 음악의 경우도 마찬가지이다. 미술이 공간 속에서 공간을 창조하는 것과 마찬가지로 음악은 시간 속에서 시간을 창조한다. 음악은 시간에 제한되어 있지만, 다른 한편으로 음악은 시간을 유희하며 시간을 지배한다. 왜 그러한가? 음악은 인간 주체에게 가능한 예술로서 인간은 음악을 통하여 삶의 조화 및 자유라는 세계 의미를 체험하여 행위로 옮기기 때문이다. 5분도 안 걸리는 《한오백년》의 구성진 가락은 수백 년의 시간을 창조하며 베토벤의 《전원 교향악》 역시 한 시간도 안 되는 시간 속에서 영원을 연주한다. 인간의 근원적인 의식은 자신을 전개시키고 지양시키면서 유한을 무한으로 확장시키는 정신의 역할을 수행한다.

그러므로 시간은 결코 제한성의 한 면이라든가 또는 영원성의 한 면에서 인간에게 참다운 세계 체험의 의미를 가져다줄 수 없다. 오직 주관과 객관의 가능 근거를 해명하여줄 수 있는 인간 주체에서만 시간의 근원이 밝혀질 수 있다.

음악과 미술의 예에서 본 것과 마찬가지로 병이 시간·공간이라는 제한성에만 정착하여 있지 않고, 병의 근원적 현상인 시간·공간의 제한성이 인간 주체의 자기 반성을 거칠 경우 병은 우리들의 삶에 획기적인 전환점으로 등장한다. 병은 이 경우 제한성이 무엇인지, 시간과 공간이 무엇인지, 그리고 고뇌와 고통이 무엇인지 이 모든 것들을 세계 체험의 형태로 인간 주체에게 제공해준다.

이제 병은 더 이상 현실 세계의 정신적·육체적 아픔이 아니라 세계의 근원적 원리에 관한 암호로 등장한다. 암호는 상징이다. 상징은 그 자체로 가치있는 것이 아니라 "어떤 것"에 관한 상징이다. 사실 일상성에서 나타나는 인간의 삶의 모든 존재 방식은 "상징적 형성"*이 아닐 수 없다. 상징적 형성이란 인간의 역사·문화·정치·경제·종교 등 모든 영역들이 그 자체로 참이 아니라 "어떤 것"에 대한 형성임을 말한다. 상징적 형성은 따라서 암호이다. 우리들의 언어·행동을 위시하여 예술적 표현, 종교적 의식(儀式) 등은 모두 "어떤 것"에 대한 인간의 존재 방식을 나타낸다. 인간은 상징을 형성하는 존재이다.

물리적·의학적 의미의 병은 상징적 형성인 암호로서의 병에 의하여 세계 체험으로 전환한다. 인간 주체는 처절한 만큼 깊은 병의 심연 속에서 고독을 절규하며 개인으로 전락하여 삶을 포기하든가 아니면 유한성과 무한성의 갈등을 극복하여 병을 세계 개방성으로 전환시키지 않으면 안 된다. 병이 환경으로서의 개인적 삶으로부터 세계 체험으로서의 내면적 삶으로 전환하는 곳에서만 삶의 자유가 보장될 수 있기 때문이다. 삶에 있어서 병이 전환점이라고 할 경우 이 전환점은 구체적으로 무엇을 뜻하는가? 전환점은 "어떤 것"으로 향한 전환점이다. 전환점에서의 "어떤 것"은 더 이상 주체인 인

---

* Ernst Cassirer, *Philosophie der symbolischen Formen* (Berlin 1929), S. 523.

간과 전혀 상관없는 환경에 불과한 개인적 대상이 아니다. 그것은 인간 주체가 체험하는 세계 의미이다. 인간 주체는 자유에 의하여 모순과 갈등의 선택 앞에서 결단한 자기 반성에 의하여 세계 의미를 접근하고 해명하며 구성할 수 있다. 그러면 자기 반성으로서의 병의 전환점이 성립하는 곳은 어디인가? 그곳은 다름 아닌 시간성이다. 시간성은 인간의 내면 의식으로서 이 의식에 의하여 세계 의미가 해명된다. 시간성의 의식은 과거·현재·미래를 시간이게끔 하는 근원이다.

인간은 언제나 고뇌와 병과 죽음에 직면하여 있다. 고뇌는 병을 그리고 병은 죽음을 내포한다. 죽음은 허무의 상징이다. 인간 주체가 병을 병으로, 고뇌를 고뇌로 그리고 죽음을 죽음으로 시인할 때 인간은 삶을 반성하기 시작한다. 그리하여 인간 주체는 병과 죽음의 허무를 세계 의미로 전환시킬 수 있다. 인간이 주체일 수 있는 근거는, 그가 자신의 자유와 양심에 의하여 고뇌와 병과 죽음 속에서 자신의 삶을 결단함으로써 세계 의미를 창조하는 데 있다.

제 11 장
인간이란 무엇인가

1. 주체로서의 인간

우리들은 매일매일을 반복적으로 살아가다가 문득 "인간이란 도대체 무엇인가?"라고 묻는다. 바람과 돌은 그저 있다. 풀과 나무는 자손을 퍼뜨리며 자연의 흐름을 따라서 생존한다. 벌레나 짐승도 짧고 긴 일생을 바쁘게 보내며 자연을 형성한다. 물론 인간도 넓은 의미에서는 자연을 형성하고 자연의 흐름에 따라서 살아간다. 그러나 인간은 ① 변화 무상한 집단 사회를 이루고 그 속에서 ② 윤리·종교·예술·학문의 세계를 창조하며 따라서 ③ 갖가지로 자연물을 대상화시키면서 완전한 삶과 세계를 구축하려고 노력함으로써 "발전" 개념에 집착한다.

인간이 무엇인가 하는 것을 정의한 글들은 동서고금를 통하여 무수히 많다. 어떤 사람은 이성을 그리고 어떤 사람은 행동을 또 어떤 사람은 정치를 인간의 특징이라고 주장하였다. 막스 쉘러는 서구의 역사를 통하여 등장하는 인간관의 유형을 다섯 가지로 분류하고 그것들은 각각 일면성을 지니므로 종합적·전체적인 차원에서 인간의 본질이 탐구되어야 할 것이라고 이야기한다. 다섯 가지 인간의 유형들은 각각 다음과 같다. ① 신을 추구하는 존재인 종교적 인간. ② 이성을 본성으로 소유한 사유인. ③ 실증 과학을 근거로 하는 공작인. ④ 이성을 부정하고 의지를 삶의 본질로 보는 디오니소스적 인간. ⑤ 현존재로서의 인간의 초월을 주장하는 초인.* 셸러는 인간을 이처럼 고찰하는 것은 인간의 특정한 어느 한 측면만을 강조하는 것으로 본다. 사실 인간을 유물론적이라고 보거나 유심론적으로 보는 것도 셸러의 말과 마찬가지로 피상적인 견해이다. 인간은 소우주로서 세계를 자기 안에 머금고 있다. 비록 상식적인 개인으로서의 인간이라고 할지라도 이미 그는 자기만의 고유한 삶을 내면에 가능성으로서 소유하고 있다. 그러한 가능성이 현실적으로 실현되느냐 안 되느냐 하는 문제는 또다른 차원의 문제이다. 그러므로 "모든 마음은 불타의 마음"이라는 말이나 "이(理)는 하나이지만 나뉘어지면 여러 가지가 된다"는 말은 바로 인간이면 누구든지 "고유한 삶"을 소유하고 있다는 것을 의미한다.

인간의 고유한 삶은 주체이다. 주체란 자기 자신의 삶을 스스로 선택하고 결단하는 인간을 말한다. 따라서 주체의 근거는 자유 의지이다. 고대의 인간은 자연에 순응하면서 자연과 하나가 되어 살았다. 따라서 그들에게는 자연이 그들의 안식처이자 보금자리였으므로 자연을 외경의 마음으로 바라보고 숭배까지 하였다. 그들은 산과 바다를 신령한 것으로 모시기도 했으며 곰이나 호랑이를 자기들의 조상으로 받들기도 하였다.

그러나 역사가 흐르면서 인간의 의식은 외부로부터 내면으로 방향을 돌림으로써 가능적인 자유 의지를 현실화시키기 시작하였다. 인류의 역사는 한 인간이 성장하는 과정과 흡사하다. 어린 아이는

* M. Scheler, *Philosophische Weltanschauung*, 1929, 許在允譯, 《哲學的 世界觀》(博英社, 1977), pp. 25～73 참조.

바깥 세계에만 눈길을 돌리며 모든 것을 신기하게 바라본다. 그러나 청소년들은 자신이 누구인지를 물으며 내면 세계에 침잠한다 그러다가 중장년에 달한 사람들은 외면과 내면의 조화를 이루고자 한다. 인류의 역사에 있어서 중세는 동서양을 막론하고 인간이 종교에 의존했던 시기이다. 그러나 근대와 아울러 인간은 자신을 바라보면서 전체적인 관점에서 "과연 인간이란 무엇인가?"라는 물음을 제기하기 시작하였다. 인간은 더 이상 자연이나 신의 종속물 내지는 노예가 아니라, 외부적인 것과 내면적인 것을 대상화시키면서 스스로의 삶과 세계를 선택하고 결단하는 주체가 되었다. 만일 어떤 인간이 아직도 자신의 삶과 세계를 선택·결단하지 못한다면 그는 아직도 주체를 현실화시키지 못한 채로 가능성으로서의 주체만을 소유하고 있다. 그러한 인간이 구성하는 사회 역시 모든 상황이 혼란 속에 뒤얽혀 있으므로 오랜 역사적 과정을 기다리면서 주체의 현실화를 기다릴 수밖에 없다. 그러나 가능성으로든 아니면 현실성으로든간에 인간은 주체이며 주체인 한에서 인격을 소유한다. 만일 인간 각자가 자신의 삶을 포기한다면 그러한 사람은 더 이상 주체일 수 없다. 그러나 제아무리 자유가 무겁고 힘든 짐이라고 할지라도 모든 인간은 자유에 대한 갈망과 동경을 가짐으로써 자신이 주체임을 확인한다. 비록 자유로부터 도피하는 인간일지라도 자신의 고유한 자유를 찾기 위하여 도피한다. 왜냐하면 그의 본질은 어디까지나 주체이기 때문이다.

인간은 주체이므로 악으로부터 선으로, 허위로부터 진리로 그리고 그름으로부터 옳음으로 또한 추함으로부터 아름다움으로 삶을 전환시키고자 한다. 인간은 주체이므로 환경을 상황으로 그리고 상황을 체험으로 지양시키면서 무순한 모순과 갈등 속에서 그러한 갈등과 모순을 극복하고자 한다. 인간은 주체이기 때문에 자신의 자유를 근거로 하여 미움 속에서 사랑을 갈구하며 전쟁 속에서 평화를 동경한다. 인간 주체는 평균인을 벗어나서 자기 자신의 개성을 가진다. 인간 주체는 고유한 개성에 의하여 역사의 맥락을 이어가면서 사회에 질서를 부여한다. 주체란 결국 자기 자신의 고유한 삶을 창조하고 구성하는 인간이다.

2. 자기반성

일반적으로 반성이라고 하면 그것은 도덕적 반성을 뜻한다. 누구나 국민학교 시절 교실 앞에 서서 벌받으면서 반성하던 생각이 날 것이다. 또는 다음에는 거짓말을 하지 말아야지라거나 아니면 다음에는 친구에게 좀더 다정히 대하여야겠다고 반성한다. 도덕적 반성은 제한된 사회 습관 안에서 특정한 가치관을 되돌아보는 것이다.

인간은 자신의 내면적인 전체성을 바라볼 줄 안다. 내면의 전체성을 바라볼 때 이미 자아는 세계를 포함하며 또한 삶과 세계의 근원을 바탕으로 삼고 있다는 것을 안다. 그러므로 "세계 근원을 돌아보는 것"을 자기 반성이라고 한다. 인간은 자기 반성에 의하여 가능성으로서의 자아를 성숙한 주체로 형성한다. 왜냐하면 자기 반성은 은폐된 것을 개방된 것으로 전개시켜주기 때문이다. 그러므로 인간은 자신의 삶과 세계를 역사성으로 표현한다. 표현된 역사성은 문화로 나타나며 문화는 시간적·지리적으로 다양한 형태를 소유한다.

인간은 주체라는 점에서 다른 존재들과 구분된다. 인간이 주체일 수 있는 근거는 자기 반성이다. 인간은 자기 반성에 의하여 ① 환경 속에서 대상을 자신으로부터 분리시켜서 대상화하며 ② 자아를 다시금 생각하는 자아와 생각되는 자아로 구분하고 ③ 더 나아가서는 자아와 대상의 공통적인 세계 근원을 추구한다. 그러므로 인간은 자기 반성에 의하여 예술·종교 및 학문을 통하여 자신의 삶을 표현하며 동시에 삶 속에서 세계 근원을 표현하고 이해하며 체험한다.

한 마리의 새나 나비는 들에 있으면서 들의 일부를 이루지만, 인간은 이미 자신과 들을 구분하여 들을 대상화한다. 그리하여 인간은 "나는 들에 있다"고 생각한다. 더 나아가서 인간은 "내가 들에 있는 것을 생각한다"고 말한다. 그러나 인간에게는 3중의 사고가 가능하다. "들에 있다고 생각하고 있는 나를 생각한다"고 인간은 말한다. 물론 다시 한번 생각한다고 첨가할 수 있기는 하나 그것은 단순한 반복이므로 인간은 대상과 자신을 3중적(三重的)으로 생각한다고 볼 수 있다. 인간의 자기 반성은 단지 기계적이며 형식적인 사고가 아니다. 그것은 언제나 감각과 느낌과 사고의 통일적인 구조를 가지고 삶과 세계를 파악하면서 동시에 구성한다. 자기 반성이 결여된 삶은 무질서와 혼돈에 충만하여 자기 반성의 의식이 활동할 때까지 길고 긴 미로를 방황하지 않으면 안 된다. 결국 역사·정치·경제·문화적인 현실은 자기 반성적인 의식의 거짓없는 표현이다.

3. 자유와 결단

자기 반성이 결여된 인간의 행동은 "자유로부터의 도피"로 나타난다. 자유로부터의 도피는 현대인을 특징짓는 하나의 개념이기도 하다. 바로 우리집에서 그리고 옆집에서 "자유로부터의 도피" 현상을 쉽사리 관찰할 수 있다. 어린 아이들은 부모의 보호 아래에서 남들이 하는 대로 하루하루를 보낸다. 어린 아이 자신은 원하지 않아도 미술 학원에, 피아노 학원에 또는 콤퓨터 학원에 다니지 않으면 안 된다. 왜 그런 곳에 다녀야 하는지가 그들에겐 그다지 중요한 문제가 되지 못한다. 다른 아이들이 다니고, 부모가 다니라고 하니까 다닌다. 그들이 커서 대학생이 된다. 그들은 "내가 꼭 대학엘 가야만 하는가? 아니면 대학에 가지 않고 다른 어떤 것을 하여야만 하는가?"라는 자기 나름대로의 결정을 내리기에 앞서서 남들이 대학엘 가고 부모들이 가라니까 대학엘 들어간다. 결혼도 마찬가지이고 직장 생활도 마찬가지이다. 그렇다면 그러한 삶은 나의 삶이라기보다는 "지나쳐버리는" 삶일 수밖에 없다. 이 점에서 우리들은 현대인의 인간 상실이라든가 소외를 이야기한다. 지나쳐버리는 삶에는 자유와 결단이 은폐되어 있다. 그러나 지나쳐버리는 삶이 극단적인 무의미와 허무에 직면할 때 자유 의식은 더 이상 암흑 속에 머물지 않고 결단하는 의지로 전환하기 시작한다.

만일 인간에게 자유가 없다면 세상은 기계와 같은 로보트 인간으로 가득 차 있을 것이며, 삶의 순간순간은 결단할 하등의 필요없이 정해진 프로그램에 의해서 삶 아닌 물질의 인과적(因果的) 운동이 지루하게 연속될 것이다. 그러나 인간은 자신을 표현하고자 하며 또한 자신과 남을 연결하여 관계 속에서 대화하고자 한다. 자유, 그것은 인간으로 하여금 자기 반성을 가능하게 해주는 가장 기본적인 힘이다. 인간은 자유에 의해서 자신의 삶을 결단할 수 있다. 자유는 인간에게 삶과 세계의 근원을 추구하게 해주는 필연적인 힘이며 또한 주체를 구성하게 해주는 가장 내면적인 힘이다.

4. 양심과 세계 구성

윤리적인 차원에서 볼 때 자유는 양심이다. 제 5 장 "행복을 찾아서"에서 나는 양심을 인간의 가장 깊은 내면으로부터의 "부름"과 "들음"이라고 말하였다. 양심은 자기 반성을 확인하는 부름과 들음이다. 나 자신의 부름과 들음 속에서 우리들은 나의 존재 근거와 타인의 존재 근거를 들으며 부른다. 양심은 나의 내면의 부름과 들음으로서 그것은 인간을 관계로 성립시켜준다. 그리하여 관계로서의 인간은 의무와 자율과 권리를 필연적으로 소유한다.

우리들은 꽃과 나무를 알고 신에 대한 신앙을 가지며 음악과 미술의 아름다움을 느낀다. 우리는 "부름"과 "들음"의 내면적인 운동에 의하여 알고 믿으며 느낀다. 들에 핀 한 송이 꽃은 우리들이 그것을 꽃으로 알기 이전에는 꽃이 아니라 그저 어떤 것에 불과하다. 자아의 내면 깊숙이 숨어 있는 부름과 들음은 그저 어떤 것을 꽃으로 구성하게 한다. 우리가 꽃을 대상화함으로써 아는 것은 결국 꽃의 세계를 구성하는 것이다. 인간의 자기 반성은 나 자신의 "부름"과 "들음"에 의하여 성립한다. 부름과 들음이라고 하는 것은 세계를 포함한 나 자신을 부르고 듣는 것이다. 절대자 신의 경우도 만찬가지이다. 인간이 신을 부르며 신의 음성을 듣지 못할 때 신 역시 그저 어떤 것이거나 아니면 허무에 불과하다. 인간이 자신을 부르고 들을 때, 인간은 세계 근원과 유기적인 관계를 가지며 절대자 신에 대한 신앙을 소유한다. 인간은 절대자 신의 음성이 부르는 것을 듣는다. 그러므로 인간은 부름과 들음의 양심을 통하여 종교 세계를 구성한다.

예술의 세계도 마찬가지이다. 인간은 시간과 공간을 부르며 듣는다. 제한된 시간과 공간은 양심의 부름과 들음을 통하여 유한성과 무한성의 이중적 성격을 가짐으로써 유한한 시간 속에 영원한 멜러디를 그리고 제한된 공간 속에 무한한 색깔과 형태를 소유하게 된다. 자아의 부름과 들음은 인간 의식의 가장 원초적인 동적 힘이다. 그것은 본능적인 충동에 물들어 있으면서도 충동과는 또다른, 인간의 존재 근거를 제공해주는 근원적인 힘이다.

양심의 부름과 들음에 의하여 인간은 세계를 설명할 뿐만 아니라 변형시킨다. 그러나 한층 더 나아가서 인간은 세계를 구성한다. 인간의 세계 구성은 임의적인 것이 아니라 양심의 부름과 들음에 의한 필연적인 창조 작업에 속한다. 앞에서 우리들은 인간이 어떻게 학문과 종교와 예술의 세계를 구성하는가를 살펴보았다. 인간은 자아의 부름과 들음에 의하여 자기 자신을 구성하면서 동시에 삶과 세계를 구성한다. 그러므로 각 인간의 삶의 구성에 대한 자유와 책임은 각각의 인간 주체에게 있는 것이다. 삶과 세계의 전체성 및 미래 지향성이 보장될 수 있는 장소는 인간의 양심 이외에는 어떤 다른 곳에도 있을 수 없다.

철학에 이르는 길

강영계 지음

펴낸이—김신혁
펴낸곳—서광사
출판등록일—1977. 6. 30.
출판등록번호—제 6-0017호

(130-820) 서울시 동대문구 용두 2동 119-46
대표전화 · 924-6161/팩시밀리 · 922-4993/E-Mail · phil6161@chol.com
http://www.seokwangsa.co.kr

제1판 제 1쇄 펴낸날 · 1984년 11월 25일
제1판 제12쇄 펴낸날 · 2005년 9월 30일

ISBN 89-306-0200-2 03100

총목록 1

철학개론(입문)

철학과의 만남	B.A. 브로디	이병욱	7500
이 모든 것의 철학적 의미는?	T. 네이글	김형철	3500
철학의 문제들	B. 러셀	박영태	5000
철학은 이렇게 한다	J. 로젠버그	이재훈	6500
철학적 사고에의 초대	비어슬리 부부	이명숙, 곽강제	11000
철학의 근본이해	J. 마리땡	박영도	7500
철학의 단계적 이해	M. 그리나	송영진	12000
철학의 흐름과 문제들	N. 하르트만	강성위	7500
열가지 철학적 오류	M.J. 아들러	장건익	6500
서양의 지혜	B. 러셀	이명숙, 곽강제	21000
철학의 뒤안길	W. 바이셰델	이기상, 이말숙	15000
철학에의 초대	오너, 헌트	곽신환, 윤찬원	9000
미네르바의 올빼미: 철학이란 무엇인가?	본템포, 오델 편	윤용택	7000
철학, 그 문제와 이론들(수정판)	K. 야두키에비츠	송병옥	6500
철학적 명제들	조나단 웨스트팔	박준호	15000

철학일반(교양)

철학에 이르는 길	강영계	·	8000
철학적 사유의 작은 학교	K. 야스퍼스	이상철, 표재명	4500
죤 스튜어트 밀 자서전	J.S. 밀	최명관	4500
사랑의 세 단계: 에로스 필리아 아가페	J. 로쯔	심상태	6500
소설 소크라테스	C. 메이슨	최명관	5500
대화의 철학	크리스챤 아카데미 편	·	9000
철학은 물리학의 도구이다	方勵之	신하령	4500
막스 베버: 사회학적 사유의 길	H.N. 퓨겐	박미애	5000
철학과 인생의 의미	K. 브리턴	최명관	7500
철학의 첫걸음	서정선	·	6500
강영계 교수의 철학 이야기	강영계	·	10000
칸트의 생애와 사상	K. 포르랜더	서정욱	10000
영화 속의 철학	박병철	·	12000
아폴론적 세계와 헤르메스적 세계	H. 롬바흐	전동진	13000
청소년을 위한 철학이야기	강영계	·	14000
성의 눈으로 철학보기 철학의 눈으로 성보기	조정옥	·	12000

철학사

서양철학사	C. 프리틀라인	강영계	13000
미국철학사	브루스 커클릭	박병철	21000

총목록 2

고대철학

그리스인의 이상과 현실:서양철학의 뿌리	G.L. 디킨슨	박만준, 이준호	8000
플라톤의 철학	G.C. 필드	양문흠	7000
아리스토텔레스의 철학	J. 반즈	문계석	5500
아리스토텔레스의 실천적 지혜	박전규	·	5000
니코마코스 윤리학	아리스토텔레스	최명관	9000
키케로의 의무론(반양장)	키케로	허승일	8000
철학자 아리스토텔레스	J.L. 아크릴	한석환	9000
서양 고대 철학의 세계	한국서양고전철학회 편	·	11000
국가 · 政體	플라톤	박종현	26000
키케로의 최고선악론	키케로	김창성	13000
티마이오스	플라톤	박종현, 김영균	13000
희랍 철학 입문	W. K. C. 거스리	박종현	7000
아리스토텔레스의 인식론	장영란	·	12000
플라톤의 물질 문제	D. J. 슐츠	이경직	9000
고대 그리스 철학	프리도 릭켄	김성진	15000
헬레니즘 철학	앤소니 A. 롱	이경직	18000
헬라스 사상의 심층	박종현	·	16000
플라톤 철학과 그 영향	박희영 외	·	16000
신플라톤주의의 역사	전광식	·	12000
플라톤의 네 대화편	플라톤	박종현	23000
필레보스	플라톤	박종현	14000
고대 그리스 자연학과 도덕	박윤호	·	14000
개정 증보판 **국가 · 政體**	플라톤	박종현	30000

중세철학

중세철학사	F. 코플스톤	박영도	26000
중세철학입문	E. 질송	강영계	4500
신앙과 이성	이나가끼 뇨수께	박영도	4500
인간의 사고	T. 아퀴나스	박전규	4000
토미스트 실재론과 인식 비판	E. 질송	이재룡	6500
존재자와 본질에 대하여	토마스 아퀴나스	김진, 정달용	4500
중세 철학 이야기	K. 플라시	신창석	12000